=Minha Vida=

Isadora Duncan

=Minha Vida=

Tradução de
BEATRIZ HORTA

JOSÉ OLYMPIO
E D I T O R A
Rio de Janeiro, 2012

Título do original em língua inglesa
MY LIFE

Reservam-se os direitos desta edição à
EDITORA JOSÉ OLYMPIO LTDA.
Rua Argentina, 171 – 3º andar - São Cristóvão
20921-380 - Rio de Janeiro, RJ – República Federativa do Brasil
Tel.: (21) 2585-2060
Printed in Brazil / Impresso no Brasil

Atendimento direto ao leitor:
mdireto@record.com.br
Tel.: (21) 2585-2002

ISBN 978-85-03-01137-2

Capa: FOLIO DESIGN
Foto: REDFERNS/GETTY IMAGES

Livro revisado segundo o novo Acordo Ortográfico da Língua Portuguesa.

CIP-BRASIL. CATALOGAÇÃO NA FONTE
SINDICATO NACIONAL DOS EDITORES DE LIVROS, RJ

	Duncan, Isadora, 1878-1927.
D932m	Minha vida / Isadora Duncan; [tradução de Beatriz Horta]. – Rio de Janeiro: José Olympio, 2012.
	308p.
	Tradução de: My life
	ISBN 978-85-03-01137-2
	1. Duncan, Isadora, 1878-1927. 2. Dançarinos – Biografia. I. Título.

CDD: 927.9333
CDU: 929:793.33

12-2562

Apresentação

Confesso que, quando me pediram para escrever este livro, fiquei apavorada. Não que minha vida não tenha sido mais interessante do que qualquer romance e mais cheia de aventuras do que qualquer filme. Se fosse bem escrita, seria um recital de marcar época, mas aí é que estava o problema: escrevê-la!

Levei anos lutando, trabalhando duro e pesquisando para aprender a fazer um mero gesto e conheço o suficiente sobre a arte de escrever para saber que precisaria de outros tantos anos de esforço concentrado para escrever uma simples e linda frase. Quantas vezes não afirmei que um homem pode ir até o Equador, realizar enormes proezas com leões e tigres, e ao tentar narrar suas aventuras não conseguir, ao passo que outro, que nunca saiu de sua varanda, escreve sobre caçadas de leões na selva de um jeito que o leitor acha que ele esteve lá, a ponto de sentir o mesmo medo, o cheiro dos leões e até ouvir a temível aproximação de uma cascavel. Parece que tudo depende da imaginação, e todas as coisas maravilhosas que aconteceram comigo podem perder o sabor porque não tenho a pena de um Cervantes ou mesmo de um Casanova.

Outra coisa. Como dizer a verdade sobre nós mesmos? Será que chegamos a saber qual é? Existe a visão que os amigos têm de nós, a visão que temos de nós mesmos e a visão que nosso amante tem de nós. Além da visão que os inimigos têm de nós. E todas são diferentes. Tenho um bom motivo para saber disso, pois, junto com o café da manhã, me serviram críticas de jornais dizendo que eu era bela como uma deusa, um gênio, e, mal terminei de sorrir satisfeita, leio em outro jornal que não tenho talento algum, meu corpo é feio, sou uma perfeita harpia.

Desisti logo de ler críticas sobre meu trabalho. Não podia achar que só teria boas críticas e as más eram muito deprimentes, me davam vontade de morrer. Houve um crítico de Berlim que me encheu de ofensas. Entre outras coisas, disse que eu era profundamente anti-musical. Um dia, escrevi implorando para ele vir me ver, assim eu lhe mostraria como estava enganado. Ele veio e, quando se sentou à mesa do chá, discursei durante uma hora e meia sobre minhas teorias de movimento a partir da música. Percebi que ele parecia mais simplório e indiferente, porém qual não foi o meu espanto quando ele tirou do bolso um aparelho auditivo e me disse que era totalmente surdo e que, mesmo com aquele aparelho, mal conseguia ouvir a orquestra, embora sentasse na primeira fila! E foi esse homem cuja opinião não me deixou dormir à noite!

Portanto, se a cada ponto de vista os outros enxergam em nós uma pessoa, como vamos achar em nós mais uma personalidade para escrever este livro? Será a casta Madona, a Messalina, a Madalena, ou uma Meia Azul?*

Onde está a mulher de todas essas aventuras? Tenho a impressão de que ela não foi uma, mas centenas de mulheres, e minha alma sobe às alturas sem se incomodar muito com nenhuma delas.

Já se disse muito bem que a qualidade essencial para escrever so-bre qualquer assunto é não ter nenhuma experiência sobre o tema. Colocar em palavras o que já se sentiu é fazer com que elas fiquem mais evasivas. As lembranças são menos palpáveis que os sonhos. Realmente, muitos sonhos meus pareciam mais vívidos do que as lembranças deles. A vida é sonho e é bom que seja, senão, quem sobreviveria a determinados fatos? Como, por exemplo, o naufrágio do *Lusitânia*. Passar por algo assim deve deixar para sempre uma expressão de horror no rosto de homens e mulheres, mesmo que os

---

Bluestocking — Gíria do século XVIII para indicar mulher com interesses literários ou acadêmicos. (*N. da T.*)

encontremos sempre sorrindo e felizes. Só nos romances as pessoas sofrem uma súbita metamorfose. Na vida real, mesmo depois das piores experiências, a personalidade permanece exatamente a mesma. Basta ver a quantidade de príncipes russos que, depois de perderem tudo o que tinham, podem ser vistos toda as noites em Montmartre ceando alegres ao lado de coristas, exatamente como faziam antes da guerra.

Qualquer mulher ou homem que fosse escrever a verdade sobre sua vida faria uma grande obra. Mas ninguém ousou escrever a verdade sobre a própria vida. Jean-Jacques Rousseau fez esse grande sacrifício pela humanidade: tirar o véu de sua alma, mostrar seus atos e pensamentos mais íntimos. O resultado é um grande livro. Walt Whitman disse a verdade para a América. Em certa época, proibiram a venda de seu livro por reembolso postal porque era "imoral". Hoje, essa classificação nos parece absurda. Nenhuma mulher jamais contou toda a verdade sobre sua vida. As autobiografias das mais famosas são uma série de relatos externos, detalhes insignificantes e histórias que não dão ideia de suas verdadeiras vidas. Pois os grandes momentos de alegria ou dor ficam estranhamente ausentes.

Minha arte é um esforço para mostrar a minha verdade em gestos e movimentos. Levei muitos anos para achar que fosse um movimento realmente autêntico. As palavras têm outro sentido. Não tive dúvidas em relação ao público que lotou minhas apresentações. Ofereci a eles os impulsos mais secretos da minha alma. Desde o começo, dancei apenas a minha vida. Quando criança, eu dançava a alegria espontânea das coisas em crescimento. Na adolescência, eu dançava a alegria transmitindo a apreensão de perceber a primeira noção de trágicas correntes internas; medo da brutalidade impiedosa e do desenrolar arrasador da vida.

Quando eu tinha 16 anos, dancei para uma plateia sem música alguma. No final, alguém de repente gritou: "É *A morte e a donzela*." Então, essa dança passou a ser chamada assim. Mas eu não tinha a intenção, queria apenas expressar meu primeiro contato com a tragédia latente em todas as manifestações que aparentam alegria. Para mim, essa dança deveria ter se chamado *A vida e a donzela*.

Mais tarde, dancei minha luta com a mesma vida que a plateia tinha chamado de morte, e dancei também meu contato com suas efêmeras alegrias.

Nada está mais distante da verdade a respeito de alguém do que o herói ou heroína de filme ou romance. Geralmente, eles são dotados de todas as virtudes, não conseguem fazer nada errado. *Ele* tem nobreza, coragem, força etc. etc. *Ela* tem pureza, doçura etc. Todas as mesquinharias e pecados vão para o vilão da trama e para a Mulher Má, quando, na verdade, sabemos que ninguém é totalmente bom ou mau. Podemos não violar todos os Dez Mandamentos, mas certamente temos capacidade para tal. Dentro de nós, espreita aquele que não respeita lei alguma, pronto para atacar na primeira oportunidade. As pessoas virtuosas são as que não foram tentadas o bastante, pois vivem em estado vegetativo, ou têm metas tão centradas numa direção que não tiveram tempo de olhar em redor.

Uma vez, assisti a um filme ótimo chamado *O trilho*. O tema era que a vida dos seres humanos é como uma locomotiva correndo pelos trilhos. Se a máquina sai do trilho ou encontra algum objeto enorme no caminho, há um desastre. Felizes os maquinistas que, ao terem uma descida íngreme pela frente, não são possuídos pelo impulso diabólico de soltar todos os freios e ir para a destruição.

Muitas vezes me perguntaram se coloco o amor acima da arte e respondi que não posso separá-los, pois o artista é o único amante, só ele tem a visão pura da beleza, enquanto o amor é a visão da alma, quando se permite olhar para a beleza imortal.

Uma das personalidades mais maravilhosas do nosso tempo é Gabriele d'Annunzio. Embora ele seja de estatura baixa e, exceto quando seu rosto se ilumina, dificilmente possa ser considerado bonito, quando fala com alguém de quem gosta, ele fica parecido com Apolo e conquistou o amor de algumas das mulheres mais famosas e lindas de sua época. Quando gosta de uma mulher, D'Annunzio eleva o espírito dela deste mundo para as regiões divinas onde Beatriz caminha e brilha. Ele transforma cada mulher em parte da essência divina, leva-a pelos ares até que ela se imagina uma Beatriz, cantada por Dante em estrofes imortais. Houve uma época em Paris que o culto a D'Annunzio atingiu tamanha importância que ele foi amado por todas as mais famosas beldades. Na época, ele colocava sobre a favorita um véu brilhante, ela se destacava dos simples mortais e andava no meio de uma estranha luz radiante. Mas, quando o capricho do poeta acabava, o véu sumia, a luz eclipsava e a mulher voltava ao barro comum. Ela mesma não sabia o que havia acontecido, mas tinha consciência de uma súbita descida ao mundo e, ao ver como se transformara ao ser adorada por D'Annunzio, entendia que nunca mais encontraria esse gênio do amor. Ela lamentava a própria sina, ficava cada vez mais desolada até que as pessoas, olhando-a, perguntavam: "Como D'Annunzio pôde gostar dessa mulher tão comum, de olhos vermelhos?" Gabriele d'Annunzio era um amante tão maravilhoso que podia dar à mortal mais comum a aparência momentânea de um ser celestial.

Só uma mulher na vida do poeta passou nesse teste. Ela era a reencarnação da divina Beatriz e sobre ela o poeta não precisou jogar nenhum véu. Pois sempre acreditei que Eleonora Duse era a Beatriz de Dante reencarnada em nossos dias e, assim, frente a ela D'Annunzio só podia prostrar-se em adoração, que foi a única e beatífica experiência de sua vida. Em todas as outras mulheres ele encontrou o material que ele mesmo transmitiu; só Eleonora pairou acima dele, dando-lhe inspiração divina.

Como as pessoas sabem pouco sobre o poder do elogio sutil! Ouvir alguém ser elogiado com aquela mágica peculiar a D'Annunzio é, imagino, parecido com a experiência de Eva ao ouvir a serpente no Paraíso. D'Annunzio pode fazer qualquer mulher se sentir o centro do universo.

Lembro-me de uma ótima caminhada que fiz com ele no bosque. Paramos e fez-se silêncio. Então D'Annunzio exclamou:

— Ah, Isadora, você é a única mulher com quem se pode ficar na natureza. Todas as outras destroem a paisagem, mas você se torna parte dela. — (Alguma mulher resiste a um elogio desses?) — Você é parte das árvores e do céu, é a deusa que domina a natureza.

Era assim o talento de D'Annunzio. Fazia cada mulher se sentir a deusa de determinada área.

Deitada aqui na minha cama no hotel Negresco, tento analisar isso que chamam de memória. Sinto o calor do sol do Midi. Ouço as crianças brincando num parque próximo. Sinto o calor do meu corpo. Olho minhas pernas nuas e estico-as. A maciez dos meus seios, meus braços que nunca estão parados, mas em suaves ondulações, e percebo que durante doze anos vivi cansada, esse seio doía sem parar, essas mãos à minha frente viviam marcadas pela tristeza e, quando estou só, esses olhos estão sempre chorando. As lágrimas rolaram durante doze anos, desde aquele dia, há doze anos, quando, deitada num outro sofá, fui de repente acordada por um grito e, virando, vi L. dizer como um homem ferido:

— As crianças morreram.

Lembro que senti uma estranha letargia, só a garganta queimava, como se eu tivesse engolido carvões em brasa. Mas não consegui entender. Falei com ele bem baixo, tentei tranquilizá-lo, disse-lhe que não podia ser verdade. Depois, outras pessoas chegaram, mas eu não entendia o que tinha acontecido. Então, entrou um homem de barba preta. Disseram que era um médico.

— Não é verdade. Vou salvá-las — disse ele.

Acreditei. Quis ir com ele, mas as pessoas me impediram. Depois eu soube que ele dissera isso porque não queriam que eu soubesse que não havia mais esperança. Temiam que o choque me enlouquecesse, mas na hora fiquei em estado de exaltação. Vi todo mundo em volta chorando, mas não chorei. Pelo contrário, senti um desejo enorme de consolar a todos. Pensando agora nisso, é difícil entender meu estranho estado de espírito. Será que eu estava mesmo em estado de clarividência e que sabia que a morte não existe, que aquelas duas pequenas imagens frias, de cera, não eram meus filhos, eram apenas as roupinhas que usavam? Que a alma de meus filhos continuava irradiante, mas continuava? Só duas vezes a mãe dá esse grito que se ouve como se ela estivesse fora de si — no nascimento e na morte —, pois, ao sentir aquelas mãozinhas frias, que nunca mais apertariam as minhas, ouvi meus gritos, os mesmos gritos de quando meus filhos nasceram. Por que são iguais, se um é o grito da suprema alegria e o outro, do desespero? Não sei, mas sei que são o mesmo. Será que em todo o Universo só existe um Grande Grito que contém Tristeza, Alegria, Êxtase, Agonia — o Grito Mãe da Criação?

I

A personalidade de uma criança já se mostra no ventre da mãe. Antes de eu nascer, minha mãe estava em grande agonia de espírito e numa situação dramática. Só podia comer ostras geladas e tomar champanhe gelado. Se me perguntam quando comecei a dançar, respondo: "No ventre de minha mãe, provavelmente por causa das ostras e do champanhe, o alimento de Afrodite."

Nessa época, minha mãe passava por uma experiência tão difícil que costumava dizer: "A criança que vai nascer certamente não será normal." Ela achava que eu seria um monstro. E, realmente, desde o instante em que nasci comecei a agitar braços e pernas com tanta fúria que minha mãe gritou: "Eu tinha razão, a criança é louca!" Mas depois, colocada num andador, no meio da mesa, eu era o encanto de toda a família e dos amigos, dançando com qualquer música que tocassem.

Minha primeira lembrança é de um incêndio. Lembro-me de ser atirada de uma janela para os braços de um policial. Eu devia ter 2 ou 3 anos, mas me lembro bem da sensação confortadora em meio a toda a agitação (os gritos e as chamas), da segurança do policial e de meus bracinhos em volta do pescoço dele. Ele devia ser irlandês. Ouço minha mãe gritar desesperada: "Meus filhos, meus filhos", e vejo a multidão impedi-la de entrar no prédio onde ela achava que estavam meus dois irmãos. Depois, lembro de encontrar os dois meninos sentados no chão de um bar, calçando sapatos e meias, depois dentro de uma carruagem, depois sentados num balcão tomando chocolate quente.

Nasci à beira-mar e já reparei que todos os grandes acontecimentos da minha vida foram perto do mar. Minha primeira noção de movimento, da dança, certamente veio do ritmo das ondas. Nasci sob a estrela de Afrodite, que também nasceu no mar, e quando sua estrela está ascendente, os eventos sempre me favorecem. Nessas ocasiões, a vida segue leve e posso criar. Notei também que, para mim, o sumiço dessa estrela costuma preceder um desastre. A ciência da astrologia não tem hoje, talvez, a importância que tinha na época dos antigos egípcios e caldeus, mas é certo que nossa vida psíquica sofre a influência dos planetas, e se os pais soubessem disso, estudariam as estrelas para criar as mais lindas crianças.

Acredito que deve fazer muita diferença na vida de uma criança se ela nasce à beira-mar ou nas montanhas. O mar sempre me atraiu, enquanto nas montanhas tenho a vaga sensação de desconforto e vontade de voar. Elas sempre me dão a impressão de ser prisioneira da terra. Olhando os cumes das montanhas, não fico admirada como o turista em geral, mas com vontade de pular por cima delas e escapar. Minha vida e minha arte nasceram do mar.

Tenho de agradecer por minha mãe ser pobre quando éramos jovens. Ela não tinha recursos para criados e governantas, e devo a isso a vida natural que pude ter na infância e que mantive sempre. Minha mãe era musicista e se sustentava dando aulas; enquanto ela ensinava na casa dos alunos, ficava longe de casa o dia todo e por muitas horas à noite. Quando eu conseguia escapar da prisão da escola, ficava solta. Podia andar sozinha pela praia e seguir minhas próprias fantasias. Tenho muita pena das crianças que vejo sempre acompanhadas de babás e governantas, sempre protegidas, cuidadas e muito bem-arrumadas. Que chance de vida elas têm? Minha mãe vivia muito ocupada para se preocupar com os perigos que podiam rondar os filhos e, assim, meus dois irmãos e eu podíamos seguir nossos impulsos vagabundos, que às vezes nos levavam a aventuras que, se minha mãe soubesse, teria ficado louca de preocupação. Por sorte, ela era ditosamente inconsciente. Digo por sorte para mim, pois, certamente, devo a essa infância selvagem e sem restrições a inspiração da dança que criei, que não era senão a expressão da liberdade. Nunca fui submetida aos inúmeros *nãos* que parecem transformar a vida das crianças numa miséria.

Fui para a escola pública com a tenra idade de 5 anos. Acho que minha mãe mentiu sobre minha idade. Ela precisava ter um lugar onde me deixar. Seja lá o que alguém for fazer mais tarde, isso já se mostra bem na infância. Eu já era uma dançarina e uma revolucionária. Minha mãe, criada e educada numa família irlandesa cristã, foi uma católica dedicada até descobrir que meu pai não era o modelo de perfeição que ela pensava. Separou-se dele e ficou com quatro filhos para enfrentar o mundo. A partir de então, sua fé na religião católica mudou totalmente para um ateísmo firme, e ela passou a seguir Bob Ingersoll, cujas obras costumava ler para nós.

Entre outras coisas, ela resolveu que qualquer sentimentalismo era absurdo e, quando eu era bem pequena, contou-nos a verdade sobre Papai Noel. Certa vez, na festa de Natal na escola, a professora distribuía bolos e doces dizendo:

— Vejam, crianças, o que Papai Noel trouxe para vocês.

Eu me levantei e, solenemente, retruquei:

— Não acredito em você, Papai Noel não existe.

A professora ficou muito irritada e avisou:

— Os doces são só para as meninas que acreditam em Papai Noel.

E eu retruquei:

— Então, não quero os seus doces.

A professora, insensata, ficou muito brava e, para me usar como exemplo, mandou que eu fosse para a frente da sala e sentasse no chão. Fui e, de frente para a turma, fiz o primeiro dos meus famosos discursos:

— Não acredito em mentira. Minha mãe disse que é muito pobre para ser Papai Noel, só as mães ricas podem se fingir de Papai Noel e dar presentes — gritei.

A professora então me segurou e me obrigou a sentar no chão, mas eu endureci as pernas, resisti, e ela só conseguiu bater meus calcanhares no piso. Após esse fracasso, ela me deixou no canto, obedeci, mas virei a cabeça para trás e gritei: "Não existe Papai Noel, não existe Papai Noel", até que, finalmente, ela foi obrigada a me mandar para casa. Fui, gritando sem parar: "Papai Noel não existe." Mas jamais superei o sentimento de injustiça por não ganhar balas e por ser castigada por dizer a verdade. Quando contei à minha mãe, perguntei:

— Eu não tinha razão? Papai Noel não existe, não é?

— Papai Noel não existe e Deus não existe, só o que existe é o seu espírito para ajudar você — minha mãe respondeu.

Naquela noite, quando sentei no tapete aos pés de minha mãe, ela leu para nós as palestras de Bob Ingersoll.

Tenho a impressão de que a criança recebe na escola uma educação totalmente inútil. Lembro que, na sala de aula, eu era considerada ou muito inteligente e à frente da minha classe, ou muito idiota e no último lugar da classe. Tudo dependia da memória e se eu me dava ao trabalho de decorar o tema que nos davam para estudar. E eu não tinha a menor ideia do que se tratava. Se eu estava à frente ou na rabeira da turma, para mim tudo aquilo eram horas de enfado, eu olhava o relógio até o ponteiro mostrar as três horas e nos livrarmos da escola. Minha verdadeira educação era à noite, quando minha mãe tocava para nós Beethoven, Schumann, Schubert, Mozart, Chopin, ou lia alto obras de Shakespeare, Shelley, Keats ou Burns. Para nós, essas horas eram encantadas. Minha mãe recitava quase toda a poesia de cor e eu a imitei um dia numa festa na escola, aos 6 anos, quando deixei a plateia eletrificada ao declamar *Antonio e Cleópatra*, de William Lytle:

> Estou à morte, Egito, à morte!
> A onda púrpura da vida
> Entra rápido na vazante.

Outra vez, quando a professora mandou cada aluna escrever a história de sua vida, a minha foi mais ou menos assim:

Quando eu estava com 5 anos, morávamos em um chalé na rua 23. Sem conseguir pagar o aluguel, não pudemos continuar lá e mudamos para a rua 17, onde, logo depois, como o dinheiro era pouco, o proprietário reclamou, por isso mudamos para a rua 22, onde não conseguimos viver em paz e tivemos de mudar para a rua 10.

A história continuava, com um número enorme de mudanças. Quando me levantei para ler na escola, a professora ficou bem brava. Achou que eu estava contando uma piada sem graça e me mandou para a sala do diretor, que mandou chamar minha mãe. Quando minha pobre mãe leu a redação, caiu em lágrimas e disse que era totalmente verdade. Nossa vida era nômade mesmo.

Espero que as escolas tenham mudado desde o tempo em que eu era pequena. Minha lembrança do ensino nas escolas públicas é de uma incompreensão brutal das crianças. Lembro também do horror de tentar ficar parada num banco duro, de estômago vazio, ou com os pés frios em sapatos molhados. A professora me parecia um monstro desumano que estava ali para nos torturar. E sobre esses sofrimentos as crianças não falarão jamais.

Não me lembro de ter sofrido por causa da nossa pobreza em casa, que considerávamos uma coisa natural; era só na escola que eu sofria. Para uma criança orgulhosa e sensível, o sistema público educacional, da maneira como lembro, era tão humilhante quanto uma penitenciária. Eu estava sempre revoltada com ele.

Um dia, quando eu tinha uns 6 anos, minha mãe chegou em casa e viu que eu tinha juntado meia dúzia de crianças do bairro (todas tão pequenas que ainda nem andavam), colocara-as sentadas no chão na minha frente e ensinava-as a mexer com os braços. Mamãe pediu uma explicação, respondi que era a minha escola de dança. Ela gostou, sentou-se ao piano e tocou para mim. Essa escola continuou e ficou muito conhecida. Mais tarde, as meninas do bairro vinham e os pais me davam uma pequena quantia para ensiná-las. Esse foi o começo do que depois se tornou uma ocupação bastante lucrativa.

Quando eu tinha 10 anos, as turmas na escola de dança eram tão grandes que avisei minha mãe que era inútil eu ir à escola, uma perda de tempo, pois eu podia estar ganhando dinheiro, que eu achava bem mais importante. Puxei os cabelos para o alto da cabeça e disse que tinha 16 anos. Como eu era muito alta para a idade, todo mundo acreditou. Minha irmã Elizabeth, que era criada por nossa avó, veio morar conosco e passou a dar aulas também. Nossas aulas tiveram muita procura e ensinamos em inúmeras casas das pessoas mais ricas de São Francisco.

II

Como minha mãe se separou do meu pai quando eu ainda era criança de colo, nunca o tinha visto. Uma vez, perguntei a uma de minhas tias se eu tinha pai e ela respondeu:

— Seu pai foi um demônio que acabou com a vida da sua mãe.

Eu então sempre o imaginei um demônio de livro ilustrado, com chifres e rabo, e, quando as outras crianças na escola falavam nos pais, eu ficava quieta.

Quando eu tinha 7 anos, morávamos em dois cômodos bem vazios, no terceiro andar, e um dia a campainha da frente tocou. Quando saí no corredor para atender, vi um cavalheiro muito bonito, de cartola, que perguntou:

— Pode me levar ao apartamento da sra. Duncan?

— Sou filha da sra. Duncan — respondi.

— Esta é minha Princesa do Nariz Arrebitado? — indagou o estranho cavalheiro. (Era assim que ele me chamava quando eu era bebê.)

De repente, ele me pegou no colo e me cobriu de lágrimas e beijos. Fiquei muito assustada e perguntei quem era ele. E ele respondeu, chorando:

— Sou seu pai.

Fiquei encantada com a notícia e corri para avisar à família.

— Tem um homem lá na porta dizendo que é meu pai.

Minha mãe se levantou, muito pálida e nervosa, foi para o cômodo ao lado e trancou a porta. Um dos meus irmãos se escondeu embaixo da cama, outro entrou num armário, enquanto minha irmã teve uma enorme crise histérica.

— Diga para ele ir embora, diga para ir embora — gritaram.

Fiquei muito aturdida, mas, como era uma menina muito educada, fui até o corredor e disse:

— A família está muito indisposta e não pode receber visitas hoje.

— O estranho então segurou minha mão e me convidou para dar uma volta com ele.

Descemos a escada para a rua, eu pulando ao lado dele num estado de encantamento, só de pensar que aquele lindo cavalheiro era meu pai e que não tinha chifres nem rabo, como sempre imaginei.

Ele me levou a uma sorveteria e me encheu de sorvetes e bolos. Voltei para casa muito animada e encontrei-os bem deprimidos.

— Ele é um homem muito simpático e vai voltar amanhã para me dar mais sorvete — contei a eles.

Mas a família se recusou a vê-lo e, passado um tempo, ele voltou para sua outra família em Los Angeles.

Depois disso, fiquei muitos anos sem ver meu pai, até que, de repente, ele apareceu de novo. Dessa vez, minha mãe concordou em vê-lo e ele nos presenteou com uma linda casa de grandes salas de baile, quadra de tênis, estrebaria e moinho. Isso porque ele tinha ficado rico pela quarta vez. Fez três fortunas na vida e perdeu todas. Essa quarta fortuna também acabou com o tempo e, junto com ela, sumiram a casa e tudo o mais. Mas moramos nela durante alguns anos e foi um porto de refúgio entre duas viagens tempestuosas.

Antes da falência, eu via meu pai de vez em quando, soube que ele era poeta e aprendi a admirá-lo. Um dos poemas dele foi, de certa maneira, uma profecia de toda a minha carreira.

Conto um pouco da história de meu pai porque essas primeiras impressões depois tiveram enorme influência na minha vida. Por um lado, eu alimentava minha imaginação com romances sentimentais; por outro, tinha um exemplo bastante prático do casamento. Minha infância inteira parecia sob a sombra escura desse misterioso pai sobre o qual ninguém falava, e a terrível palavra separação ficou gravada na placa sensível da minha mente. Como eu não podia pedir explicação dessas coisas a ninguém, tentava entender sozinha. Quase todos os romances que eu lia terminavam com casamento e num estado de felicidade tão grande que não havia razão para que a história continuasse. Mas, em alguns livros, principalmente em *Adam Bede*, de George Eliot, há uma moça que fica solteira, uma criança que nasce indesejada e a terrível desgraça que recai sobre a pobre mãe. Fiquei muito impressionada com a injustiça dessa situação com as mulheres e, juntando com a história de meus pais, resolvi ali, na hora, que eu lutaria contra o casamento e a favor da emancipação das mulheres, pelo direito de toda mulher ter um filho ou filhos como bem entendesse e de manter seu direito e sua virtude.

Essas podem parecer ideias estranhas para uma menina de 12 anos, mas as situações da minha vida me tornaram muito precoce. Eu perguntava sobre as leis do casamento e ficava indignada com a situação de escravidão das mulheres. Comecei a examinar com curiosidade a cara das amigas casadas de minha mãe e achava que todas tinham a marca do ciúme, o monstro de olhos verdes e da escravidão. Jurei então, na hora, que jamais me submeteria a esse estado degradante. Fui fiel a essa jura, mesmo quando me custou uma desavença com minha mãe e a incompreensão do mundo. Uma das coisas boas que o governo soviético fez foi acabar com o casamento. Lá, o casal assina os nomes num livro e sob a assinatura está escrito: "Essa assinatura não responsabiliza qualquer dos dois e pode ser anulada ao dispor de cada um." Um casamento assim é a única convenção que uma mulher de mente aberta pode aceitar e a única forma de casamento que aceitei.

No momento, creio que minhas ideias são mais ou menos as mesmas das mulheres de mente aberta, mas, há vinte anos, minha recusa em casar e meu exemplo do direito de ter filhos solteira causaram uma grande polêmica. As coisas mudaram e nossas ideias sofreram uma revolução tão grande que, acredito, hoje toda mulher inteligente concorda comigo que a ética do código matrimonial é uma proposta impossível para uma mulher de mente aberta. Se, apesar disso, mulheres inteligentes continuam a se casar, é apenas por não terem a coragem de defender suas convicções; se você percorrer uma lista dos divórcios dos últimos dez anos, verá que digo a verdade. Muitas mulheres às quais preguei a doutrina da liberdade perguntaram, fracas: "Mas quem vai sustentar as crianças?" Se a cerimônia do casamento é necessária para garantir o sustento das crianças, desconfio que você está se unindo a um homem que, em determinadas situações, pode se recusar a sustentar os filhos. Portanto, trata-se de uma proposta bem abjeta, pois você se casa com um homem já desconfiando que ele seja um vilão. Mas minha opinião sobre os homens não é tão ruim, não creio que a maioria seja de espécimes tão inferiores da humanidade.

GRAÇAS À MINHA MÃE, na infância nossa vida foi cheia de música e poesia. À noite, ela sentava ao piano e tocava durante horas; não tínhamos hora marcada para acordar ou ir dormir, nem qualquer disciplina na vida. Pelo contrário, acho que minha mãe bem que nos esquecia, perdida na música ou declamando poesia, indiferente a tudo ao redor. Uma das irmãs dela, nossa tia Augusta, também era muito talentosa. Vinha sempre nos visitar e fazia apresentações de teatro em casa. Era muito bonita, com olhos negros e cabelos pretos como carvão; lembro dela usando *calções* de veludo preto para interpretar *Hamlet*. Tinha uma voz linda e poderia ter tido uma grande carreira de cantora se os pais dela não achassem que tudo o que dizia respeito a teatro era do diabo. Vejo como a vida dela foi destruída pelo que seria difícil de explicar hoje: o espírito puritano da América. Os primeiros colonizadores trouxeram consigo um senso psíquico que nunca se perdeu completamente. E impuseram sua força de caráter ao país selvagem, domando os homens rudes, os índios e os animais de uma forma marcante. Mas queriam sempre se domar também, com resultados artísticos desastrosos!

Desde a mais tenra infância, minha tia Augusta foi oprimida por esse espírito puritano. Sua beleza, sua espontaneidade, sua voz maravilhosa, tudo foi aniquilado. Por que os homens da época diziam: "Prefiro ver minha filha morta do que num palco"? É quase impossível entender isso hoje, quando grandes atores e atrizes são recebidos nos círculos mais exclusivos.

Acho que foi graças ao nosso sangue irlandês que nós, crianças, sempre nos revoltamos contra essa tirania puritana.

Uma das primeiras consequências da nossa mudança para a grande casa que meu pai nos deu foi a inauguração do teatro de meu irmão Augustin na estrebaria. Lembro que ele tirou um pedaço do tapete de crina da sala de visitas para usar como barba de Rip Van Winkle. Ele interpretou o papel com tanto realismo que chorei ao assistir de dentro de uma caixa de biscoitos na plateia. Nós todos éramos muito emotivos e não aceitávamos repressão.

Aquele pequeno teatro cresceu e se tornou muito conhecido no bairro. Mais tarde, tivemos a ideia de fazer uma excursão pelo litoral. Eu dançava, Augustin declamava poesias e depois apresentávamos uma comédia da qual Elizabeth e Raymond também participavam. Embora eu tivesse apenas 12 anos na época e os outros ainda fossem adolescentes, essas turnês pelas costas de Santa Clara, Santa Rosa, Santa Bárbara e outras cidades tiveram muito sucesso.

A nota dominante da minha infância era a revolta contra a mesquinhez da sociedade na qual vivíamos, contra as limitações da vida, além de um crescente desejo de voar para o Oriente, rumo a algo que eu imaginava muito mais aberto. Lembro sempre de discursar para minha família e amigos, terminando com a frase: *"Temos* de sair daqui, jamais conseguiremos nada aqui."

EU ERA A MAIS CORAJOSA da família e, quando não havia absolutamente nada para comer em casa, eu me oferecia para ir ao açougueiro e, com minha astúcia, convencia-o a me dar costelas de carneiro de graça. Eu era aquela mandada ao padeiro para convencê-lo a manter o crédito. Eu tinha um sincero prazer aventureiro nisso, principalmente quando dava certo, como geralmente ocorria. Eu costumava fazer o caminho todo para casa com alegria, dançando com o espólio e me sentindo como um larápio de estrada. Foi uma educação muito boa, pois, aprendendo a lidar com açougueiros ferozes, aprendi a técnica que mais tarde me permitiu enfrentar ferozes agentes teatrais.

Lembro-me de uma vez, quando eu era bem pequena, de encontrar minha mãe chorando em cima do tricô que havia feito para uma loja e que fora recusado. Peguei o cesto dela, enfiei na cabeça um dos meus gorros tricotados, calcei mitenes tricotadas e fui de porta em porta oferecê-los. Vendi tudo e trouxe para casa o dobro do dinheiro que minha mãe teria recebido da loja.

Quando ouço pais de família dizerem que estão trabalhando para deixar bastante dinheiro para os filhos, fico pensando se eles notam que, com isso, tiram todo o espírito de aventura da vida dos herdeiros. Pois cada dólar que eles deixam enfraquece mais os filhos. A melhor herança que se pode deixar para um filho é permitir que construa o próprio caminho, com os próprios pés. Nossas aulas levavam a mim e minha irmã às casas mais ricas de São Francisco. Eu não invejava aquelas crianças ricas; pelo contrário, tinha pena delas. Ficava impressionada com a pequenez e a burrice de suas vidas e, comparada com aqueles filhos de milionários, eu parecia mil vezes mais rica de todas as coisas que faziam a vida valer a pena.

Nossa fama de professoras aumentou. Nós chamávamos de novo sistema de dança, mas, na verdade, não havia sistema. Eu seguia minha fantasia e improvisava, ensinando qualquer coisa bonita que passasse pela minha cabeça. Uma das minhas primeiras danças que ensinei foi o poema de Longfellow, "Atirei uma flecha no ar". Eu costumava declamar e ensinar as crianças a acompanhar o sentido com gestos e movimentos. À noite, minha mãe tocava piano para nós enquanto eu inventava danças. Uma querida e velha amiga, que costumava passar a noite conosco e tinha morado em Viena, disse que eu a fazia lembrar de Fanny Elssler e contava para nós os sucessos dessa artista. "Isadora vai ser uma segunda Fanny Elssler", ela dizia, e com isso me incitava a ter sonhos ambiciosos.

Ela sugeriu que minha mãe me levasse a um famoso professor de balé em São Francisco, mas não gostei das aulas. Quando ele me disse para ficar na ponta dos pés, perguntei por que e ele respondeu: "Porque é bonito." Retruquei que era feio e contra a natureza, na terceira aula fui embora e não voltei mais. A ginástica dura e comum que ele chamava de dança só atrapalhou o meu sonho. Eu sonhava com uma dança diferente. Não sabia como seria, mas eu me inclinava para um mundo invisível no qual poderia entrar se encontrasse a chave. Minha arte já estava em mim quando eu era menina e não foi sufocada graças ao espírito aventureiro e heroico de minha mãe. Acredito que, seja lá o que a criança for fazer na vida, deve começar bem cedo. Fico pensando quantos pais notam que a chamada educação que dão aos filhos não só os leva ao lugar-comum como também tira qualquer possibilidade de fazerem algo bonito e original. Mas acho que tem de ser assim, senão, como teríamos milhares de vendedores de loja e caixas de banco, que são necessários para a vida civilizada organizada?

Minha mãe teve quatro filhos. Talvez, num sistema de repressão e educação, ela nos tenha transformado em cidadãos práticos; por isso, às vezes ela lamentava: "Por que os quatro têm que ser artistas e nenhum é uma pessoa prática?" Mas foi o próprio espírito lindo e inquieto dela que nos fez artistas. Minha mãe não ligava para coisas materiais e nos ensinou a desprezar bens como casas, móveis e posses de todo tipo. Graças ao exemplo dela, jamais usei uma joia na vida. Ela nos ensinou que essas coisas são tralhas.

Depois que abandonei a escola, tornei-me uma grande leitora. Em Oakland, onde vivíamos na época, havia uma biblioteca pública e, não importa a quantos quilômetros ela estivesse, eu corria, dançava ou pulava na ida e na volta. A bibliotecária era uma mulher maravilhosa e linda, uma poeta da Califórnia, Ina Coolbrith. Ela me incentivou a ler, e eu tinha a impressão de que ela ficava contente quando eu pedia bons livros. Tinha lindos olhos que brilhavam com fogo e paixão. Depois eu soube que, uma época, meu pai esteve muito apaixonado por ela. Ela foi, claro, o grande amor da vida dele e é provável que a trama invisível do acaso me tenha levado a procurá-la.

Naquela época, li a obra completa de Dickens, Thackeray, Shakespeare e mais centenas de romances bons e ruins, livros inspirados e lixo. Eu devorava tudo. Costumava sentar de noite e ler até de madrugada à luz dos tocos de velas que eu tinha juntado durante o dia. Comecei também a escrever um romance e editava um jornal inteiro: editoriais, notícias locais e contos, era tudo escrito por mim. Além disso, eu tinha um diário para o qual inventei uma linguagem secreta, pois na época eu tinha um grande segredo. Estava apaixonada.

Além de aulas para crianças, minha irmã e eu aceitamos alguns alunos mais velhos para os quais ela ensinava o que na época se chamava *danças de sociedade*: valsa, mazurca, polca e assim por diante. Entre os alunos dela, havia dois rapazes: um era um jovem médico, e o outro, um químico. O químico era incrivelmente bonito e tinha um nome lindo: Vernon. Eu tinha 11 anos, porém parecia mais velha, usava os cabelos para cima e vestidos compridos. Como a heroína de *Rita*, escrevi no meu diário que eu estava louca, profundamente apaixonada, e acho que estava mesmo. Se Vernon sabia, não sei. Nessa idade eu era tímida demais para declarar a minha paixão. Nós íamos a bailes e danças, onde ele dançava quase todas as músicas comigo, depois eu escrevia até de madrugada no diário as emoções incríveis que sentia, "flutuando nos braços dele", como eu dizia.

Durante o dia, ele trabalhava numa farmácia na avenida e eu andava quilômetros só para passar na frente da farmácia. Às vezes, eu juntava coragem, parava e perguntava: "Como vai?" Também descobri a casa em que ele morava e costumava fugir de casa à noite para ver a luz na janela dele. Essa paixão durou dois anos e eu achava que sofria muito. No final dos dois anos, ele anunciou que ia se casar em breve com uma jovem da sociedade de Oakland. Confinei meu desespero ao diário e lembro o dia do casamento e o que senti quando o vi andando pela nave da igreja com uma garota simples de véu branco. Depois, nunca mais o vi.

Na última vez em que dancei em São Francisco, veio ao meu camarim um homem de cabelos grisalhos, mas que parecia bem jovem e era muito bonito. Eu o reconheci na hora. Era Vernon. Pensei que, depois de tantos anos, eu podia revelar a paixão da minha juventude. Achei que ele fosse gostar, mas ficou muito assustado e falou na esposa, a moça simples, que parece que ainda vive, à qual ele sempre dedicou todo o afeto. Como a vida de algumas pessoas pode ser simples!

Esse foi meu primeiro amor. Fiquei loucamente apaixonada e acho que, desde então, nunca mais deixei de estar. No momento, convalesço do último ataque, que parece ter sido violento e desastroso. Estou, digamos assim, num entreato convalescente antes da cena final, ou será que o espetáculo terminou? Posso publicar minhas fotos e perguntar aos leitores o que eles acham.

III

Por influência dos livros que li, planejei sair de São Francisco e ir para o exterior. Eu achava que ia embora com alguma grande companhia teatral e um dia procurei o empresário de um grupo itinerante, que se apresentava por uma semana em São Francisco, e pedi para dançar para ele. O teste foi pela manhã, num palco enorme, negro e vazio. Minha mãe tocou para mim. Dancei com uma pequena túnica branca algumas das *Canções sem palavras*, de Mendelssohn. Quando a música acabou, o empresário ficou calado por um instante, virou-se para minha mãe e disse:

— Esse tipo de coisa não serve para teatro. É mais para igreja. Sugiro que leve sua menina para casa.

Desapontada, mas não convencida, fiz outros planos para ir embora da cidade. Reuni a família e, em uma hora de arenga, expliquei a todos os motivos pelos quais a vida em São Francisco era impossível. Minha mãe ficou meio perplexa, mas pronta a me acompanhar aonde fosse e nós duas iniciamos a primeira viagem com duas passagens de turistas para Chicago. Minha irmã e meus dois irmãos ficaram em São Francisco achando que, quando eu fizesse a fortuna da família, eles se juntariam a nós.

Num dia quente de junho, chegamos a Chicago com um pequeno baú, algumas joias fora de moda da minha avó e 25 dólares. Pensei que seria contratada logo e que tudo seria muito agradável e simples. Não foi bem assim. Levando a minha túnica grega branca para todo canto, visitei e dancei para um empresário depois de outro, mas a opinião deles era sempre igual à do primeiro.

— Adorável, mas *não* para teatro — diziam.

À medida que as semanas foram passando, nosso dinheiro acabou, e o penhor das joias de minha avó não rendeu muito. O inevitável aconteceu. Não pudemos pagar o aluguel do quarto, toda a bagagem foi confiscada e um dia nos vimos na rua sem um centavo.

Eu ainda tinha uma gola de renda no meu vestido e aquele dia inteiro andei horas e horas no sol escaldante, querendo vendê-la. Por fim, no final da tarde, consegui. (Acho que vendi por 10 dólares.) Era uma peça muito bonita de renda irlandesa e o dinheiro deu para pagar um quarto. Com o que sobrou, tive a ideia de comprar uma caixa de tomates e, durante uma semana, vivemos desses tomates, sem pão nem sal. Minha pobre mãe ficou tão fraca que não conseguia mais sentar-se. Todas as manhãs, eu cuidava logo cedo de entrevistas com empresários, acabei resolvendo aceitar qualquer tipo de trabalho e me candidatei a um escritório.

— O que você sabe fazer? — perguntou a mulher no balcão.

— Tudo — respondi.

— Bom, você parece não saber nada!

Desesperada, procurei um dia o gerente do templo maçônico Jardim do Telhado. Com um grande charuto na boca e um chapéu caído em cima do olho, ele me assistiu dançar, com uma sobrancelha levantada enquanto eu flutuava para lá e para cá acompanhando a *Canção da primavera*, de Mendelssohn.

— Bom, você é muito bonita e graciosa. Se mudar tudo e fizer uma coisa mais apimentada, contrato você — disse ele.

Pensei na minha pobre mãe desmaiando no quarto, comendo o último tomate, e perguntei o que ele considerava uma coisa mais apimentada.

— Bom, não é isso que você faz. Faça algo com saiotes, babados e pernas balançando. Você podia fazer esse negócio grego primeiro, depois passar para babados e pernas, fica uma mudança interessante.

Mas onde eu arrumaria os babados? Achei que pedir um empréstimo ou um adiantamento para ele não seria bom e disse que voltaria no dia seguinte com os babados, as pernas e a pimenta. Saí. Era um dia quente, tempo normal em Chicago. Andei pela rua, cansada e desmaiando de fome, quando passei por uma das grandes lojas Marshall Field's. Entrei, pedi para falar com o gerente e me levaram ao escritório onde um jovem estava sentado à mesa. Tinha uma expressão simpática, expliquei que precisava de uma saia com babados para a manhã seguinte e, se ele me desse crédito, eu poderia pagá-lo assim que assinasse o contrato. Não sei o que inspirou esse jovem a aceitar meu pedido, mas assim foi. Anos depois, eu o encontrei como o multimilionário sr. Gordon Selfridge. Comprei tudo: pano branco e vermelho para a roupa de baixo e babados de renda. Com o pacote debaixo do braço, fui para casa e encontrei mamãe no último suspiro. Mas ela sentou na cama, corajosa, e fez o meu traje. Trabalhou a noite toda e de manhã costurou o último babado. Voltei ao empresário do Jardim do Telhado. A orquestra estava pronta para o teste.

— Qual é a música? — ele perguntou.

Eu não tinha pensado nisso, mas respondi *The Washington Post*, que na época era conhecida. A música começou a tocar e eu fiz o possível para dar ao gerente uma dança apimentada, improvisando. Ele adorou, tirou o charuto da boca e disse:

— Ótimo! Volte amanhã à noite e eu farei um anúncio especial.

Pagou-me 50 dólares pela semana, foi gentil de me dar adiantado.

Fiz muito sucesso, com nome falso, nesse jardim-telhado, mas achei tudo horrível. No fim da semana, quando ele ofereceu um contrato prolongado ou até mesmo uma turnê, recusei. Nós nos livramos de morrer de fome, mas eu não aguentava mais divertir o público com algo que era contra meus ideais. E foi a primeira e última vez que fiz isso.

Acho que esse verão foi uma das fases mais dolorosas da minha vida e, todas as vezes em que voltei a Chicago depois, senti um enjoo de fome ao passar pelas ruas.

Mas, apesar de toda essa terrível experiência, minha corajosíssima mãe jamais deu a entender que deveríamos voltar para casa.

Um dia, alguém me entregou um cartão de apresentação para uma jornalista, uma mulher chamada Amber, subeditora de um dos grandes jornais de Chicago. Procurei-a. Era alta e esguia, de uns 45 anos, ruiva. Contei minhas ideias sobre dança, ela ouviu com muita atenção e me convidou para ir com minha mãe ao Boêmia, onde, disse ela, encontraríamos alguns artistas e literatos. Fomos naquela noite. A boate ficava no último andar de um prédio alto e consistia em algumas salas vazias com mesas e cadeiras, cheia das pessoas mais incríveis que eu já tinha visto. No meio delas, estava Amber, dizendo com uma voz que parecia masculina:

— Bons boêmios, uni-vos! Uni-vos todos!

Toda vez que ela mandava os boêmios se unirem, eles levantavam os canecos de cerveja, davam vivas e cantavam.

No meio disso tudo, cheguei com minha dança religiosa. Os boêmios ficaram sem jeito, sem saber o que era aquilo. Mesmo assim, acharam que eu era uma ótima menina, me convidaram para ir todas as noites e me unir aos bons boêmios.

Eles formavam um grupo muito estranho, com poetas, artistas e atores de todas as nacionalidades. Pareciam ter uma só coisa em comum: a falta de dinheiro. Eu desconfiava que muitos, como nós, não tinham nada para comer, exceto os sanduíches e a cerveja que ganhavam na boate, quase tudo fornecido pela generosidade de Amber.

Entre os boêmios, havia um polonês chamado Miroski. Tinha uns 45 anos, com fartos cabelos ruivos e cacheados, barba ruiva e penetrantes olhos azuis. Costumava sentar num canto, fumar cachimbo e olhar os *divertissements* dos boêmios com um sorriso meio irônico. Mas, de toda aquela gente para quem dancei naquela época, foi o único que entendeu minha intenção e meu trabalho. Ele também era muito pobre. Mesmo assim, sempre convidava minha mãe e a mim para jantar em algum restaurantezinho, ou nos levava de trole ao campo, onde almoçávamos no bosque. Era apaixonado pelas varas-de-ouro. Sempre que ia me ver, levava braçadas delas, e as flores vermelhas e amarelas ficaram associadas na minha memória aos cabelos e à barba ruiva de Miroski.

Era um homem muito estranho, poeta e pintor; tentava ganhar a vida com um trabalho em Chicago. Mas não teve sucesso e quase morreu de fome lá.

Na época, eu não passava de uma menina, jovem demais para entender o drama ou o amor dele. Acredito que na sofisticada época de hoje ninguém é capaz de imaginar como os americanos de então eram profundamente ignorantes e ingênuos. Minha noção de vida era puramente lírica e romântica. Não tinha experiência, não conhecia nenhuma das reações físicas do amor e demorou muito para que eu percebesse a paixão louca que tinha provocado em Miroski. Aquele homem de uns 45 anos apaixonara-se louca e insanamente, como só um polonês sabe, pela menina ingênua e inocente que eu era. Claro que minha mãe não podia prever e deixou-nos a sós muitas vezes. *Tête-à-têtes* e longas caminhadas no bosque tiveram efeito psicológico. Quando, finalmente, ele não resistiu, me beijou e me pediu em casamento, achei que aquele seria o grande amor da minha vida.

Mas o verão foi acabando e nós estávamos completamente sem dinheiro. Decidi que não tinha nada a esperar em Chicago e que tínhamos de ir para Nova York. Mas como? Um dia, li no jornal que o grande Augustin Daly estava na cidade com sua companhia teatral, tendo Ada Rehan como estrela. Resolvi que eu tinha de encontrar aquele grande homem com fama de ser admirador da arte e gerente de teatro da América. Passei muitas tardes e noites na entrada de atores do teatro, mandando meu nome sem parar com o pedido de encontrar Augustin Daly. Disseram que ele estava muito ocupado e que eu deveria falar com o subgerente. Recusei, disse que tinha de ver Augustin Daly para tratar de um assunto muito importante. Até que finalmente, num anoitecer, fui levada até ele, o poderoso. Augustin Daly era um lindo homem, mas com gente desconhecida ele fazia uma expressão totalmente feroz. Fiquei assustada, juntei coragem e fiz um longo e fantástico discurso.

— Sr. Daly, tenho uma grande ideia para apresentar e o senhor deve ser o único homem neste país capaz de entendê-la. Eu descobri a dança. Descobri a arte que está perdida há dois mil anos. O senhor é um grande artista de teatro, mas falta algo em seu teatro que fez a grandeza do antigo teatro grego: a arte da dança, o coro trágico. Sem ela, o teatro é uma cabeça e um corpo sem pernas. Trago a dança para o senhor. Trago a ideia que vai revolucionar a nossa época. Onde a descobri? À beira do oceano Pacífico e nos ondulantes pinheirais de Sierra Nevada. Vi a figura ideal da jovem América dançando

· sobre as Montanhas Rochosas. O maior poeta do nosso país é Walt Whitman. Descobri a dança que merece o poema de Walt Whitman. Sou, na verdade, a filha espiritual de Walt Whitman. Vou criar para os filhos da América uma nova dança que vai expressar a América. Trago para o seu teatro o som vital que falta, a alma do dançarino. Pois, o senhor sabe — continuei, tentando não ouvir a interrupção impaciente do grande empresário (Já chega, *Já* chega!) —, pois o senhor sabe — (continuei, mais alto) — que o teatro começou com a dança, que o primeiro ator era um dançarino. Ele dançava e cantava. Esse foi o berço da tragédia e, até o dançarino com toda a sua grande arte espontânea voltar ao teatro, o seu teatro não terá uma verdadeira expressão.

Augustin Daly ficou sem saber o que fazer com aquela menina magra e estranha que tinha a audácia de insistir com ele daquele jeito. E só o que disse foi:

— Bom, tenho um pequeno papel numa cena de mímica que vou apresentar em Nova York. Pode ir aos ensaios no dia primeiro de outubro e, se couber no papel, está incluída. Como se chama?

— Isadora — respondi.

— Isadora, bonito nome. Bom, Isadora, vejo você dia primeiro de outubro, em Nova York — disse ele.

Encantada, corri para contar à minha mãe.

— Finalmente, alguém gosta de mim, mamãe. Estou contratada pelo grande Augustin Daly. Temos de estar em Nova York no dia primeiro de outubro.

— Sim, mas como vamos conseguir as passagens de trem? — perguntou minha mãe.

O problema era esse. Tive então uma ideia. Mandei o seguinte telegrama a um amigo em São Francisco:

> Grande contratação. Augustin Daly. Preciso estar em Nova York primeiro de outubro. Arrume 100 dólares para a passagem.

E o milagre aconteceu. O dinheiro veio e, com ele, vieram minha irmã Elizabeth e meu irmão Augustin, que, inspirados pelo telegrama, acharam que nossa sorte estava feita. Conseguimos tomar o trem para Nova York, loucos de animação e boas expectativas. Finalmente, pensei, o mundo vai me reconhecer! Se eu imaginasse os tempos difíceis até chegar lá, teria desanimado.

Ivan Miroski ficou muito triste com a ideia de se separar de mim. Mas juramos amor eterno e expliquei como seria fácil nos casarmos depois que eu ganhasse muito dinheiro em Nova York. Não que eu acreditasse em casamento, mas na época achava que seria preciso para agradar minha mãe. Eu ainda não quebrava lanças em nome do amor livre, como acabei fazendo mais tarde.

IV

Minha primeira impressão de Nova York foi a de uma cidade muito mais bonita e mais artística do que Chicago. Fiquei contente outra vez por estar à beira-mar. Sempre me senti sufocada em cidades do interior.

Paramos numa pensão numa das ruas laterais perto da Sexta Avenida. Essa pensão tinha uma estranha mistura de pessoas que, como os boêmios de Chicago, pareciam ter uma única coisa em comum: não podiam pagar a conta, estavam sempre prestes a ser despejadas.

Certa manhã, fui para a entrada de atores do teatro Daly. Levaram-me à presença do grande homem, eu queria explicar de novo minhas ideias, mas ele parecia muito ocupado e preocupado.

— Contratamos a grande estrela da mímica Jane May, de Paris. E tem um papel, se você souber fazer.

Sempre achei que mímica não era arte. O movimento é uma expressão lírica e emocional, que não tem nada a ver com palavras, e na pantomima as pessoas substituem as palavras por gestos, de forma que não existe a arte do dançarino nem a do ator, fica entre os dois, numa esterilidade desajeitada. Mas eu tinha de aceitar o papel. Levei-o para estudar em casa e a coisa toda me pareceu muito idiota e sem valor para minhas ambições e ideais.

O primeiro ensaio foi uma terrível desilusão. Jane May era uma senhorinha de temperamento bem violento, que aproveitava qualquer coisa para ter um ataque. Quando me disseram que eu tinha de àpontar para ela para significar VOCÊ, apertar meu coração para significar AMOR e bater com força no peito para significar EU, achei tudo ridículo demais. E, sem emoção, fiz tão mal que Jane May não gostou. Virou-se para o sr. Daly e disse que eu não tinha talento e não podia fazer o papel.

Ao ouvir isso, entendi que todos nós ficaríamos numa horrível pensão, à mercê da impiedosa proprietária. Na minha cabeça estava a imagem de uma menina corista que havia sido mandada para a rua no dia anterior sem o seu baú, e me lembrei de tudo o que minha pobre mãe tinha passado em Chicago. Pensei nisso, e lágrimas escorreram pelo meu rosto. Acho que eu estava parecendo muito trágica e infeliz, pois a expressão do sr. Daly ficou mais suave. Ele deu um tapinha no meu ombro e disse para Jane May:

— Está vendo? Ela é muito expressiva quando chora. Vai aprender.

Mas aqueles ensaios eram um martírio. Mandaram-me fazer movimentos que considerei vulgares e bobos demais, sem ligação com a música. Mas a juventude é adaptável e finalmente consegui entrar no espírito do papel.

Jane May fazia o personagem Pierrô e havia uma cena de amor entre nós duas. Eu tinha de me aproximar. Em três marcações diferentes da música, eu me aproximava e tinha de dar três beijos no rosto de Pierrô. No ensaio, fiz isso com tanto empenho que o rosto branco de Pierrô ficou marcado com meu batom vermelho. Pierrô então se transformou em Jane May, completamente furiosa, socando meus ouvidos. Que bela estreia no mundo teatral!

À medida que os ensaios prosseguiam, tive de admirar a expressão incrível e vibrante dessa artista da mímica. Se ela não tivesse se fechado nesse gênero falso e enfadonho, poderia ter sido uma grande dançarina. Mas o gênero era limitado demais. Sempre tive vontade de dizer o que achava da mímica:

— Se você quer falar, por que não fala? Para que tanto esforço para gesticular como se estivesse num asilo de surdos-mudos?

Chegou a noite da estreia. Usei uma túnica de seda azul, uma peruca loura e um grande chapéu de palha. Viva a revolução artística que eu vinha fazer no mundo! Estava totalmente disfarçada, não era eu. Minha querida mãe sentou-se na primeira fileira e ficou bastante desnorteada. Nem assim ela disse que era melhor voltarmos para São

Francisco, mas vi que ficou bem desapontada. Depois de passar tanta fome, ter um resultado tão simplório!

Durante os ensaios para essa mímica, não tínhamos dinheiro. Fomos expulsas da pensão e pegamos dois cômodos inteiramente vazios na rua 180. Não tínhamos dinheiro para alugar uma carruagem e muitas vezes eu ia a pé até o teatro Augustin Daly, na rua 29. Para o caminho parecer mais curto, eu corria pela lama, pulava na calçada e andava no meio das árvores. Usava todo tipo de estratagema. Eu não almoçava, pois não tinha dinheiro, então me escondia no camarote de palco e dormia de cansaço, depois voltava a ensaiar à tarde, sem comer. Foi assim durante seis semanas, até o espetáculo estrear, e eu me apresentei uma semana sem receber pagamento.

Após três semanas em Nova York, a companhia excursionou fazendo uma só apresentação por várias cidades. Eu ganhava 15 dólares por semana para todas as despesas e mandava a metade para minha mãe sobreviver. Quando chegávamos numa estação de trem, eu não ia para um hotel, mas andava, carregando a mala, até encontrar uma pensão que pudesse pagar. O máximo de diária que eu podia pagar era 50 centavos com tudo incluído, e às vezes eu tinha de me arrastar quilômetros até encontrar uma. Com isso, eu acabava em lugares bem estranhos. Lembro-me de um lugar onde me deram um quarto sem chave e onde os homens (quase todos, bêbados) ficavam tentando entrar no meu quarto. Fiquei apavorada, arrastei o pesado armário pelo quarto e encostei-o na porta. Mesmo assim, não consegui dormir, fiquei sentada, de vigia, a noite toda. Não conheço vida mais desamparada do que a de uma companhia *na estrada*.

Jane May era incansável. Exigia que ensaiássemos todos os dias e nunca estava satisfeita.

Levei alguns livros e lia sem parar. Todos os dias, escrevia uma longa carta para Ivan Miroski; acho que não disse a ele como estava me sentindo horrível. Após dois meses nessa turnê, o espetáculo voltou para Nova York. A história toda havia sido um enorme fracasso financeiro para o sr. Daly, e Jane May voltou para Paris.

O que seria de mim? Mais uma vez, procurei o sr. Daly e tentei despertar seu interesse pela minha arte. Mas ele pareceu totalmente surdo a qualquer coisa que eu sugerisse.

— Estou preparando um elenco para encenar *Sonho de uma noite de verão*. Se quiser, você pode dançar na cena das fadas — disse ele.

Minha concepção de dança era expressar os sentimentos e emoções da humanidade. Não tinha qualquer interesse por fadas. Mas aceitei e sugeri dançar o *scherzo* de Mendelssohn no bosque, cena que precede a entrada de Titânia e Oberon.

Quando a peça estreou, eu usava uma túnica comprida e reta, de gaze branca e dourada, com asas de lantejoulas, das quais reclamei muito. Achei-as ridículas. Tentei convencer o sr. Daly de que eu podia mostrar asas sem que elas fossem de papier-mâché, mas ele insistiu. Na estreia, entrei em cena sozinha para dançar. Adorei. Ah, finalmente, estava sozinha num grande palco, apresentando-me para uma grande plateia e podia dançar. E dancei: tão bem, que a plateia explodiu em aplausos espontâneos. Eu tinha conseguido o que eles chamam de um sucesso. Quando saí do palco, de asas, esperei que o sr. Daly estivesse encantado e me cumprimentasse. Mas ele estava indignado.

— Isso aqui não é teatro de revistas! — trovejou.

Mesmo assim, o público aplaudira a dança! Na noite seguinte, quando entrei em cena, todas as luzes estavam apagadas. E todas as vezes em que dancei na peça foi no escuro. Só se podia ver no palco uma coisa branca e flutuante.

Após duas semanas em Nova York, a peça também saiu em turnê, e tive outra vez as viagens horríveis e a procura por pensões. Mas meu salário aumentou para 25 dólares por semana.

Passou-se um ano assim.

Eu estava profundamente infeliz. Meus sonhos, meus ideais, minha ambição, tudo parecia frívolo. Fiz poucos amigos na companhia. Eles me achavam esquisita. Eu costumava ficar nos bastidores com um livro do filósofo Marco Aurélio. Tentei adotar uma filosofia estoica para minorar o desespero constante. Mas fiz uma amiga nessa turnê, uma moça chamada Maud Winter, que interpretava a rainha Titânia. Era muito gentil e solidária. Mas tinha a estranha mania de comer só laranja e nada mais. Acho que ela não era deste mundo e, poucos anos depois, li que tinha morrido de anemia perniciosa.

A estrela da companhia de Augustin Daly era Ada Rehan, uma grande atriz, embora fosse muito antipática com os inferiores. Minha única alegria na companhia era vê-la representar. Ela raramente estava no nosso elenco itinerante, mas, quando eu voltava para Nova York, costumava assistir a suas interpretações como Rosalinda, Beatriz e Pórtia. Era uma das melhores artistas do mundo. Mas, na vida comum, essa grande artista não fazia qualquer esforço para ser simpática com as pessoas do elenco. Era muito orgulhosa, fechada, parecia um esforço até dizer bom dia para nós, a ponto de aparecer o seguinte aviso nos bastidores:

> Informamos ao elenco que não é necessário dar bom dia à srta. Rehan!

Realmente, nos dois anos que passei na companhia teatral Augustin Daly, nunca tive o prazer de falar com a srta. Rehan. Ela, claro, considerava todas as pessoas menos importantes da companhia indignas de atenção. Lembro um dia em que ela aguardava com um grupo de atores e fez um gesto incluindo todos nós e disse:

— Ah, chefe, como me deixa esperar enquanto dá atenção a esses nadinhas! — (Não gostei, já que eu era um dos nadinhas!)

Não entendo como uma artista desse quilate e uma mulher fascinante como Ada Rehan podia cometer esse erro. Só posso creditar ao fato de ela estar com quase 50 anos. Durante anos, ela fora adorada por Augustin Daly e certamente se ofendia de vez em quando por ele escolher alguma moça bonita do elenco e, durante duas ou três semanas (ou dois ou três meses), alçá-la a papéis importantes, por nenhum motivo aparente. Mas, certamente, por algum motivo do qual a srta. Rehan discordava. Como artista, eu tinha a maior admiração por Ada Rehan e na época teria significado muito para mim receber um pequeno incentivo dela. Mas, em dois anos de convívio, ela jamais me olhou. Lembro-me de uma vez, no final de *A tempestade,* quando eu dançava para alegrar a festa de casamento de Miranda e Ferdinando, Ada Rehan virou-me a cara acintosamente durante a dança, o que me deixou tão constrangida que mal pude continuar.

Chegamos finalmente a Chicago, durante nossa turnê com *Sonho de uma noite de verão*. E fiquei muito feliz por encontrar aquele que eu considerava meu noivo. Era verão outra vez e, quando não havia ensaio, nós íamos para o bosque e caminhávamos durante horas. Aprendi a admirar cada vez mais a inteligência de Ivan Miroski. Semanas depois, fui para Nova York, com o combinado de ele ir depois e nos casarmos. Por sorte, quando meu irmão soube disso, foi se informar e descobriu que Miroski já tinha uma esposa em Londres. Horrorizada, minha mãe insistiu para que nos separássemos.

V

Agora, a família toda estava em Nova York. Conseguimos um estúdio com banheiro e, como eu não queria móveis para ter espaço para dançar, compramos cinco colchões de mola. Penduramos cortinas em todas as paredes do estúdio e, durante o dia, os colchões ficavam de lado. Dormíamos neles, sem estrado nem lençol, só com uma colcha para cobrir. Nesse estúdio, Elizabeth começou a dar aulas, como em São Francisco. Augustin entrou para uma companhia de teatro e raramente estava em casa. Ficava em turnê. Raymond tentava o jornalismo. Para cobrir as despesas, alugávamos o estúdio por hora para professores de oratória, música, canto etc. Mas, como era só um cômodo, a família inteira tinha de ficar na rua, e lembro de andar na neve do Central Park para me esquentar. Depois, voltávamos e ficávamos escutando na porta. Havia um professor de oratória que ensinava sempre a mesma poesia. Era "Mabel, pequena Mabel, com seu rosto na vidraça", que ele repetia com uma ênfase bem exagerada. Os alunos falavam com voz inexpressiva e o professor costumava exclamar:

— Mas não conseguem ver o sentimento disso? Não conseguem simplesmente sentir?

Nessa época, Augustin Daly teve a ideia de adaptar *Gueixa*. E me colocou para cantar num quarteto. Eu jamais consegui cantar uma nota na vida! As outras três reclamaram que eu as fazia desafinar, então fiquei delicadamente de boca aberta, sem cantar nada. Mamãe dizia que era incrível que as outras fizessem caras horríveis para cantar, enquanto eu estava sempre com uma expressão doce.

A idiotice de *Gueixa* foi a gota d'água no meu relacionamento com Augustin Daly. Lembro um dia em que, no escuro do teatro, ele me encontrou deitada no chão de um camarote, chorando. Ele se inclinou e perguntou o que era. Respondi que não aguentava mais a idiotice das coisas que eram encenadas no teatro dele. Ele disse que também não gostava de *Gueixa*, mas que tinha de pensar no lado financeiro da coisa. Depois, para me consolar, Daly passou a mão pelas costas do meu vestido, mas isso só serviu para me irritar.

— O que adianta me manter aqui, com meu talento, se não me aproveita? — perguntei.

Daly apenas me olhou, assustado, e disse:

— Hum! — E foi embora.

Foi a última vez que vi Augustin Daly, pois, alguns dias depois, juntei toda a coragem e pedi demissão. Fiquei com nojo completo do teatro, com a repetição ininterrupta das mesmas palavras, com os mesmos gestos todas as noites, os caprichos e o jeito de ver a vida, tudo aquilo me irritava.

Larguei Daly, voltei para o estúdio no Carnegie Hall e o dinheiro ficou bem curto, porém, mais uma vez, vesti minha pequena túnica branca e minha mãe tocou piano para mim. Como podíamos usar pouco o estúdio durante o dia, minha pobre mãe tocava para mim a noite inteira.

Nessa época, fiquei muito interessada pela música de Ethelbert Nevin. Criei danças para *Narciso*, *Ofélia*, *Ninfas aquáticas* e outras criações dele. Um dia, eu estava treinando no estúdio, quando a porta se abriu e entrou um jovem de olhar impetuoso e cabelos eriçados. Embora fosse bem jovem, parecia já estar com aquela doença horrível que depois lhe causou a morte. Ele correu para mim e disse:

— Soube que está dançando a minha música! Proíbo, proíbo! Minha música não é para dançar. Ninguém pode dançá-la.

Peguei na mão dele e levei-o até uma cadeira.

— Sente aqui, vou dançar a sua música. Se não gostar, juro que nunca mais a danço — eu disse.

Dancei então o *Narciso* para ele. A melodia me fez imaginar o jovem Narciso ao lado do riacho até se apaixonar pela própria imagem, acabar caindo e se transformando numa flor. Dancei isso para Nevin. Mal a última nota havia cessado, ele saltou da cadeira e veio correndo me abraçar. Olhou-me chorando.

— Você é um anjo. É uma vidente. Vi exatamente esses movimentos quando estava compondo a música.

A seguir, dancei *Ofélia*, seguida de *Ninfas aquáticas*. Ele foi ficando cada vez mais entusiasmado. Até sentou-se ao piano e compôs para mim, na hora, uma linda dança à qual chamou de *Primavera*. Sempre lastimei que esta dança, embora ele tocasse para mim várias vezes, nunca tenha sido escrita. Nevin ficou completamente transtornado e sugeriu na hora fazermos um concerto na pequena Sala de Música do Carnegie Hall. Ele mesmo tocaria para eu dançar.

Nevin acertou o concerto, arrumou a sala, fez os anúncios etc. e vinha todas as tardes ensaiar comigo. Sempre achei que Ethelbert Nevin tinha todas as qualidades de um grande compositor. Podia ter sido o Chopin americano, mas a vida difícil e a luta terrível para se sustentar devem ter sido o motivo da doença terrível que causou sua morte prematura.

O primeiro concerto foi um grande sucesso, seguido de outros que causaram muita sensação em Nova York; talvez, se tivéssemos sido práticos e procurado um bom empresário, eu teria iniciado uma carreira de sucesso. Mas éramos estranhamente ingênuos.

Muitas senhoras da sociedade estavam nas plateias, e o sucesso me trouxe convites para apresentações em salões de Nova York. Na época, eu tinha criado uma dança para um poema de Omar Khayan, traduzido por Fitzgerald. Às vezes, Augustin o lia alto para eu dançar; às vezes, minha irmã Elizabeth lia.

Estava chegando o verão. A sra. Astor me convidou para dançar em sua mansão em Newport. Minha mãe, Elizabeth e eu fomos a Newport, que, na época, era o lugar mais badalado da moda. E a sra. Astor era na América o que a rainha era na Inglaterra. Na presença dela, as pessoas sentiam-se mais intimidadas e impressionadas do que se estivessem perto de um membro da realeza. Mas comigo ela era muito mais simpática. Preparou minhas apresentações no jardim, onde fui vista pela mais seleta sociedade de Newport. Tenho uma foto da apresentação mostrando a veneranda sra. Astor sentada ao lado de Harry Lehr e filas de integrantes das famílias Vanderbilt, Belmont, Fish etc. em volta. Depois, dancei em outras mansões de Newport, mas essas senhoras eram tão sovinas nos cachês que mal tínhamos dinheiro para a viagem e a comida. E, embora elas apreciassem a minha dança e achassem que era muito bonita, não tinham ideia do que eu estava fazendo e acabamos com a impressão de que nossa ida a Newport foi uma decepção. Aquelas pessoas pareciam tão esnobes e tão envolvidas na glória de serem ricas que não tinham qualquer noção de arte.

Naquele tempo, elas achavam que artista era gente inferior, uma espécie de empregado doméstico melhorado. Isso mudou muito, principalmente depois que Paderewski tornou-se primeiro-ministro de uma república.

Como eu não gostava nada da vida na Califórnia, passei a procurar um lugar mais adequado que Nova York. Sonhei com Londres e com os escritores e pintores que se poderiam conhecer lá: George Meredith, Henry James, Watts, Swinburne, Burne-Jones, Whistler... Eram nomes mágicos e, para ser sincera, apesar de ter tantas experiências em Nova York, não tive um apoio inteligente, nem incentivo nas minhas ideias.

Enquanto isso, a escola de Elizabeth tinha prosperado e mudamos do estúdio no Carnegie Hall para dois grandes aposentos no térreo do hotel Windsor. O preço era 90 dólares por semana, e vimos logo que, com o que recebíamos pelas lições de dança, não iríamos conseguir pagar, além das outras despesas. Na verdade, embora tivéssemos muito sucesso, nossa conta bancária estava deficitária. O Windsor era um hotel soturno, não gostávamos de morar lá e ter essa despesa pesada. Uma noite, minha irmã e eu estávamos sentadas em frente à lareira, pensando em como conseguir dinheiro para pagar a conta. De repente, exclamei:

— A única coisa que pode nos salvar é o hotel pegar fogo!

Havia uma senhora muito rica que morava no terceiro andar, em aposentos cheios de móveis e quadros antigos, e ela costumava descer para o café no salão todas as manhãs às oito em ponto. Combinamos de eu encontrar com ela na manhã seguinte e pedir um empréstimo. Pedi. Mas a velha senhora estava muito mal-humorada, não quis emprestar e reclamou do café.

— Moro neste hotel há anos, mas, se eles não melhorarem o café, vou embora — disse ela.

Saiu naquela tarde, quando o hotel inteiro pegou fogo, e ela torrou junto! Heroicamente, Elizabeth salvou seus alunos de dança por presença de espírito, fazendo-os sair do prédio de mãos dadas, em fila indiana. Mas não conseguimos retirar nada, perdemos tudo o que tínhamos, inclusive retratos de família que tinham muito valor para nós. Mudamos para um aposento no hotel Buckingham, na mesma avenida, para nos refugiarmos, e poucos dias após estávamos na mesma situação de quando chegamos a Nova York, ou seja, sem um tostão.

— É o destino, temos de ir para Londres — concluí.

VI

Com tantas desditas, no final da temporada estávamos mal em Nova York. Foi aí que tive a ideia de ir para Londres. Depois que o hotel Windsor pegou fogo, ficamos sem bagagem, até sem roupa para trocar. Minha ligação com Augustin Daly e minha experiência ao dançar para os ricos em Newport e os Quatrocentos Nova-Iorquinos* me deixaram amargamente desiludida. Achei que, se a América reagia assim, era inútil insistir batendo a uma porta tão hermeticamente fechada e para uma plateia tão fria. Meu maior desejo era ir para Londres.

A família estava reduzida a quatro pessoas. Numa de suas turnês com uma pequena companhia itinerante, Augustin interpretou Romeu e se apaixonou por uma menina de 16 anos que fazia Julieta. Um dia, ele chegou em casa e anunciou que se casara. Consideramos aquilo uma traição. Por algum motivo que jamais consegui entender, minha mãe ficou furiosa. Comportou-se como na primeira visita de meu pai, que já contei. Saiu da sala e bateu a porta com força. Elizabeth refugiou-se no silêncio e Raymond ficou histérico. Eu fui a única solidária. Disse a Augustin, que estava pálido de angústia, que iria acompanhá-lo para conhecer a esposa. Ele me levou para uma horrível hospedaria numa rua lateral, onde subimos cinco andares de escada até o quarto onde estava Julieta. Era bonita, delicada e parecia doente. Eles então me confidenciaram que estavam esperando um bebê.

---

*A elite, por ser o número de convidados que cabiam no salão de baile da sra. Astor. (*N. da T.*)

Assim, Augustin teve de ser cortado dos nossos planos em Londres. A família pareceu achar que ele ficara à margem, indigno do grande futuro que buscávamos.

Mais uma vez, vimo-nos num estúdio vazio, sem dinheiro e no começo do verão. Tive então a brilhante ideia de pedir às senhoras ricas, em cujos salões eu havia dançado, uma quantia que pudesse nos levar a Londres. Primeiro, visitei uma dama que morava numa mansão parecida com um palácio, na rua 59, de frente para o Central Park. Contei que perdêramos tudo no incêndio no hotel Windsor, falei da falta de reconhecimento em Nova York e da minha certeza de ser reconhecida em Londres.

Finalmente, ela foi até a escrivaninha, pegou a caneta e preencheu um cheque. Dobrou o cheque e me deu. Saí de lá com lágrimas nos olhos e deixei a casa, mas, ah, ao chegar à Quinta Avenida, vi que o cheque era de apenas 50 dólares, o que não dava nem de longe para levar a família para Londres.

A seguir, procurei a esposa de outro milionário, que morava no começo da Quinta Avenida, e andei todos os cinquenta quarteirões da rua 59 até o palácio dela. Lá, fui recebida com mais frieza ainda por uma mulher idosa que me repreendeu dizendo que meu pedido era impraticável. E que, se eu tivesse estudado balé, ela teria outra opinião, e que conheceu uma bailarina que ficara muito rica! Insisti, fui tão veemente que desmaiei. Eram quatro da tarde e eu não tinha almoçado. A dama pareceu muito preocupada, tocou uma campainha e apareceu um maravilhoso mordomo que me trouxe uma xícara de chocolate com torradas. Minhas lágrimas pingaram no chocolate e na torrada, mas ainda tentei convencer a dama da necessidade premente de nossa viagem a Londres.

— Um dia, vou ser muito famosa e a senhora receberá o crédito por ter reconhecido meu talento americano — garanti.

No final, essa possuidora de cerca de 60 milhões de dólares também me entregou um cheque, outros 50 dólares! Mas acrescentou:

— Quando você ganhar dinheiro, devolva-me.

Jamais devolvi, preferi doar aos pobres.

Assim, fui atrás de quase todas as esposas de milionários em Nova York e acabamos um dia com a magnífica soma de 300 dólares para nossa viagem a Londres. A quantia não dava para passagens de segunda classe num navio comum, caso quiséssemos chegar a Londres com algum dinheiro.

Raymond teve a grande ideia de procurar nos portos até descobrir um pequeno navio de carga destinado ao transporte de gado para Hull. O capitão desse navio ficou tão tocado com a história de Raymond que concordou em nos levar como passageiros, embora fosse contra os regulamentos do navio. Uma manhã, então, embarcamos apenas com algumas sacolas de mão, pois nossos baús haviam queimado no incêndio do hotel Windsor. Acho que essa viagem foi decisiva para Raymond se tornar vegetariano, pois ficamos muito impressionados ao ver aqueles duzentos pobres animais lutando no porão, indo para Londres, saídos das planícies do Meio-Oeste, espetando-se com os chifres e mugindo do jeito mais deplorável, dia e noite.

Lembro-me sempre dessa viagem no navio de gado quando estou numa das minhas luxuosas cabines em enormes transatlânticos e de nossa incontida alegria e encantamento. Fico pensando se, no final das contas, viver só em ambientes de luxo não causa neurastenia. Nossa alimentação consistia apenas em carne salgada e chá com gosto de palha; os beliches eram duros; as cabines, apertadas; e a comida, escassa. Mas ficamos muito felizes durante as duas semanas de viagem até Hull. Só tivemos vergonha de embarcar naquele barco com nosso nome verdadeiro, por isso usamos o da minha avó materna, O'Gorman. Eu me chamei Maggie O'Gorman.

O primeiro-imediato era um irlandês com quem eu passava as noites de lua, luar, em cima na vigia, e que costumava me dizer:

— Garanto, Maggie O'Gorman, que, se você permitisse, eu seria um bom marido.

Em outras noites, o capitão, que era um senhor ótimo, arrumava uma garrafa de uísque e fazia grogues quentes para todos nós. No final das contas, foi tudo muito alegre, apesar das dificuldades, só o que nos entristecia eram os berros e mugidos do pobre gado no porão. Não sei se eles ainda transportam gado desse jeito bárbaro.

Os O'Gorman chegaram a Hull numa manhã de maio, embarcaram no trem e poucas horas depois os Duncan chegaram a Londres. Acho que foi num anúncio do *The Times* que encontramos um aposento perto do Marble Arch. Passamos os primeiros dias em Londres só andando de ônibus baratos, em estado de completo êxtase, encantamento e deleite por tudo o que nos rodeava. Esquecemos completamente que tínhamos pouco dinheiro. Fizemos passeios turísticos, passando horas na Catedral de Westminster, no Museu Britânico e no de South Kensington, na Torre de Londres, visitamos Kew Gardens, o Parque Richmond e Hampton Court e voltamos animados e cansados para nossos alojamentos. Aliás, exatamente como se fôssemos turistas que tivessem um pai na América para nos mandar dinheiro. Só depois de algumas semanas uma irada proprietária nos despertou do sonho de turistas, exigindo o pagamento da conta.

Aí, um dia, fomos à National Gallery assistir a uma palestra muitíssimo interessante sobre a Vênus e o Adônis, de Correggio. Quando voltamos, bateram a porta da hospedaria na nossa cara; nossa pouca bagagem ficou lá dentro, e nós, na escada da rua. Conferimos nossos bolsos e vimos que tínhamos cerca de 6 xelins no total. Fomos para Marble Arch e Kensington Gardens, onde sentamos num banco para pensar no que fazer.

VII

Se pudéssemos assistir a um filme sobre nossas vidas, ficaríamos impressionados e exclamaríamos: "Não é possível que isso tenha acontecido comigo!" As quatro pessoas que lembro de andarem nas ruas de Londres podiam bem ter saído da imaginação de Charles Dickens e, no momento, mal posso acreditar que elas existiram. Quando penso naqueles tempos, não é de surpreender que nós, jovens, pudéssemos continuar animados mesmo com tantos desastres. Mas acho incrível que minha pobre mãe, que já tinha passado por tantas durezas e problemas na vida, e que não era mais jovem, pudesse considerar tudo aquilo uma coisa normal.

Andamos pelas ruas de Londres sem dinheiro, sem amigos, nem jeito de encontrar abrigo para a noite. Tentamos dois ou três hotéis, mas eram inflexíveis sobre a necessidade de pagar adiantado, já que não tínhamos bagagem. Tentamos duas ou três pensões, mas todas as proprietárias tiveram o mesmo comportamento cruel. Acabamos condenados a um banco no Green Park e, mesmo assim, um enorme policial apareceu e nos expulsou.

Foi assim por três dias e três noites. Nos sustentamos com bolinhos baratos, mas tínhamos uma tal vitalidade, que passávamos os dias no Museu Britânico. Lembro que eu estava lendo a versão inglesa de *Viagem a Atenas*, de Winckelmann, quase esquecida de nossa estranha situação e tão embevecida, que chorei, não por nossas desditas, mas pela morte trágica de Winckelmann ao voltar de sua emocionante viagem de descoberta.

Mas, ao amanhecer do quarto dia, resolvi que era preciso fazer alguma coisa. Mandei mamãe, Raymond e Elizabeth me seguirem sem dizer uma palavra e entrei direto num dos mais luxuosos hotéis de Londres. Avisei ao porteiro da noite, que estava quase adormecido, que tínhamos acabado de chegar no trem noturno e nossa bagagem vinha de Liverpool; enquanto isso, era para ele nos dar quartos e pedir que mandassem o café da manhã para nós, com café, bolos de trigo-sarraceno e outros petiscos americanos.

Dormimos esse dia inteiro em camas de luxo. De vez em quando, eu ligava para a portaria reclamando amargamente de nossa bagagem não ter chegado.

— Não podemos, de maneira alguma, sair sem trocar de roupa — eu disse, e nessa noite jantamos em nossos aposentos.

No amanhecer do dia seguinte, achando que a artimanha tinha chegado ao máximo, saímos exatamente da mesma maneira que entramos, mas dessa vez sem acordar o porteiro da noite!

Fomos para a rua muito revigorados e prontos para enfrentar o mundo novamente. Nessa manhã andamos até Chelsea, e estávamos sentados no cemitério da antiga igreja quando notei um jornal no chão. Peguei-o e bati os olhos numa frase dizendo que determinada dama, em cuja casa eu havia dançado em Nova York, tinha adquirido uma casa em Grosvenor Square e que estava dando recepções. De repente, tive uma inspiração.

— Esperem aqui — disse eu aos demais.

Pouco antes do almoço, descobri o caminho para Grosvenor Square sozinha e encontrei a dama em casa. Ela me recebeu com muita gentileza e eu disse que tinha vindo para Londres e estava dançando em salões.

— Seria perfeito para o jantar que vou oferecer na sexta à noite. Você pode fazer algumas de suas interpretações após o jantar? — ela perguntou.

Aceitei e dei a entender delicadamente que era preciso um pequeno adiantamento para garantir o combinado. Ela foi muito simpática e na mesma hora fez um cheque de 10 libras, com o qual corri para o cemitério de Chelsea, onde encontrei Raymond discursando sobre a noção platônica da alma.

— Vou dançar na sexta à noite na casa da sra. X., em Grosvenor Square, o príncipe de Gales deve estar lá, estamos garantidos! — disse eu, e mostrei o cheque.

Raymond então ponderou:

— Temos de pegar esse dinheiro, encontrar um estúdio e pagar um mês adiantado, pois não podemos nunca mais nos submeter aos xingamentos dessas donas de pensão ordinárias.

Procuramos um estúdio, encontramos um pequeno na King's Road, em Chelsea, e nessa noite dormimos lá. Não havia cama, dormimos no chão, mas achamos que estávamos novamente vivendo como artistas e concordamos com Raymond que nunca mais podíamos morar em lugares tão burgueses como pensões.

Com a sobra do dinheiro, depois de pagar o aluguel do estúdio, compramos comida enlatada, de reserva para o futuro, e alguns metros de gaze na Liberty's, com a qual me apresentei na sexta à tarde na festa da sra. X. Dancei o *Narciso*, de Nevin, fui uma esguia adolescente (pois eu estava muito magra), enamorada de sua imagem na água. Dancei também a *Ofélia*, de Nevin, e ouvi as pessoas cochicharem: "Onde essa menina arrumou essa expressão dramática?" No final, dancei a *Canção da primavera*, de Mendelssohn.

Mamãe tocava para eu dançar; Elizabeth leu alguns poemas de Teócrito traduzidos por Andrew Lang, e Raymond fez uma pequena conferência sobre dança e seu provável efeito na psicologia da humanidade do futuro. Isso estava um pouco acima da compreensão da bem-nutrida plateia, mas fez muito sucesso, e a anfitriã ficou encantada.

Era típico de uma plateia inglesa e bem-nascida não notar que eu tinha dançado de sandália, sem meias, com véus transparentes, embora essa simples aparição tenha causado um *klatsch** na Alemanha, alguns anos depois. Mas os ingleses são tão educados que nem pensaram em notar a originalidade do meu traje e, ah, a originalidade da

---

*Falatório. (*N. da E.*)

minha dança. Todos diziam "Que lindo!", "Maravilhoso!", "Muito obrigado", ou algo parecido e nada mais.

Mas a partir dessa noite recebi vários convites para dançar em residências famosas. Um dia, eu me apresentava para a realeza, ou no jardim da lady Lowther; no dia seguinte, não tinha o que comer. Pois às vezes me pagavam, mas em geral, não. As anfitriãs diziam: "Você vai dançar para a duquesa Tal-Tal e ser vista por tantas pessoas importantes que vai fazer nome em Londres."

Lembro que um dia dancei quatro horas em benefício de uma obra de caridade e, como recompensa, uma dama cheia de títulos serviu meu chá e me deu morangos com suas próprias mãos, mas eu estava tão fraca por não comer nada sólido há dias que passei muito mal com os morangos e o creme espesso. Ao mesmo tempo, outra dama mostrou uma enorme sacola cheia de moedas de ouro e disse: "Olha quanto dinheiro você conseguiu para o Lar das Meninas Cegas!"

Minha mãe e eu éramos sensíveis demais para dizer àquelas pessoas a inominável crueldade que estavam cometendo. Pelo contrário, deixávamos de nos alimentar direito para nos apresentar bem-vestidas e prósperas.

Compramos algumas camas de lona para o estúdio e alugamos um piano, mas passávamos quase todo o tempo no Museu Britânico, onde Raymond fez esboços de todos os jarros e baixos-relevos gregos. Depois, tentei representá-los com músicas que me parecessem combinar com o ritmo dos pés, a posição dionisíaca da cabeça e o levantar do bastão de Baco. Todos os dias passávamos horas também na biblioteca do museu e almoçávamos na sala de descanso: bolinho barato e *café au lait*.

Ficamos loucos com a beleza de Londres. Eu agora podia me fartar da cultura e da beleza arquitetônica de que sentira falta na América.

Antes de sairmos de Nova York, eu não via Ivan Miroski havia um ano, até que recebi em Londres uma carta de um amigo de Chicago dizendo que ele se alistara como voluntário na Guerra da Espanha e fora para um acampamento na Flórida, onde pegara febre tifoide e morrera. A carta causou-me um choque terrível. Não consegui acreditar que fosse verdade. Uma tarde, fui até o Instituto Cooper, olhei as coleções de jornais antigos e encontrei o nome dele em letras pequenas, no meio de centenas de outros nomes, entre os falecidos.

A carta também me forneceu o nome e o endereço da esposa dele em Londres, então um dia peguei um cabriolé de aluguel e fui procurar madame Miroski. O endereço era bem distante, em algum ponto de Hammersmith. Eu ainda estava um pouco influenciada pelo puritanismo americano, então achei inacreditável Miroski ter uma esposa em Londres que ele jamais mencionara. Por isso, não comentei meu plano com ninguém. Dei o endereço para o cocheiro e segui pelo que me pareceram quilômetros; ficava quase nos arredores de Londres. Eram filas e filas de pequenas casas cinzentas, uma exatamente igual à outra, com tristes e sombrios portões, cada qual com o nome mais imponente que a outra. Havia Sherwood Cottage, Glen, House, Ellesmere, Ennismore e outros nomes totalmente inadequados e, finalmente, a Stella House, onde toquei a campainha e uma criada londrina abriu a porta com a expressão mais triste do que o normal. Perguntei por madame Miroski e fui levada a um parlatório abafado. Eu usava um vestido branco de musselina no estilo Kate Greenaway, com uma faixa azul na cintura, um grande chapéu de palha na cabeça e os cabelos caindo em cachos nos ombros.

Ouvi passos no andar de cima e uma voz clara e aguda dizendo:

— Agora, meninas, posição normal.

A Stella House era uma escola de meninas. Fiquei numa emoção que era um misto de medo e, apesar da morte trágica de Ivan, inveja corrosiva. Eis que entrou no parlatório uma das coisinhas mas estranhas que já vi na vida, não tinha mais de um metro e meio, magra demais, com olhos castanhos e brilhantes, cabelos grisalhos e ralos, rosto pequeno e branco, lábios finos e apertados.

Não me ofereceu uma recepção muito calorosa. Tentei explicar quem eu era.

— Eu sei, você é Isadora. Ivan falou de você em muitas cartas — ela disse.

— Desculpe, ele nunca comentou sobre a senhora — gaguejei.

— Não, ele não falava, eu devia ter ido antes dele e agora ele está morto — ela disse.

Falou num tom de voz que me fez chorar. Ela então chorou também, e foi como se fôssemos amigas desde sempre.

Levou-me para o quarto dela, cujas paredes eram cobertas de retratos de Ivan Miroski. Havia fotos dele jovem, com um rosto de incrível beleza e força, e um retrato que ele enviou, de uniforme de soldado, que ela havia emoldurado com uma fita preta. Contou-me que ele fora fazer fortuna na América, porém o dinheiro não dava para irem juntos.

— Eu iria encontrá-lo, ele sempre escrevia: "Dentro de pouco tempo terei dinheiro e você vem".

Os anos se passaram e ela continuou como professora numa escola para meninas, os cabelos ficaram grisalhos e Ivan nunca mandou o dinheiro para ela ir.

Comparei o destino daquela paciente velhinha (pois ela me parecia bem idosa) com as minhas ousadas viagens e não entendi. Se ela era esposa de Ivan Miroski e queria ir, por que não foi com ele? Mesmo que fosse numa cabine barata? Pois jamais entendi, nessa época nem depois, por que, se alguém quer uma coisa, não consegue. Pois eu sempre fiz o que queria. Isso muitas vezes me trouxe problemas e calamidades, mas, pelo menos, tive a satisfação de fazer do meu jeito. Como era possível aquela pobre e paciente criaturinha esperar anos para o marido mandar buscá-la?

Fiquei no quarto cercada de fotos de Ivan, ela segurando minhas mãos com força e falando nele sem parar até eu notar que estava escurecendo.

Fez-me prometer que voltaria, avisei que ela precisava nos visitar, ela disse que não tinha tempo, já que trabalhava desde cedo até tarde da noite, ensinando e corrigindo os exercícios das meninas.

Como eu tinha dispensado o cabriolé, voltei para casa em cima de um ônibus puxado por cavalos. Lembro que chorei o tempo todo pelo destino de Ivan Miroski e sua pobre esposinha, mas, ao mesmo tempo, tive uma estranha e exultante sensação de poder e um desprezo pelas pessoas fracassadas, ou que passavam a vida esperando as coisas acontecerem. Esse é o mal de ser jovem demais.

Até então, eu dormia com as fotos e cartas de Ivan Miroski embaixo do travesseiro, mas a partir desse dia guardei-as num compartimento fechado no meu baú.

Após morarmos um mês no estúdio alugado em Chelsea, fez muito calor, e alugamos outro, mobiliado, em Kensington. Lá eu tinha um piano e mais espaço para trabalhar. Mas, subitamente, no final de julho a temporada teatral terminou e lá estávamos nós com agosto pela frente e muito pouco dinheiro. Passamos o mês de agosto inteiro indo do Museu Kensington para a biblioteca do Museu Britânico; depois que ela fechava, voltávamos para casa a pé, do Museu Britânico ao nosso estúdio em Kensington.

Uma tarde, para minha surpresa, a pequena madame Miroski apareceu e me convidou para jantar. Ela estava muito animada. Aquela visita era uma grande aventura para ela, chegou a pedir uma garrafa de borgonha no jantar. Pediu para eu contar como era e o que dizia Ivan em Chicago; revelei que ele gostava de colher pequenas flores amarelas no bosque e que um dia o vi com o sol brilhando nos cabelos ruivos e os braços cheios de florzinhas, e que sempre que eu via essas florzinhas, lembrava dele. Ela chorou e eu também. Tomamos mais uma garrafa de borgonha e tivemos uma orgia de recordações. Depois ela me deixou e foi procurar, no meio de um labirinto de ônibus puxados por cavalos, o que serviria para levá-la à Stella House.

Setembro chegou. Elizabeth se correspondia com as mães de alguns de nossos ex-alunos em Nova York e recebeu de uma delas um cheque para a passagem de volta. Ela então decidiu que tinha de voltar para a América e ganhar dinheiro.

— Porque, se eu ganhar dinheiro, mando para você, e, como você vai ser rica e famosa logo, vou reencontrá-la logo — ela disse.

Lembro que fomos a uma loja na Kensington High Street e compramos um casaco de viagem quente para ela, e por fim a vimos embarcar no trem que a levaria ao navio, voltando os três para o estúdio, onde ficamos alguns dias na mais completa tristeza.

A alegre e gentil Elizabeth tinha ido embora. Outubro começou frio e escuro. Tivemos o primeiro gosto da neblina londrina e estávamos anêmicos por só tomar sopas de um centavo. Até o Museu Britânico perdeu a graça. Havia longos dias em que não tínhamos coragem nem de sair de casa, ficávamos no estúdio enrolados em cobertores, jogando xadrez no tabuleiro improvisado com peças de papelão.

Fico pasma quando lembro da nossa enorme capacidade de resistência; por isso, quando penso nessa fase, eu me impressiono com nosso total abatimento. Em certos dias, não tínhamos coragem nem de levantar pela manhã, dormíamos o dia todo.

Finalmente, chegou uma carta de Elizabeth com uma remessa de dinheiro. Ela estava em Nova York, instalada no hotel Buckingham na Quinta Avenida, tinha aberto uma escola e ia bem. Isso nos animou. Como o contrato do nosso estúdio tinha terminado, alugamos uma casinha mobiliada na Kensington Square. Isso nos dava o privilégio de ter a chave para frequentar os jardins da praça.

Uma noite, na primavera, Raymond e eu dançávamos no jardim quando uma mulher muito bonita, com um grande chapéu preto, surgiu e perguntou:

— Céus, de que planeta vêm vocês?

— De planeta algum, somos da lua — respondi.

— Bom, seja de onde for, da terra ou da lua, vocês são muito simpáticos, não querem vir à minha casa? — ela perguntou.

Nós a seguimos até uma linda casa na Kensington Square, onde essa dama estava reproduzida em quadros maravilhosos de Burne-Jones, Rossetti e William Morris.

Ela era a sra. Patrick Campbell. Sentou-se ao piano, tocou para nós e cantou antigas músicas inglesas, depois recitou poesia e, por fim, dancei para ela. Ela era lindíssima, com cabelos e grandes olhos negros, pele macia e voz de deusa.

Fez com que todos nós ficássemos apaixonados por ela, e aquele encontro nos tirou da tristeza e do desânimo em que estávamos. Também foi o início de uma mudança de destino, pois a sra. Campbell ficou tão encantada com minha dança que me deu uma carta de apresentação para a sra. George Wyndham. E nos contou que tinha iniciado sua carreira na casa da sra. Wyndham, recitando as falas de Julieta. A sra. Wyndham me recebeu com muita simpatia e foi a primeira vez que participei de uma tarde de chá inglesa ao lado da lareira.

Existe algo numa lareira, em pão, sanduíches de manteiga, café bem forte, uma neblina amarela lá fora e no falar pausado dos ingleses que faz Londres muito sedutora. Se eu já estava encantada, a partir de então passei a amar profundamente a cidade. Aquela casa tinha um clima mágico de segurança e conforto, de cultura e bem-estar, e eu me senti tão à vontade quanto um peixe que encontrou sua água. A linda biblioteca também me atraía muito.

Foi nessa casa que percebi pela primeira vez o comportamento extraordinário dos bons criados ingleses, que se movimentam com uma espécie de jeito aristocrático próprio e, longe de desaprovarem o fato de serem criados, ou quererem ascender na escala social, como fazem na América, se orgulham de trabalhar para "as melhores famílias". Seus pais também trabalharam como criados e seus filhos vão trabalhar depois deles. É o tipo da coisa que assegura calma e segurança na vida.

Uma noite, a sra. Wyndham conseguiu uma apresentação para mim na sala de visitas e quase todo o mundo artístico e literário de Londres estava presente. Lá encontrei um homem que iria marcar muito a minha vida. Tinha seus 50 anos e uma das cabeças mais lindas que já vi. Olhos profundamente encravados sob uma testa proeminente, nariz clássico e boca delicada, um corpo alto e esguio, levemente curvado, cabelos grisalhos repartidos no meio, caindo em ondas sobre as orelhas e uma expressão singularmente suave. Era Charles Hallé, filho do famoso pianista. É estranho eu ter conhecido tantos jovens na época, todos bastante dispostos a me cortejar, e nenhum ter me atraído. Na verdade, mal os percebi, mas fiquei imediatamente apaixonada por aquele senhor de 50 anos.

Ele tinha sido muito amigo de Mary Anderson quando jovem e me convidou para tomar chá no estúdio dele, onde me mostrou a túnica que ela usara para interpretar Virgília em *Coriolano* e que ele guardava como uma lembrança preciosa. Após essa primeira visita, nossa amizade se aprofundou muito; era rara a tarde que eu não ia a seu estúdio. Ele me contou muitas coisas sobre Burne-Jones, que tinha sido seu amigo íntimo, e também sobre Rossetti, William Morris e todos os pintores da escola pré-rafaelita, além de Whistler e Tennyson. Conheceu muito bem todos eles. No estúdio, passei horas encantadas; em parte, devo à amizade com esse maravilhoso artista o fato de ter conhecido a arte dos Velhos Mestres.

Na época, Charles Hallé era diretor da New Gallery, onde todos os pintores modernos expunham. Era uma pequena galeria muito interessante, com um pátio e uma fonte. Charles Hallé teve a ideia de eu dançar lá. Apresentou-me aos amigos, o pintor Sir William Richmond, o sr. Andrew Lang, o compositor Sir Hubert Parry, e todos eles aceitaram fazer uma conferência: Richmond falou sobre a dança e sua relação com a pintura; Andrew Lang, sobre a dança e sua relação com os mitos gregos, e Sir Parry, sobre a dança e sua relação com a música. Dancei no pátio central, em volta da fonte, cercada de palmeiras, plantas e flores raras, e foi um sucesso. Os jornais elogiaram e Charles Hallé ficou muito satisfeito com meu êxito, todo mundo que era importante em Londres me convidava para tomar chá ou jantar e, por um curto período, a sorte nos sorriu.

Uma noite, numa recepção muito concorrida na pequena casa da sra. Ronald, fui apresentada ao príncipe de Gales, que depois veio a ser o rei Eduardo. Ele declarou que minha beleza era como a dos quadros de Gainsborough, e esse elogio contribuiu para que toda a sociedade londrina me aprovasse.

Como nossa sorte tinha melhorado, alugamos um grande estúdio na Warwick Square, onde eu passava os dias trabalhando com nova inspiração, influenciada pela arte italiana da National Gallery. Mas, na época, também fui muito influenciada por Burne-Jones e Rossetti.

Nesse momento, entrou na minha vida um jovem poeta de voz macia e olhos sonhadores, recém-saído de Oxford. Descendia de uma linhagem de Stewart e se chamava Douglas Ainslie. Todos os dias, ao entardecer, ele aparecia no estúdio com três ou quatro livros debaixo do braço e lia poemas de Swinburne, Keats, Browning, Rossetti e Oscar Wilde. Ele gostava de ler alto e eu adorava ouvi-lo. Minha pobre mãe achava que era muito necessário fazer o papel de *chaperone* nessas ocasiões e, embora conhecesse e gostasse dessas poesias, não entendia a maneira oxfordiana de declamar, e após uma hora mais ou menos, sobretudo de poemas de William Morris, ela costumava adormecer. O jovem poeta, então, se inclinava e me dava um leve beijo no rosto.

Fiquei muito feliz com essa amizade; com Ainslie e Charles Hallé, eu não queria outros amigos. Os jovens comuns me entediavam profundamente e, embora na época houvesse muitos que, depois de me verem dançar nos salões de Londres, gostariam de me procurar ou me levar para sair, meu comportamento altivo os deixava completamente gelados.

Charles Hallé morava numa casinha antiga na Cadogan Street, com uma irmã solteira muito simpática. A srta. Hallé também era muito gentil comigo e sempre me convidava para pequenos jantares só para nós três, e foi com eles que assisti pela primeira vez a uma apresentação de Henry Irving e Ellen Terry. Vi Irving primeiro em *Os sinos*, e sua imensa arte me causou tamanhos entusiasmo e admiração que passei semanas sem conseguir dormir. Quanto a Ellen Terry, ela se tornou para sempre o meu ideal na vida. Quem nunca viu Irving no palco não pode compreender a beleza emocionante e a grandeza de suas interpretações. É impossível descrever o charme de sua força dramática e intelectual. Tinha tanto talento que até os defeitos se transformavam em qualidades a serem admiradas. A presença dele tinha algo do talento e da majestade de Dante.

Um dia, nesse verão, Charles Hallé me levou para conhecer Watts, o grande pintor, e dancei para ele no jardim. Nessa casa, conheci Ellen Terry, cujo maravilhoso rosto aparece muitas vezes nos quadros dele. Andamos juntos pelo jardim e ele me disse muitas coisas lindas sobre a arte e a vida dele.

Ellen Terry estava então em plena maturidade de uma mulher maravilhosa. Não era mais a alta e esguia moça que tinha atraído a imaginação de Watts, estava com os seios grandes, as coxas grossas e uma presença majestática, bem diferente do ideal de hoje! Se as plateias da época tivessem assistido a Ellen Terry na mocidade, ela teria sido coberta de conselhos para emagrecer etc., e ouso dizer que a grandeza de sua interpretação teria sofrido se ela tentasse parecer jovem e magra, como fazem nossas atrizes hoje. Ela não parecia esguia nem magra, mas era certamente um lindo exemplo de mulher.

Assim, entrei em contato em Londres com as maiores inteligências e personalidades artísticas da época. Com o inverno terminando, havia menos salões do que na temporada e participei por um tempo da Companhia Teatral de Benson, mas não fui além da primeira fala em *Sonho de uma noite de verão*. Parecia que os gerentes dos teatros não conseguiam entender minha arte, ou que minhas ideias seriam benéficas para as peças que eles produziam. É estranho, quando se pensa em quantas más imitações da minha escola apareceram desde então nas produções de Reinhardt, Gemier e outros da vanguarda teatral.

Um dia, fui apresentada à lady (então sra.) Tree. Fui até seu camarim num ensaio e ela me recebeu com muita simpatia. Por sugestão dela, vesti minha túnica de dança e fui levada ao palco para dançar para Beerbohm Tree. Apresentei a *Canção da primavera*, de Mendelssohn, mas ele mal me olhou, ficou acompanhando, distraído, as moscas voarem. Mais tarde, em Moscou, lembrei isso a ele, quando me brindou num banquete dizendo que eu era uma das maiores artistas do mundo.

— Mas como? Vi a sua dança, a sua beleza, a sua juventude e não gostei? Ah, que idiota eu era! Agora é tarde demais, tarde demais — disse ele.

— Nunca é tarde — respondi, e a partir de então ele me deu muito apoio, sobre o qual falarei depois.

Na verdade, na época, eu não conseguia entender por que, após causar um frenesi de entusiasmo em homens como Andrew Lang, Watts, sir Edwin Arnold, Austin Dobson, Charles Hallé (em todos os pintores e poetas que conheci em Londres), os gerentes dos teatros continuaram impassíveis, como se a mensagem da minha arte fosse espiritual demais para a visão materialista e bruta que eles tinham da arte teatral.

Eu trabalhava o dia todo no meu estúdio; à noite, o poeta vinha ler para mim ou o pintor me levava para sair, ou me via dançar. Eles davam um jeito de nunca virem juntos, já que sentiam uma enorme antipatia recíproca. O poeta dizia que não entendia como eu passava tanto tempo com aquele velho enquanto o pintor dizia que não entendia como uma moça inteligente podia ver algo naquele janota. Mas eu estava muito feliz com as duas amizades e não saberia dizer por quem fiquei mais apaixonada. Só os domingos eram sempre reservados para Hallé, quando almoçávamos, no estúdio dele, *paté de foi gras* de Estrasburgo, xerez e café que ele mesmo preparava.

Um dia, ele me deixou vestir a famosa túnica de Mary Anderson e posei com ela para muitos esboços.

E assim terminou o inverno.

VIII

Apesar de haver sempre uma diferença para menos entre nossos ganhos e nossos gastos, essa foi uma fase calma. O clima pacífico deixou Raymond inquieto. Ele foi para Paris e, na primavera, nos bombardeou com telegramas implorando para irmos também. Então, um dia, mamãe e eu empacotamos nossas coisas, tomamos um navio e atravessamos o Canal.

Depois da neblina de Londres, chegamos a Cherbourg numa manhã de primavera. A França nos pareceu um jardim; no trem de Cherbourg a Paris, não saímos da janela da terceira classe. Raymond nos esperava na estação. Tinha deixado os cabelos crescerem até as orelhas, usava um colarinho virado para baixo e uma gravata de laço. Ficamos meio assustadas com a mudança e ele explicou que era a moda no Quartier Latin, onde morava. Levou-nos lá e encontramos uma *midinette* (costureirinha) descendo a escada. Raymond nos presenteou com uma garrafa de vinho tinto que, segundo ele, custara 30 centavos. Depois disso, saímos à procura de um estúdio e, como Raymond sabia duas palavras em francês, fomos pelas ruas dizendo: "*Chercher atelier*" (Procurar ateliê). Sabíamos que, na França, ateliê não é apenas estúdio, mas qualquer local de trabalho. Por fim, no final da tarde encontramos um estúdio mobiliado, situado num pátio, pelo incrível preço de 50 francos mensais. Ficamos exultantes e pagamos o mês adiantado. Não podíamos saber por que era tão barato, mas à noite descobrimos. Na hora em que íamos descansar, terríveis terremotos pareciam sacudir o estúdio e tudo saltar e cair. Sem parar. Raymond desceu para olhar e viu que tínhamos ficado em cima de uma gráfica. Por isso o aluguel era tão barato. De certa forma, isso nos desanimou, mas, como na época 50 francos para nós era muito, eu disse que parecia o barulho do mar e que fizéssemos de conta que estávamos na praia. A *concierge* preparava as refeições: 25 centavos por pessoa o almoço e 1 franco o jantar, com vinho. Ela costumava trazer uma tigela de salada e dizer, com um sorriso educado:

— *Monsieur et mesdames, il faut tourner la salade.* (Senhor e senhoras, é preciso mexer a salada.)

Raymond desistiu da *midinette* e passou a se dedicar a mim. Costumávamos levantar às cinco da manhã, tamanha era a nossa animação por estarmos em Paris. Começávamos o dia dançando nos jardins do Luxemburgo, andávamos quilômetros pela cidade e passávamos horas no Louvre. Raymond já tinha um caderno com desenhos de todos os vasos gregos, e ficávamos tanto tempo na sala dos vasos gregos que o guarda desconfiou. Expliquei por gestos que estava lá para dançar, ele achou que éramos loucos mansos e não nos incomodou. Lembro que ficávamos horas sentados no chão encerado, abaixando para ver as prateleiras inferiores, ou ficando na ponta dos pés e dizendo: "Olha aqui o Dionísio" ou "Venha, aqui tem a Medeia matando os filhos".

Íamos todos os dias ao Louvre e quase nos expulsavam na hora de fechar. Não tínhamos dinheiro, não tínhamos amigos em Paris, mas estávamos satisfeitos. O Louvre era o nosso paraíso e depois encontrei pessoas que nos viram lá: eu, de vestido branco e chapéu estilo Liberty, e Raymond no seu grande chapéu preto, colarinho aberto e gravata de laço. Disseram que éramos figuras bizarras, tão jovens e tão profundamente absortos nos vasos gregos. Ao anoitecer, voltávamos parando nas estátuas do jardim das Tulherias e, depois de jantar feijão-branco e salada acompanhados de vinho tinto, ficávamos felizes como ninguém.

Raymond tinha muita habilidade com o lápis. Em poucos meses, ele copiou todos os vasos gregos do Louvre, mas alguns desenhos dele publicados mais tarde não eram copiados de vasos, mas desenhos que ele fez de mim nua, dançando, que passaram como sendo de vasos gregos.

Além do Louvre, estivemos no Museu Cluny, no Carnavalet, na Notre Dame e em todos os outros museus da cidade. Fiquei especialmente encantada com o grupo Carpeau na frente do Opéra e com o conjunto de esculturas de Rude no Arco do Triunfo. Não havia um só monumento que não admirássemos, nossas jovens almas americanas ficavam enlevadas frente àquela cultura que nos esforçamos tanto para conhecer.

A primavera passou a verão e começou a Grande Exposição de 1900. Para minha grande alegria e frustração de Raymond, Charles Hallé surgiu certa manhã em nosso estúdio da rue de la Gaieté. Veio ver a Exposição e passei a ser companhia constante dele. Eu não podia ter um guia mais sedutor e inteligente. Andávamos o dia todo pelos pavilhões e à noite jantávamos na Torre Eiffel. Ele era uma simpatia; quando eu me cansava, ele trazia uma cadeira de vime; eu estava sempre cansada, pois a arte na Exposição não me pareceu do mesmo nível que a do Louvre, mas eu estava muito feliz, pois adorava Paris e adorava Charles Hallé.

Aos domingos, tomávamos um trem e íamos para o campo, andar nos jardins de Versalhes ou na floresta de Saint Germain. Eu dançava para ele na floresta e ele me desenhava. E assim se passou o verão. Não foi tão bom, claro, para minha pobre mãe e Raymond.

Fiquei muito impressionada com uma coisa na Exposição de 1900: a dança de Sada Yacco, a grande bailarina trágica do Japão. Todas as noites, Charles Hallé e eu ficávamos emocionados com a maravilhosa arte dessa grande artista.

Outra impressão, maior ainda, que ficou comigo para sempre foi o Pavilhão Rodin, onde todas as obras do excelente escultor foram exibidas ao público pela primeira vez. Assim que entrei no pavilhão, fiquei pasma com a obra do grande mestre. Na época, eu não conhecia Rodin, mas senti que estava num novo mundo e, todas as vezes que fui lá, me indignei com as pessoas vulgares que perguntavam: "Onde fica a cabeça dessa estátua?" ou "Onde está o braço dela?" Eu às vezes virava e perguntava a eles, alto:

— Vocês não sabem que a escultura não é uma cópia, mas um símbolo, um ideal da vida?

O outono estava próximo e, com ele, os últimos dias da Exposição. Charles Hallé precisava voltar para Londres, mas, antes de ir, apresentou-me o sobrinho, Charles Noufflard.

— Deixo Isadora aos seus cuidados — ele disse, ao partir.

Noufflard era um jovem de uns 25 anos, meio *blasé*, mas ficou completamente cativado pela ingenuidade daquela americaninha deixada aos cuidados dele. Tratou de completar minha educação sobre arte francesa, falando muito sobre o gótico e me fazendo admirar pela primeira vez as épocas de Luís XIII, XIV, XV e XVI.

Tínhamos saído do estúdio da rue de la Gaieté e, com o restante de nossas pequenas economias, mudamos para um grande estúdio na avenue Le Villier. Raymond arrumou o lugar do jeito mais original. Pegou folhas de alumínio, enrolou-as e colocou-as sobre as saídas de gás, fazendo com que as chamas passassem por elas como as antigas tochas romanas, o que aumentou bastante nossa conta de gás!

Nesse estúdio, minha mãe retomou sua música e, como em nossa infância, tocava durante horas Chopin, Schumann e Beethoven. O estúdio não tinha quarto nem banheiro. Raymond pintou colunas gregas nas paredes e tínhamos algumas arcas entalhadas onde guardávamos nossos colchões. À noite, tirávamos os colchões e dormíamos neles. Na época, Raymond inventou suas famosas sandálias, após concluir que sapatos eram detestáveis. Tinha talento para inventar e passava quase a noite toda trabalhando nas invenções e martelando, enquanto minha pobre mãe e eu tínhamos de dormir como podíamos.

Charles Noufflard vinha sempre nos visitar e, um dia, trouxe ao nosso estúdio dois companheiros, um jovem bonito chamado Jacques Beaugnies e um jovem literato chamado André Beaunier. Charles Noufflard se orgulhava muito de mim e gostava de me apresentar aos amigos como um incrível produto americano. Naturalmente, dancei para eles. Na época, eu estudava os prelúdios, valsa e mazurcas de Chopin. Minha mãe tocava muito bem, com o pulso firme e forte de um homem, e também com muita emoção e sentimento, conseguindo me acompanhar durante horas. Foi então que Jacques Beaugnies teve a ideia de pedir à mãe dele, madame de St. Marceau, esposa do escultor, para eu dançar uma noite para os amigos.

Madame de St. Marceau tinha um dos salões mais chiques e artísticos de Paris e ensaiamos no ateliê do marido ela. Ao piano, estava um homem muito importante, com dedos de mago. Fiquei na mesma hora atraída por ele.

— *Quel ravissement, quel charme! Quelle jolie enfant!* (Que encanto, que charme! Que linda criança!) — ele exclamou. Pegou-me nos braços e me beijou nos dois lados do rosto, à francesa. Era Messager, o grande compositor.

Chegou a noite da minha estreia. Dancei para um grupo de pessoas tão simpáticas, tão animadas, que foi uma emoção. Mal esperavam eu terminar uma dança para gritar:

— *Bravo, bravo! Comme elle est exquise! Quelle enfant!* (Como ela é diferente, que criança!)

No final da primeira dança, surgiu um homem alto, de olhos penetrantes, que me abraçou.

— Como se chama, menina? — perguntou ele, em francês.

— Isadora — respondi.

— E qual o seu apelido?

— Quando eu era pequena me chamavam de Dorita.

— Ah, Dorita, *tu es adorable* — ele exclamou, beijando meus olhos, meu rosto e minha boca. Depois, madame de St. Marceau segurou minha mão e disse:

— Este é o grande Sardou.

O salão tinha todas as pessoas importantes na vida parisiense e, quando saí, coberta de flores e cumprimentos, meus três cavaleiros (Noufflard, Jacques Beaugnies e André Beaunier) me levaram para casa sorrindo de orgulho e satisfação, pois o pequeno fenômeno deles tinha sido um sucesso.

Desses três jovens, o que se transformou em melhor amigo não foi o alto e agradável Charles Noufflard, nem o bem-apessoado Jacques Beaugnies, mas o pequeno e pálido André Beaunier. Era muito branco e tinha o rosto redondo, mas que cabeça! Sempre fui *cérébrale* e, apesar de as pessoas não acreditarem, meus inúmeros amores intelectuais foram tão interessantes quanto os do coração. Na época,

André escrevia seus primeiros livros, *Petrarca* e *Simonde*, e vinha me ver todos os dias; ele me apresentou à melhor literatura francesa.

A essa altura, eu tinha aprendido a ler e conversar bem em francês, e André Beaunier lia alto para mim em nosso estúdio, por tardes e noites inteiras. A voz dele tinha uma cadência estranhamente doce. Leu a obra de Molière, Flaubert, Théóphile Gautier, Maupassant, e foi quem me apresentou a *Pelléas e Melisande*, de Maeterlinck, e a todos os autores franceses da época.

Às tardes, ouvia-se uma tímida batida à porta do estúdio. Era ele, sempre com um livro ou uma revista nova embaixo do braço. Mamãe não entendia o meu entusiasmo por aquele homem que não era o amante ideal, pois, como eu já disse, era gordo, baixo, de olhos pequenos. Precisava ser *cérébrale* para entender que aqueles olhos brilhavam de sabedoria e inteligência. Muitas vezes, depois que ele lia duas ou três horas, subíamos num ônibus puxado a cavalos que circulava à margem do Sena e íamos à Cité para ver a Notre Dame à luz da lua. André conhecia todas as figuras da fachada da catedral e era capaz de contar a história de cada pedra. Depois, andávamos para casa e, de vez em quando, eu sentia a pressão tímida dos dedos dele no meu braço. Aos domingos, tomávamos um trem e íamos para Marly. Há uma cena num dos livros dele que descreve essas caminhadas na floresta, eu dançava para ele nas trilhas, acenava como uma ninfa ou dríade e ria muito.

Ele me confidenciava todas as suas impressões e o estilo de literatura que gostaria de escrever, que, certamente, não era do tipo dos livros mais vendidos, mas acredito que o nome de André Beaunier vai ficar pelos séculos como de um dos mais notáveis escritores de sua época. Certa manhã, ele apareceu pálido e trágico. Não me disse o que tinha acontecido, continuou calado e sério, de olhar vazio. Ao sair, deu-me um beijo na testa de modo tão significativo que tive a intuição de que ele iria morrer e fiquei numa dolorosa ansiedade até que, três dias depois, ele voltou animado e contou que tinha participado de um duelo e ferido o adversário. Eu nunca soube o motivo do duelo. Na verdade, não sabia nada da vida pessoal dele. Ele costumava aparecer às cinco ou seis da tarde, ler para mim ou me levar para caminhar, conforme fosse o tempo ou nossa disposição. Uma vez, sentamos numa encruzilhada de três caminhos, no bosque de Meudon. Ele chamou o caminho da direita de Fortuna, o da esquerda, de Paz... e o da frente, de Imortalidade. Perguntei então:

— E onde estamos sentados, como se chama?

Ele respondeu, baixo:

— Amor.

Encantada, exclamei:

— Então, quero ficar aqui.

E ele retrucou apenas:

— Não podemos. — Levantou-se e seguiu rapidamente pelo caminho em frente.

Muito desapontada e intrigada, fui atrás, gritando:

— Mas por que, por que me deixa?

Ele não disse mais nada até chegar ao meu estúdio e me largar, de repente, à porta.

Essa estranha e intensa amizade durou mais de um ano, quando, na inocência do meu coração, sonhei em dar a ela outra forma. Uma noite, planejei mandar mamãe e Raymond ao teatro; eu tinha comprado às escondidas, à tarde, uma garrafa de champanhe. Arrumei então uma mesinha com flores, champanhe, duas taças; vesti uma túnica transparente e fiz uma coroa de rosas nos cabelos e assim esperei André, sentindo-me exatamente igual a Taís. Ele chegou, ficou muito surpreso e profundamente constrangido, mal tocou no champanhe. Dancei para ele, que parecia distraído, e foi embora de repente, dizendo que tinha muitos escritos para terminar naquela noite. Fiquei sozinha com as rosas e o champanhe; chorei amargamente.

Quando se pensa que, na época, eu era jovem e muito bonita, é difícil explicar esse episódio e realmente nunca consegui entender, só pensava, desesperada: *"Ele não me ama."* Devido à vaidade ferida e ao ressentimento, passei a flertar com outro do meu trio de admiradores, que era alto, louro, bonito e tão ousado quanto André, em matéria de abraços e beijos. Mas isso também terminou mal, pois uma noite, após um jantar com champanhe em uma sala privativa, ele me levou para um hotel, registrou-nos como sr. e sra. X. Fiquei tremendo, mas feliz: finalmente, eu iria saber como era o amor. Fiquei nos braços dele, numa chuva de carícias, o coração batendo forte, meu corpo inteiro numa alegria de êxtase. Exultei, pensando: vou finalmente acordar para a vida. Mas, de repente, ele caiu de joelhos ao lado da cama, numa emoção indescritível, e disse:

— Ah, por que você não disse? Que crime eu estava prestes a cometer... Não, não, você tem de continuar pura. Vista-se, vista-se já!

Surdo aos meus lamentos, ele colocou meu casaco nas minhas costas e me pôs num cabriolé de aluguel. Durante todo o caminho até minha casa, ele ficou se xingando com tanta raiva que me assustou.

Que crime, pensei, ele estava prestes a cometer? Fiquei tonta, doente, nervosa, e mais uma vez fui largada na porta do meu estúdio, cheia de tristeza. Meu jovem amigo louro jamais voltou e, pouco tempo depois, mudou-se para as colônias britânicas. Quando o encontrei, anos depois, ele perguntou:

— Você me perdoou?

E eu respondi:

— Perdoar de quê?

Foram essas as minhas primeiras aventuras juvenis na fronteira da estranha terra do amor, onde eu queria muito entrar e durante anos me proibiram, graças ao sentimento religioso e assustador que eu causava em meus admiradores. Esse último choque teve grande efeito em minha índole emotiva, fazendo com que todo o meu ser se concentrasse na arte. A arte me concedeu as alegrias que o amor me negou.

EU PASSAVA LONGOS dias e noites no estúdio, procurando a dança que pudesse ser a expressão divina do espírito humano através dos movimentos do corpo. Ficava parada durante horas, com as mãos sob os seios, cobrindo o plexo solar. Minha mãe às vezes se apavorava por me ver imóvel por tanto tempo, como em transe, mas eu estava procurando (e finalmente descobri) a origem dos movimentos, a origem da força motriz, o nascedouro de todos os movimentos, o espelho para a criação da dança. Foi nessa descoberta que baseei minha escola. A escola de balé ensinava que essa origem ficava no meio das costas, na base da espinha. O professor de balé diz que a partir desse ponto é preciso movimentar braços, pernas e tronco livremente, como um boneco articulado. O método cria um movimento mecânico e artificial, que não está à altura da alma. Eu fiz com que a fonte da expressão espiritual fluísse para os canais do corpo, enchendo-os de luz vibrante, a força centrífuga refletindo a visão do espírito. Após vários meses, aprendi a concentrar toda a minha força nesse centro e, ao ouvir uma música, os raios e vibrações dela passavam pela fonte de luz dentro de mim e se refletiam numa visão espiritual, não no espelho do cérebro, mas da alma, e eu podia expressá-los na dança. Tentei muitas vezes explicar para artistas essa primeira teoria da minha arte. Stanislavski comenta isso no livro *Minha vida na arte*.

Parecia uma coisa muito difícil de explicar em palavras, mas, quando eu ficava na sala das crianças menores e mais pobres, dizia:

— Ouçam a música com a alma. Enquanto ouvem, sintam um eu acordar dentro de vocês, é essa força que faz sua cabeça levantar, seus braços levantarem, vocês andarem devagar em direção à luz.

— E elas entendiam. Na minha concepção, esse despertar é o primeiro passo da dança.

Por menor que seja, a criança entende e, a partir daí, até andando e nos movimentos que fizer, mostra uma força espiritual e uma graça que não existem em nenhum movimento nascido do corpo ou a partir do cérebro. Por isso, minha escola apresentava crianças bem pequenas no Trocadero ou no Metropolitan Opera House para grandes plateias e conseguia manter a atenção dessas plateias com um magnetismo que, em geral, só os artistas muito bons tinham. Mas, quando essas crianças cresciam, sofriam influências contrárias da nossa civilização materialista e perdiam a inspiração.

O ambiente especial que tive na infância e juventude desenvolveu muito essa força em mim, e em diversas épocas da minha vida consegui rejeitar todas as influências externas e viver apenas dessa força. Assim, depois dos meus esforços patéticos para merecer um amor terreno, tive uma súbita reação e voltei para essa força.

Depois, quando André apareceu meio tímido e se desculpando, falei horas sobre a arte da dança e uma nova escola de movimento do corpo, e devo dizer que ele não demonstrou tédio ou cansaço, ouvindo com a mais doce paciência e simpatia enquanto eu explicava cada movimento que descobri. Eu também sonhava, na época, em descobrir um primeiro movimento do qual nasceriam vários outros, independentemente da minha vontade, mas em reação inconsciente ao primeiro. Eu tinha desenvolvido esse movimento em diversas variações de inúmeros temas, como: o primeiro movimento de medo, seguido das reações naturais vindas da primeira emoção de tristeza, da qual viria uma dança de lamentação, ou um movimento de amor do qual, como pétalas de uma flor, a bailarina sairia do palco como um perfume.

Essas danças eram sem música, mas pareciam acompanhar um som inaudível. A partir desses estudos, tentei expressar os prelúdios de Chopin. Também tomei conhecimento da música de Gluck. Mamãe não se cansava de tocar para mim e eu repetia a partitura de *Orfeu* até o amanhecer entrar pela janela do estúdio.

A janela não tinha cortina e o telhado era em água-furtada, de maneira que, olhando para cima, viam-se o céu, as estrelas e a lua, embora, às vezes, chovesse forte e pingasse no chão, pois janelas de estúdio não costumam ser à prova de chuva. No inverno, o estúdio ficava terrivelmente frio, cheio de correntes de ar; no verão, assávamos de tanto calor e, como era um cômodo só, nem sempre ele se adequava às nossas diversas ocupações. Mas a elasticidade da juventude desafia o desconforto, e mamãe era um anjo de modéstia e dedicação, queria apenas ser útil ao meu trabalho. Nessa época, a condessa Greffuhl era a rainha da sociedade e convidou-me para dançar em seu salão. Lá estava uma multidão elegante, inclusive todas as celebridades da sociedade parisiense. A condessa me recebeu como se eu fosse a renascença da arte grega; ela estava influenciada pela *Afrodite* e a *Canção de Bilitis*, de Pierre Louys, enquanto eu parecia uma coluna dórica e a fachada do Parthenon à luz fria do Museu Britânico.

A condessa montou um pequeno palco no salão, tendo ao fundo uma treliça coberta de rosas vermelhas, o que não combinava nada com a simplicidade da minha túnica, nem com o tom religioso da minha dança. Embora eu tivesse lido a *Canção de Bilitis*, de Pierre

Louys, as *Metamorfoses*, de Ovídio, e as *Canções* de Safo, a sensualidade dessas obras me escapou por completo. Isso mostra que não é preciso censurar os livros que os jovens leem. O que não se sabe não se vai entender impresso.

Eu continuava sendo o resultado do puritanismo americano graças ao sangue de pioneiros de meus avós, que atravessaram as Grandes Planícies num vagão coberto em 1849, passando pelas florestas virgens das Montanhas Rochosas e as planícies escaldantes, fugindo ou combatendo hordas de índios hostis. Podia ser também devido ao meu sangue escocês pelo lado paterno, mas, fosse o que fosse, a América me moldou como faz com a maioria de seus jovens. Assim, eu era uma puritana, uma mística e uma lutadora buscando uma expressão heroica, em vez de expressões sensuais ou o que quer que fosse, e creio que a maioria dos artistas americanos são feitos dessa massa. Walt Whitman teve sua obra proibida e considerada indesejável e, apesar de proclamar as alegrias do corpo, ele é no fundo um puritano como quase todos os nossos escritores, escultores e pintores.

Comparada à sensual arte francesa, o que paira sobre tudo é a vasta e tosca terra americana, os espaços abertos assolados por ventos, ou a sombra de Abraham Lincoln? Quase se pode dizer que a educação na América tem por finalidade anular os sentidos. O verdadeiro americano não é um caçador de ouro ou amante do dinheiro, como tem fama, mas um idealista e um místico. Não quero, de maneira alguma, dizer que o americano não tem sentidos. Pelo contrário, o anglo-saxão em geral, ou o americano com um pouco de sangue celta, é mais arrebatado que o italiano, quando enfrenta uma situação difícil; mais sensual que o francês e mais capaz de cometer excessos do que os russos. Mas o treinamento precoce colocou seu temperamento numa gélida parede de ferro, e essas coisas só se rompem quando ocorre algum fato extraordinário. Então, pode-se dizer que, de todos os povos, o anglo-saxão e o celta são os amantes mais fogosos. Conheci homens que vão para a cama com dois pijamas: um, de seda, para terem algo macio junto à pele, e outro, de lã, para aquecer. Além disso, levam o *The Times,* o *Lancet* e um cachimbo e, de repente, se transformam em sátiros que deixariam para trás os gregos, mergulhando num vulcão de emoções que assustaria os italianos por uma semana!

Assim, eu estava muito infeliz nessa noite na casa da condessa Greffuhl, num salão lotado de mulheres maravilhosas e cobertas de joias, sufocada pelo perfume de centenas de rosas vermelhas e observada por uma primeira fila de jovens pertencentes à juventude dourada, cujos narizes chegavam à beira do palco e minhas sapatilhas quase raspavam neles. Pensei que eu tinha sido um fracasso, mas, na manhã seguinte, recebi um gracioso bilhetinho da condessa agradecendo e pedindo para que eu recebesse o cachê com a *concierge*. Não gostei disso, pois eu era sensível demais em matéria de dinheiro, mas no final das contas a quantia pagou o aluguel do estúdio.

Muito mais agradável foi uma noite no estúdio da famosa madame Madeleine Le Marre, onde dancei a música do *Orfeu* e vi, entre os espectadores, pela primeira vez, o rosto inspirado da Safo francesa, a condessa de Noailles. Jean Lorain também estava presente e deu suas impressões no *Journal*.

Além das duas grandes alegrias que eram o Louvre e a Biblioteca Nacional, descobri mais uma: a encantadora biblioteca do Opéra. O bibliotecário teve um afetuoso interesse por minhas pesquisas e colocou à disposição tudo o que já fora escrito sobre dança e os livros sobre música grega e arte teatral. Dediquei-me a ler o que existia sobre dança desde os antigos egípcios até hoje e anotei num caderno tudo de importante. Ao terminar essa enorme empreitada, concluí que os únicos mestres da dança que eu poderia ter eram Jean-Jacques Rousseau (*Emile*), Walt Whitman e Nietzsche.

NUMA TARDE ESCURA, bateram à porta do estúdio. Era uma mulher. Tinha um porte tão imponente e uma personalidade tão forte que sua entrada pareceu precedida por um daqueles temas wagnerianos, fortes e profundos, cheios de presságios. Realmente, o tema anunciado então percorreu toda a minha vida, e suas vibrações trouxeram acontecimentos tempestuosos e trágicos.

— Sou a princesa de Polignac, amiga da condessa Greffuhl. Ao ver você dançar, ficamos interessados, principalmente meu marido, que é compositor — ela disse.

A princesa tinha um rosto bonito, embora sua mandíbula fosse um pouco pesada e saliente e seu queixo, muito grande. Podia ser o rosto de um imperador romano, exceto pela expressão de fria distância que protegia a promessa voluptuosa dos olhos e feições. Ao falar, sua voz tinha um timbre duro e metálico, o que enganava, pois esperava-se um tom mais rico e mais profundo. Depois, concluí que o jeito frio e o tom da voz eram na verdade uma máscara para esconder uma timidez extrema e delicada, e não a sua posição principesca. Falei da minha arte e das minhas esperanças e, na mesma hora, a princesa ofereceu-se para fazer um concerto no estúdio dela. Era pintora e também ótima musicista, tocava piano e órgão. Pareceu notar a pobreza do nosso estúdio vazio e frio e nosso jeito oprimido, pois, ao sair, deixou, desajeitada, um envelope na mesa, onde achamos 200 francos.

Isso era comum com madame de Polignac, apesar da fama de ser fria e antipática.

Na tarde seguinte, fui à casa dela, onde conheci o príncipe de Polignac, um músico de grande talento e um cavalheiro requintado e esguio, sempre com um boné de veludo a emoldurar o lindo e delicado rosto. Vesti minha túnica e dancei na sala de música, e ele ficou arrebatado. Disse que eu era uma visão e um sonho que havia muito ele aguardava. Ficou muito interessado em minha teoria da relação entre movimento e som; interessou-se também por minhas esperanças e ideais do renascimento da dança como arte. Ele tocou lindamente para mim numa adorável e antiga espineta, instrumento que ele estimava e acariciava com os dedos deliciosamente afilados. Tive uma cálida admiração por ele e quando exclamou, em francês:

— Que moça adorável é você, Isadora.

Respondi, tímida, na mesma língua:

— Eu também adoro você. Gostaria de dançar sempre e criar danças religiosas inspiradas na sua bela música.

Assim, pensamos em trabalhar juntos. Ah, quanto desperdício há no mundo! A esperança de colaboração, que seria tão valiosa para mim, foi logo depois interrompida pela morte dele.

O concerto no estúdio da princesa foi um grande sucesso, e ela teve a generosa ideia de abrir o local para o público, não restringindo a plateia a seus amigos. Isso aumentou o interesse pelo meu trabalho. Depois, também fizemos uma série de concertos por assinatura em nosso estúdio para vinte ou trinta pessoas. O príncipe e a princesa de Polignac foram a esses concertos, e lembro uma vez que, entusiasmado, o príncipe tirou o boné de veludo e jogou-o para o alto, exclamando:

— *Vive Isadora.*

Eugène Carrière também compareceu aos concertos com a família, e uma vez me fez a grande honra de um pequeno discurso sobre a dança. Entre outras coisas, disse:

— Isadora, em seu afã de expressar sentimentos humanos, encontrou na arte grega seu melhor modelo. Cheia de admiração pelas lindas figuras em baixo-relevo, inspirou-se nelas. Mas, dotada do instinto da descoberta, ela voltou à natureza, de onde vieram todos os gestos e, crendo imitar e reviver a dança grega, encontrou uma expressão própria. Ela pensa nos gregos e obedece apenas a si mesma. É a própria alegria e a própria tristeza que ela nos oferece. Seu esquecimento do instante e sua busca pela felicidade são anseios próprios. Ao recontá-los tão bem para nós, ela invoca nossos anseios. Frente à obra dos gregos, que revive para nós por um instante, ficamos jovens com ela, tomados por uma nova esperança, e, quando ela mostra a aceitação do inevitável, também nos resignamos com ela.

"A dança de Isadora não é mais um *divertissement*; é, talvez, uma manifestação pessoal, como uma obra de arte mais viva e tão fecunda quanto, a nos incitar ao que estamos destinados."

IX

Apesar de a minha dança ser conhecida e apreciada por muitas pessoas famosas, minha situação financeira era precária e costumávamos ficar muito preocupados com o aluguel do estúdio. Em geral, não tínhamos carvão na estufa, por isso passávamos muito frio. Mesmo em meio a essa pobreza e privação, lembro-me de ficar horas sozinha no estúdio frio e vazio, aguardando inspiração para me expressar em movimentos. Finalmente, meu espírito se elevava e eu acompanhava a expressão da minha alma.

Um dia, quando eu estava assim, bateu à nossa porta um cavalheiro corado, usando um casaco com uma gola de pele cara e, no dedo, um anel de brilhante. Disse ele:

— Sou de Berlim e ouvimos falar na sua cena descalça. — (Como se pode imaginar, fiquei profundamente chocada com essa descrição da minha arte.) — Venho do maior teatro de variedades para contratá-la imediatamente.

Esfregou as mãos e sorriu como se estivesse me trazendo uma proposta maravilhosa, mas entrei na concha como um molusco magoado e respondi, distante:

— Ah, obrigada. Eu jamais levaria minha arte para um teatro de variedades.

— Você não entendeu, os maiores artistas se apresentam no nosso palco e você vai ganhar muito dinheiro. Para começar, ofereço 500 marcos por noite, depois tem mais. Você vai ser regiamente apresentada como *A primeira dançarina descalça do mundo. Die erste Barfuss Tänzerin. Kolossal, kolossal.** Claro que aceita, não?

— Claro que não. Em hipótese alguma — respondi, zangada.

— Não acredito. *Unmöglich, unmöglich.*** Não aceito essa resposta, o contrato já está pronto.

— Não, minha arte não é para teatro de variedades. Um dia, irei a Berlim e espero dançar com a sua Orquestra Filarmônica, mas num templo de música, e não num teatro de variedades com acrobatas e animais amestrados. Que horror, meu Deus! Não, em hipótese alguma. Tenha um bom dia e adeus.

Percebendo nossos poucos bens e nossas roupas gastas, o empresário alemão não conseguiu acreditar no que ouviu. Voltou no dia seguinte e no outro, acabou oferecendo 1.000 marcos por noite durante um mês e aí ficou bem zangado, me chamou de *Dummes Mädel**** até eu gritar que fui para a Europa fazer um grande renascimento da religião através da dança, mostrar a beleza e a santidade do corpo humano através dos movimentos. E não dançar para divertir uma burguesia empanturrada após o jantar.

— Por favor, retire-se daqui, senhor! Saia!

— Não aceita 1.000 marcos por noite? — perguntou, pasmo.

— Recuso — respondi firme e continuei: — E recusaria 10 mil marcos, 100 mil marcos. Procuro algo que o senhor não é capaz de entender.

Depois que ele foi embora, acrescentei:

— Um dia, irei a Berlim dançar para os compatriotas de Goethe e Wagner, mas num teatro digno deles e, provavelmente, por mais de 100 marcos.

Minha profecia se cumpriu e, três anos depois, esse mesmo empresário teve a gentileza de levar flores ao meu camarim, no teatro Krol, com a Filarmônica de Berlim tocando para mim, a casa lotada e recebendo mais de 25 mil marcos. Ele reconheceu seu erro com um simpático:

---

*A primeira dançarina descalça. Extraordinário, extraordinário. (*N. da E.*)
**Impossível, impossível. (*N. da E.*)
***Menina estúpida. (*N. da E.*)

— *Sie hatten Recht, Gnädiges Fräulein, Küss die Hand.* *

Mas, naquele momento, estávamos bem necessitados de dinheiro. Nem o elogio de príncipes nem a minha fama cada vez maior faziam com que tivéssemos o que comer. Nessa época, vinha sempre ao nosso estúdio uma dama bem miúda, que parecia uma princesa egípcia, embora viesse de algum ponto a oeste das Rochosas, tivesse o nome de seu estado natal e uma longa carreira. Cantava como uma feiticeira. Notei que pequenos bilhetes com perfume de violeta costumavam aparecer por baixo da porta de manhã cedo, seguidos do sumiço furtivo de Raymond. Como ele não costumava dar caminhadas antes do café da manhã, juntei os pontos e tirei minhas conclusões. Até que um dia Raymond nos anunciou que iria participar de um concerto itinerante pela América.

Assim, mamãe e eu ficamos sozinhas em Paris. Ela estava adoentada, por isso mudamos para um pequeno hotel na rue Marguerite, onde ela podia ao menos dormir numa cama, e não no chão frio do estúdio, e onde teria as refeições normais, já que estavam incluídas no preço da diária.

Nesse pequeno hotel, reparei num casal que teria chamado a atenção aonde fosse. Ela, uma mulher fascinante, de uns 30 anos, com grandes olhos castanhos (os mais estranhos que eu já tinha visto), delicados, profundos, atraentes, magnéticos, impregnados de uma ardente paixão e, ao mesmo tempo, com algo da humildade submissa de um grande cachorro terra-nova. Os cabelos eram ruivos, emoldurando o rosto como chamas, e os movimentos dela vibravam de amor. Lembro que pensei: olhar para ela é como entrar na cratera de um vulcão em erupção.

Ele era esguio, com uma linda testa e o rosto meio triste para alguém tão jovem. Os dois costumavam estar acompanhados de outra pessoa, envolvidos numa conversa tão animada e vital que pareciam jamais ter um minuto de descanso ou tédio como as pessoas comuns, mas serem devorados por chamas internas: a dele, a chama intelectual da beleza pura; a dela, a chama apaixonada de uma mulher prestes

---

*Você tinha razão, minha cara senhora; eu beijo a sua mão. (*N. da E.*)

a ser devorada ou destruída pelo fogo. Só a terceira pessoa tinha algo mais lânguido, mais impregnado da sensual e contínua alegria de viver.

Certa manhã, a jovem veio até minha mesa e disse:

— Este é meu amigo Henri Bataille. Este é Jean Lorain, que escreveu sobre a sua arte; e eu sou Berthe Bady. Gostaríamos de ir uma noite ao seu estúdio, se quiser dançar para nós.

Claro que fiquei animada e emocionada. Até então, eu nunca tinha ouvido uma voz de tão cálido magnetismo (aliás, nem depois disso), tão vibrante de energia e amor como a voz de Berthe Bady. Admirei a beleza dela! Naquela época, quando a moda feminina era tão pouco estética, ela usava sempre algum traje justo, maravilhoso, de cores mutantes ou de lantejoulas reluzentes. Vi-a uma vez num vestido assim, com uma coroa de flores roxas na cabeça indo para alguma reunião onde leria os poemas de Bataille. Achei que nenhum poeta jamais teve uma musa mais linda.

Depois disso, eles vinham sempre ao nosso estúdio e Bataille uma vez leu seus poemas para nós. Assim, eu, uma garotinha americana sem formação, encontrei de maneira misteriosa a chave que abriu o coração e a mente da elite intelectual e artística de Paris. No nosso mundo, na nossa época, Paris era o que Atenas foi no apogeu da Grécia Antiga.

Raymond e eu tínhamos o costume de dar longas caminhadas pela cidade. Nessas andanças, íamos a lugares muito interessantes. Um dia descobrimos, por exemplo, no distrito de Parc Monceau, um museu chinês deixado por um excêntrico milionário francês. Em outro dia, o Museu Guimet, com todos os seus tesouros orientais, depois o Museu Carnavalet, onde ficamos encantados com a máscara mortuária de Napoleão, e o Museu Cluny, onde Raymond ficou horas olhando as pranchas persas e onde se apaixonou loucamente pela *Dama e o Unicórnio* da tapeçaria do século XV.

Nesses passeios, chegamos um dia ao teatro do Trocadero. Nossos olhos grudaram num cartaz anunciando naquela tarde Mounet-Sully na peça *Édipo Rei*, de Sófocles. Na época, não sabíamos quem era Mounet-Sully, mas queríamos ver a peça. Olhamos os preços no pé do cartaz e consultamos nossos bolsos. Tínhamos exatamente 3 francos; os assentos mais baratos, nas galerias superiores, custavam 75 centavos. Isso significava ficar sem jantar, mas subimos para a sala de espera no fundo das galerias.

O palco do Trocadero não tinha cortina. A cena ficava aberta, numa imitação bem pobre do que certos modernos acreditam que seja a arte grega. O coro entrou, malvestido, nos trajes que certos livros de figurino teatral julgam ser trajes gregos. Uma música medíocre, num tom doce e insípido, veio da orquestra até nós. Raymond e eu nos entreolhamos. Percebemos que ficar sem jantar tinha sido um sacrifício inútil, quando entrou um personagem pelo pórtico à esquerda, que representava um palácio. Por cima do coro operístico de terceira classe e a cena de segunda classe da Comédie-Française, ele levantou a mão e exclamou:

> *Enfants, du vieux Cadmus jeune posterité,*
> *Pourquoi vers ce palais vos cris ont-ils montés?*
> *Et pourquoi ces rameaux suppliants, ces guirlandes?* *

Ah, como descrever a emoção transmitida nos primeiros tons daquela voz? Não creio que nos famosos dias da antiguidade, da grandeza que foi a Grécia, do teatro dionisíaco, do auge de Sófocles, seja em Roma ou em qualquer país, em qualquer época, tenha havido uma voz assim. A partir desse instante, o personagem e a voz de Mounet-Sully, cada vez mais impressionantes, envolveram todas as palavras, as artes, a dança e atingiram uma tal estatura e um tal volume que todo o Trocadero, em sua altura e amplidão, ficou pequeno para aquele gigante da arte. Raymond e eu, lá de nossos lugares nas galerias, prendemos a respiração. Empalidecemos. Enfraquecemos. As lágrimas escorriam dos nossos olhos e quando, por fim, terminou o primeiro ato, só pudemos nos abraçar num delírio de alegria.

---

* "Filhos, jovem posteridade do velho Cadmo, / Por que até este palácio vossos gritos chegaram?/ E por que estes ramos suplicantes, estas guirlandas?" (*N. da E.*)

Durante o intervalo, concluímos que aquela era a apoteose da nossa peregrinação, a razão de irmos para o exterior.

Começou o segundo ato e a grande tragédia desenrolou-se à nossa frente. A segurança do jovem soberano vencedor sofreu as primeiras incertezas, as primeiras inquietações, o desejo de saber a verdade a qualquer custo e um instante supremo: Mounet-Sully dançou. Ah, eis o que sempre imaginei, o personagem-herói dançando.

Mais um entreato. Olhei para Raymond. Estava pálido, os olhos queimando, e ficamos como que tontos. Terceiro ato. Ninguém é capaz de descrevê-lo. Só quem viu o grande Mounet-Sully pode entender o que sentimos. No final, com enorme angústia, no delírio e paroxismo de um horror misto de pecado e de orgulho ferido, ele era a raiz de todo o mal, a quem todos buscavam. Então, depois de arrancar os próprios olhos das órbitas, ele sabe que ficou cego, chama os filhos e sai do palco, enquanto a imensa plateia do Trocadero, 6 mil pessoas, soluça.

Raymond e eu descemos a longa escadaria tão devagar e relutantes que os guardas acabaram por nos botar para fora. Entendi então que tivera a maior revelação da arte. A partir daí, eu sabia qual era o meu caminho. Fomos para casa bêbados de inspiração e passamos as semanas seguintes assim. Mal sabia eu, então, que um dia eu ficaria no mesmo palco que o grande Mounet-Sully!

DESDE QUE VI a obra de Rodin na Exposição, fiquei impressionada com seu talento e um dia fui ao ateliê na rue de l'Université. Minha peregrinação até Rodin parecia a de Psiquê procurando o deus Pã em sua gruta, só que eu não perguntava o caminho para Eros, mas para Apolo.

Rodin era baixo, troncudo, forte, tinha os cabelos cortados rente e uma barba farta. Mostrou seus trabalhos com a simplicidade dos grandes. Às vezes, murmurava o título das estátuas, mas dava a impressão de que isso não importava muito para ele. Passava as mãos nelas e acariciava-as. Lembro que pensei que, nas mãos dele, o mármore parecia aço fundido. Por fim, pegou uma pequena quantidade de barro e apertou-a nas palmas. Respirou fundo ao fazer isso. Ele emanava calor como uma fornalha. Em poucos instantes, ele fez um seio de mulher, que palpitava sob seus dedos.

Ele me pegou pela mão, chamou um cabriolé de aluguel e foi ao meu estúdio. Lá, troquei de roupa depressa, vesti minha túnica e dancei para ele um idílio de Teócrito, que André Beaunier tinha traduzido para mim, assim:

> *Pan aimait la nymphe Echo,*
> *Echo aimait Satyr...**

Parei então para explicar minhas teorias sobre uma nova dança, mas percebi que Rodin não estava ouvindo. Ele me observava de olhos entreabertos, vorazes, e, com a mesma expressão que tinha ao mostrar suas obras, ele se aproximou. Passou as mãos no meu pescoço e peito, apertou meus braços, percorreu minhas coxas e pernas nuas, meus pés. Começou a apertar meu corpo como se fosse de barro, enquanto vinha dele um calor que me queimava e desmanchava. Meu desejo era entregar o corpo a ele e teria feito isso, não fosse a minha formação me assustar. Recuei, coloquei o vestido por cima da túnica e mandei-o embora, confusa.

Só vi Rodin de novo dois anos depois, quando cheguei a Paris vinda de Berlim. Depois, durante anos, ele foi meu amigo e mestre.

Bem diferente, mas não menos alegre, foi o encontro com outro grande artista, Eugène Carrière. A esposa do escritor Keyzer me levou ao ateliê dele, pois muitas vezes ela se compadecia de nossa solidão e nos convidava para a mesa da família, onde a filhinha, que estudava violino, e o talentoso filho Louis (hoje um conhecido compositor) faziam uma harmonia perfeita em volta da lamparina à noite. Eu tinha notado na parede um quadro estranho, fascinante, triste. Até que madame Keyzer disse:

— Sou eu, um retrato feito por Carrière.

Um dia, levou-me à casa dele na rue Hegésippe Moreau. Subimos a escada até o estúdio no último andar, onde Carrière estava rodeado

---

*"Pã amava a ninfa Eco / Eco amava o sátiro" (*N. da E.*)

de livros, família e amigos. Ele tinha a presença espiritual mais forte que já senti. Sabedoria e luz. De uma grande ternura por todos. Toda a leveza, a força, o milagre de seus quadros eram a expressão direta de sua alma sublime. Na presença dele, foi como estar na presença do Cristo. Fiquei completamente impressionada. Queria e teria mesmo me ajoelhado, não fosse a timidez e a reserva me conterem.

Anos depois, madame Yorska escreveu sobre esse encontro:

> Acima de tudo, lembro-me da minha infância e do meu encontro com Eugène Carrière, em cujo ateliê eu a conheci e nesse dia o rosto e o nome entraram na minha alma. Como sempre, eu tinha batido à porta do apartamento com o coração palpitando, não conseguia me aproximar daquele santuário de pobreza sem muito esforço para conter a emoção. Naquela pequena moradia em Montmartre, o magnífico artista trabalhava num silêncio feliz, em meio aos seus amados, esposa e mãe, todos vestindo lã preta, as crianças sem brinquedos, mas com os rostos brilhando de afeto pelo pai. Ah, santas criaturas!
>
> Isadora ficou entre o humilde mestre e o amigo dele, o calmo Metchnikoff, do Instituto Pasteur. Ela estava mais parada ainda do que os dois e, com exceção de Lilian Gish, eu nunca tinha visto uma moça americana tão tímida como ela nesse dia. Eugène Carrière segurou minha mão como quem pega a mão de uma criança para mostrar algo que admira e, quando olhei para ela, disse: "Esta é Isadora Duncan." Houve um silêncio a envolver esse nome.
>
> De repente, Carrière, que sempre falou muito baixo, disse alto e forte, em francês: "Esta jovem americana vai revolucionar o mundo."

Sempre que passo pelo quadro da família de Carrière no Luxemburgo, vêm-me lágrimas ao olhos ao me lembrar daquele estúdio onde logo me tornei uma presença constante. Esta é uma das mais queridas lembranças da minha juventude: ter sido aceita por eles imediatamente e considerada uma amiga. Muitas vezes, quando fico insegura, penso na aceitação deles e recupero a confiança. Por toda a minha vida, o talento de Eugène Carrière foi como uma bênção, incentivando-me a manter meus ideais, dando-me sempre uma visão mais pura da sagrada arte. E, quando a tristeza quase me enlouqueceu, a obra de Carrière me deu força para viver.

Nenhuma arte mostrou ser tão forte quanto a dele, nenhum artista teve tanta compaixão e foi tão solidário com as pessoas. Seus quadros não deviam estar num museu, mas num templo de energia espiritual, onde toda a humanidade pudesse comungar com seu grande espírito, purificar-se e ser abençoada.

X

Uma noite, o rouxinol ocidental levou Loie Fuller ao meu estúdio. Claro que dancei para ela e expliquei todas as minhas teorias, como fazia com todo mundo e, certamente, faria com o encanador se ele aparecesse. Loie Fuller demonstrou muito entusiasmo, disse que ia para Berlim no dia seguinte e sugeriu que a encontrasse lá. Ela não só era uma grande artista, mas também empresária de Sada Yacco, cuja arte eu tanto admirava. Disse que eu poderia me apresentar na Alemanha com Sada Yacco. Fiquei encantada e aceitei. Assim, combinei de encontrar Loie Fuller em Berlim.

No dia da partida, André Beaumier veio se despedir de mim. Fizemos um último passeio até Notre Dame e ele me levou à estação ferroviária. Deu-me um beijo de despedida, do seu habitual jeito discreto, mas tive a impressão de ver um lampejo de angústia por trás dos óculos.

Cheguei a Berlim e fui para o hotel Bristol, onde, num fantástico apartamento, encontrei Loie Fuller rodeada pela comitiva. Umas 12 lindas moças se alternavam apertando as mãos dela e beijando-a. Minha educação tinha sido muito simples e, embora minha mãe certamente gostasse de todos nós, raramente nos afagava. Então, fiquei completamente surpresa com aquela demonstração de afeto que era nova demais para mim. Foi o ambiente mais caloroso que eu já tinha visto.

Loie Fuller era de uma generosidade desmedida. Tocou uma campainha e encomendou um jantar, fiquei imaginando quanto não custaria. Naquela noite, ela iria dançar no Winter Garden e pensei como conseguiria cumprir o compromisso, pois estava com dores terríveis nas costas. Por isso sua adorável comitiva trazia sacos de gelo e colocava-os entre as costas dela e o encosto da cadeira.

— Só mais um saco de gelo, querida, e acho que tirará a dor — ela dizia.

Nessa noite, todas nós ficamos no camarote para ver Loie Fuller dançar. Será que aquela visão luminosa tinha alguma relação com a doente que sofria poucos minutos antes? Aos nossos olhos, ela se transformou em orquídeas multicolores, em uma ondulante flor do mar e em algo parecido com um lírio em espiral, com toda a magia de Merlim, a bruxaria da luz, da cor, da forma fluindo. Que talento extraordinário! Nenhuma imitadora de Loie Fuller chegou sequer perto do talento dela! Extasiada, achei que aquilo era uma súbita ebulição da natureza que jamais se repetiria. Ela se transformou numa centena de imagens coloridas. Inacreditável. Não se repetiria, nem poderia ser descrito. Loie Fuller criou todas as cores mutantes e flutuantes com lenços Liberty. Ela foi uma das primeiras inspiradoras da luz e da cor em mutação. Voltei para o hotel encantada e arrebatada por aquela maravilhosa artista.

Na manhã seguinte, saí para conhecer Berlim. À primeira vista, quem sonha com a Grécia e a arte grega se impressiona com a arquitetura da cidade.

— Mas isso é a Grécia! — exclamei.

Depois de olhar com mais atenção, concluí que Berlim não se parecia com a Grécia. Era uma interpretação nórdica da Grécia. Aquelas colunas não eram dóricas, que sobem pelos céus de um azul olímpico. Eram concepções germânicas, pedantes, a ideia que professores de arqueologia fazem da Grécia. E, quando vi a Guarda Real do Kaiser passar com passos de ganso pelas colunas dóricas da Postdamer Platz, voltei para o hotel e pensei: *"Geben Sie mir ein Glas Bier. Ich bin müde."**

Ficamos alguns dias em Berlim, depois acompanhamos a trupe de Loie Fuller a Leipzig. Saímos do hotel Bristol sem levar nossa baga-

---

*Preciso de um copo de cerveja. Estou cansada. (*N. da E.*)

gem, e até o modesto baú que eu trouxe de Paris ficou com a bagagem da trupe. Na época, não entendi por que isso acontecia com uma bem-sucedida artista do teatro de variedades. Após a vida luxuosa de jantares com champanhe e aposentos principescos de hotel, não entendi por que tivemos de deixar nossos baús. Depois, soube que era por causa de Sada Yacco, de quem Loie Fuller era empresária. Ela dera prejuízo e Loie Fuller teve de pagar.

No meio daquelas nereidas, ninfas e aparições iridescentes, havia uma estranha figura num terno preto feito sob medida. Era tímida, reticente, de rosto delicado mas forte, cabelos negros puxados para trás, olhos inteligentes e tristes. Estava sempre com as mãos enfiadas nos bolsos do terno. Interessava-se por arte e falava entusiasmada na arte de Loie Fuller. Circulava entre os bandos de borboletas coloridas como um escaravelho do Egito Antigo. Fiquei imediatamente atraída por aquela personalidade, mas notei que o entusiasmo dela por Loie Fuller dominava toda a sua emoção, não sobrava nada para mim.

Em Leipzig também, fui todas as noites assistir às apresentações de Loie Fuller de camarote e fiquei mais entusiasmada ainda com sua maravilhosa e efêmera arte. Aquela criatura linda ficava fluida, virava luz, transformava-se em todas as cores e chamas e acabava se transformando em miraculosas espirais de fogo soprando rumo ao infinito.

Um dia, em Leipzig, acordei às duas da manhã com vozes. Eram confusas, mas reconheci a voz da moça ruiva a quem chamávamos Enfermeirinha, porque estava sempre disposta a acalmar e cuidar de quem tivesse uma dor de cabeça. Pelos sussurros nervosos, concluí que ela iria voltar para consultar determinada pessoa em Berlim e conseguir dinheiro para nos levar a Munique. Então, no meio da noite, essa moça ruiva se aproximou de mim e me beijou apaixonadamente, dizendo, em tom ardente:

— Vou embora para Berlim.

Como a viagem era de apenas duas horas, não entendi por que estava tão nervosa e preocupada de nos deixar. Pouco tempo depois, ela estava de volta com o dinheiro para chegarmos a Munique.

De Munique, queríamos ir para Viena. Mais uma vez, não tínhamos dinheiro suficiente e, como dessa vez parecia impossível conseguir, eu me ofereci para pedir ajuda ao cônsul americano. Disse que ele tinha de conseguir passagens para Viena, e foi graças a mim que finalmente chegamos lá. No hotel Bristol ficamos no aposento mais luxuoso, embora estivéssemos praticamente sem bagagem. E, apesar da minha admiração pela arte de Loie Fuller, comecei a me perguntar por que eu deixara mamãe sozinha em Paris e o que eu estava fazendo com aquele bando de lindas porém loucas damas. Até então, eu havia sido apenas uma inútil e simpática espectadora de todos aqueles acontecimentos dramáticos *en route*.

No hotel Bristol de Viena, deram-me como companheira de quarto a ruiva chamada Enfermeirinha. Certa manhã, às quatro, Enfermeirinha levantou-se, acendeu uma vela e se aproximou da minha cama, avisando:

— Deus me mandou sacudir você!

Eu tinha ouvido dizer que não se deve contrariar uma pessoa que fica louca de repente. Apesar do medo, consegui me controlar e dizer:

— Está certo, mas primeiro vou fazer minhas preces.

— Certo — ela concordou e colocou a vela numa mesinha perto da cama.

Saí da cama e, como se o próprio diabo estivesse atrás de mim, abri a porta, saí pelo comprido corredor, desci a vasta escadaria e entrei no escritório do gerente do hotel com a roupa que estava, de camisola, os cachos caindo nas costas e berrei:

— Tem uma mulher que enlouqueceu.

Enfermeirinha vinha bem atrás de mim. Seis funcionários do hotel foram para cima dela e a seguraram até os médicos chegarem. A consulta me deixou tão constrangida que passei um telegrama para minha mãe vir de Paris, o que ela fez. Quando comentei como me sentia em relação às pessoas, nós duas resolvemos sair de Viena.

Aconteceu então que, enquanto eu estava em Viena com Loie Fuller, dancei uma noite no Künstler Haus para artistas. Cada homem trouxe um buquê de rosas vermelhas e, quando fiz a dança das bacantes, fiquei coberta de rosas. Estava presente um empresário húngaro, Alexander Gross. Ele me procurou, dizendo:

— Quando quiser um futuro, fale comigo em Budapeste.

E assim, no momento em que eu estava morta de medo das pessoas e querendo sair correndo de Viena com minha mãe, claro que pensamos na oferta do sr. Gross e fomos a Budapeste na esperança de um futuro melhor. Ele me ofereceu um contrato para dançar trinta noites no teatro Urânia.

Era a primeira vez que eu tinha contrato para dançar num teatro e fiquei indecisa. Disse:

— Minha dança é para a elite, artistas, escultores, pintores, músicos, não para o público em geral.

Mas Alexander Gross disse que os artistas eram a plateia mais exigente e, se eles gostavam da minha dança, o público gostaria cem vezes mais.

Fui convencida a assinar o contrato, e a profecia de Gross se cumpriu. Na primeira noite foi um sucesso indescritível. E dancei em Budapeste por trinta noites, com o teatro lotado.

Ah, Budapeste! Era abril. Primavera. Uma tarde, pouco após a primeira sessão, Alexander Gross nos convidou para jantar num restaurante onde se tocava música cigana. Ah, música cigana! Foi o primeiro sinal do despertar dos meus sentidos juvenis. Com uma música daquelas, claro que minhas emoções em botão desabrocharam. Existe música igual à música cigana saída do solo húngaro? Anos depois, lembro-me de estar com John Wanamaker na seção de gramofones da loja dele. Ele me mostrava a linda música saída dos aparelhos e eu disse:

— Esses gramofones são tão bem-acabados, graças a inventores talentosos, mas nenhuma música é igual à cigana, de um camponês húngaro tocando nas estradas poeirentas da Hungria. Um músico cigano húngaro vale mais que todos os gramofones do mundo.

XI

Abela cidade de Budapeste estava lindamente florida. Do outro lado do rio, nas colinas, os jardins tinham lírios. Todas as noites, a impetuosa plateia húngara me aplaudia com ardor, os homens jogavam os bonés no palco e gritavam: *"Eljen!"**

UMA NOITE, depois de ver o rio ondulante brilhar ao sol da manhã, mandei um recado para o diretor da orquestra e, no final da apresentação, ele improvisou o *Danúbio azul*, de Strauss. O efeito foi de um choque elétrico. A plateia se levantou, em delírio, e tive de repetir a valsa várias vezes até acalmar um pouco o público ensandecido.

Nessa noite, estava na plateia, gritando com os demais, um jovem húngaro com as feições e a estatura de um deus que iria transformar a casta ninfa que eu era em uma bacante descuidada. Tudo conspirava para a mudança: a primavera, as suaves noites enluaradas e, quando saímos do teatro, a cidade com o perfume forte dos lírios. O entusiasmo da plateia e os primeiros jantares que eu havia degustado na companhia de pessoas absolutamente despreocupadas e sensuais, a música dos ciganos, o *goulash* húngaro temperado com páprica e os encorpados vinhos húngaros. Foi, realmente, a primeira vez na vida em que fiquei superalimentada e animada com uma fartura de comida, tudo trouxe a consciência do corpo como algo mais que um instrumento para expressar a sagrada harmonia da música. Meus seios, que até então mal apareciam, começaram a inchar lentamente

---

*"Viva!", "Bravo!" (*N. da E.*)

e a me surpreender com sensações sedutoras mas constrangedoras. Minha cintura, que era igual à de um rapaz, tomou outra forma, e todo o meu ser assumiu uma nova vibração, senti em todo o corpo um grande e inegável desejo, a ponto de eu não conseguir mais dormir à noite, ficava me revirando, numa inquietação dolorosa e febril.

Certa noite, quando estava com um grupo de amigos e uma taça do dourado vinho Tokay, encontrei dois grandes olhos negros que queimavam e brilhavam de tanta adoração, uma paixão húngara que continha todo o sentido da primavera em Budapeste. Ele era alto, de proporções perfeitas, a cabeça coberta de cachos fartos e negros, com luzes arroxeadas. Poderia ter posado para o *Davi* de Michelangelo. Quando sorriu, brilharam dentes alvos e fortes entre os lábios vermelhos e sensuais. Ao primeiro olhar, um abraço louco eclodiu com toda a atração que havia dentro de nós. A partir daquele olhar, ficamos abraçados e nada no mundo conseguiria nos separar.

— Seu rosto parece uma flor, você é a minha flor — ele disse e ficou repetindo: — Minha flor, minha flor. — (Em húngaro, flor é anjo.)

Ele me deu um quadradinho de papel em que estava escrito *Camarote no Teatro Real*. Nessa noite, mamãe e eu fomos assistir à sua interpretação de Romeu. Era um ótimo ator e veio a ser o maior da Hungria. A interpretação da chama juvenil de Romeu terminou de me conquistar. Fui vê-lo depois no camarim. Todo o elenco me olhava, com sorrisos curiosos. Parecia que já sabiam e aprovavam. Só uma pessoa, uma atriz, parecia não estar gostando. Ele levou a mim e mamãe ao hotel, onde fizemos um jantarzinho, já que os atores jamais jantam antes da peça.

Depois, quando minha mãe pensava que eu estava dormindo, saí e encontrei o meu Romeu no salão do nosso apartamento, que era separado do quarto por um comprido corredor. Ele então me disse que, naquela noite, tinha mudado sua interpretação de Romeu:

— Eu costumava pular o muro e começar a declamar imediatamente, em voz normal:

> Zomba da dor quem nunca foi ferido.
> Que luz surge lá no alto, na janela?
> Ali é o leste e Julieta é o sol.

— Mas hoje à noite — continuou ele a me dizer — sussurrei as palavras como se elas me sufocassem, pois, depois que conheci você, sei o que o amor faria com a voz de Romeu. Só agora sei. Isadora, graças a você eu sei como é o amor de Romeu. Vou fazer a peça toda de outra maneira.

Levantou-se e repetiu para mim, cena por cena, o papel, parando às vezes para acrescentar:

— Agora sei que, se Romeu realmente amava, ia dizer assim e assim... bem diferente do que imaginei quando fiz o papel pela primeira vez. Agora *eu sei*. Ah... adorada, moça do rosto de flor, você me inspirou. Com esse amor vou me tornar um grande artista. — E declamou a parte de Romeu até o amanhecer entrar pela janela.

Fiquei olhando e ouvindo, enlevada. De vez em quando, até contracenava com ele, ou fazia um gesto e, na cena com o Frei, nós nos ajoelhamos e juramos fidelidade até a morte. Ah, juventude e primavera, Budapeste e Romeu! Quando me lembro de você, não parece tão distante, dá a impressão de que foi na noite passada.

Uma noite, após ele terminar sua apresentação e eu a minha, fomos para o salão sem minha mãe saber, ela pensava que eu dormia profundamente. No começo, Romeu ficou só recitando as falas, ou comentando sobre sua arte e o teatro. Fiquei satisfeita ouvindo, mas, aos poucos, notei que ele parecia preocupado, nervoso e calado. Fechou as mãos, parecia doente, seu lindo rosto contorceu-se, os olhos se inflamaram, a boca inchou, ele mordeu os lábios até sangrar.

Eu me senti doente e tonta enquanto vinha uma vontade irresistível de apertá-lo junto a mim, até que, perdendo o controle e entrando num frenesi, ele me carregou para o quarto. Assustada, mas animada, entendi. Confesso que minha primeira impressão foi de muito medo, mas uma grande pena do que ele parecia sofrer me impediu de fugir do que, no começo, foi pura tortura.

Na manhã seguinte, saímos juntos do hotel, tomamos uma sege na rua e seguimos quilômetros pelo campo. Paramos na cabana de um camponês, cuja esposa nos deu um quarto com uma antiga cama de dossel. Passamos o dia todo no campo, com Romeu acalmando meu choro e secando minhas lágrimas.

Temo ter dado à plateia uma interpretação muito ruim nessa noite, pois me sentia péssima. Mas, quando encontrei Romeu depois no salão, ele estava numa alegria, num júbilo, que me recompensou de todo o sofrimento e eu só queria recomeçar. Sobretudo porque ele me garantiu, ternamente, que eu iria finalmente conhecer o céu na terra. Profecia que logo se cumpriria.

Romeu tinha uma linda voz e cantava para mim todas as canções húngaras e ciganas. Também me ensinava as palavras e o sentido delas. Alexander Gross conseguiu para mim uma noite de gala na Ópera de Budapeste e eu tive a ideia de, após o programa com música de Gluck, trazer ao palco uma simples orquestra de música cigana e dançar. Uma delas era uma canção de amor e dizia assim:

> *Csak egy kis lány*
> *van a világon*
> *Az is az éi draga*
> *galabom*
> *A jó Isten de nagyon*
> *zerethet*
> *Hogy én nékem adott tégedet.*

Que significa:

> Existe uma menina no mundo
> que é minha querida pomba.
> O bom Deus deve gostar muito de mim
> pois me deu você.

Uma melodia suave, cheia de paixão, saudades, choro, adoração. Dancei com tal emoção que a vasta plateia foi às lágrimas e terminei com a *Marcha*, de Rakowsky, que dancei de túnica vermelha, como se fosse um hino revolucionário aos heróis húngaros.

A noite de gala fechou a temporada. No dia seguinte, Romeu e eu sumimos por alguns dias no campo, na cabana do camponês. Pela primeira vez, experimentamos a felicidade de dormir abraçados a noite toda e tive a alegria insuperável de acordar de madrugada, ver meus cabelos presos nos cachos negros dele e sentir seus braços ao meu redor. Voltamos para Budapeste e a primeira nuvem nesse céu foi a angústia de minha mãe e a chegada de Elizabeth, vinda de Nova York. Ela parecia achar que eu havia cometido um crime; o nervosismo das duas foi tão insuportável que acabei convencendo-as a fazerem uma pequena viagem ao Tirol.

Então, como sempre, meu temperamento fez com que, por mais violenta que fosse a paixão, o cérebro funcionasse ao mesmo tempo, com a rapidez de um raio. Por isso, nunca, como se diz na gíria, perdi a cabeça. Pelo contrário, quanto maior o prazer dos sentidos, mais ágil o pensamento, e quando o cérebro chega a criticar os sentidos, desapontando e até mesmo xingando o prazer pelo qual clama a vontade de viver, o conflito sente falta de algum soporífero para atenuar o incessante e indesejado comentário da inteligência. Invejo quem consegue se entregar inteiramente à volúpia do momento, sem medo da crítica, que fica de fora e insiste em dar sua opinião para os sentidos, que pouco se importam.

Mesmo assim, sempre chega a hora em que, vencido, o cérebro grita: "Sim, concordo que tudo o mais na vida, inclusive sua arte, é como bruma e absurdo em relação à glória desse momento e, por enquanto, aceito me decompor, me destruir, morrer." A derrota da inteligência é o espasmo final e o naufrágio no nada que costuma levar aos mais graves desastres tanto para a inteligência quanto para o espírito.

Assim foi que, tendo aprendido o desejo, a aproximação gradual da loucura daquelas horas, levando ao crucial e furioso abandono do momento final, eu não me preocupava mais com a possível meta da minha arte, o desespero da minha mãe ou a ruína do mundo.

Quem quiser me julgar que julgue, mas culpe a natureza ou Deus, pois ele fez este momento para valer mais e ser mais desejável do que tudo que podemos experimentar no universo. E, naturalmente, se o voo é alto, a queda também é terrível.

Alexander Gross conseguiu para mim uma turnê pela Hungria. Fiz apresentações em muitas cidades, inclusive em Sieben Kirchen, onde fiquei impressionada com o enforcamento de sete generais da Revolução. Num grande campo fora da cidade, criei uma marcha em homenagem a eles, ao som da heroica e sombria música de Liszt.

Durante a excursão, fui ovacionada pelas plateias de todas aquelas pequenas cidades húngaras. Em cada uma, Alexander Gross arrumou uma vitória puxada por dois cavalos brancos e enfeitada de flores brancas em que eu, vestida de branco, no meio de vivas e palmas, era levada pela cidade como uma jovem deusa vinda de outro mundo. Mas, apesar do enlevo que minha arte me causava e do carinho do público, eu sentia uma falta insuportável do meu Romeu, sobretudo à noite, quando ficava sozinha. Trocaria todo aquele sucesso e até mesmo minha arte por um instante nos braços dele, ansiava por voltar a Budapeste. Esse dia chegou. Romeu, claro, foi me encontrar na estação com muita alegria, mas senti uma mudança estranha; ele então contou que estava ensaiando para estrear como personagem-título de *Marco Antonio*. Será que o sentimento artístico era tão forte a ponto de um papel influenciar o ator? Não sei, mas vi naquele instante que a paixão ingênua e o amor do meu Romeu tinham mudado. Ele falou no nosso casamento como se já estivesse decidido. Chegou a me levar para ver alguns apartamentos e escolher onde moraríamos. Avaliando apartamentos sem banheiro e sem cozinha, no alto de escadas infinitas, senti um frio e um peso estranhos.

— O que faremos em Budapeste? — perguntei.

— Bom, todas as noites você terá um camarote para me assistir. Depois, vai aprender a fazer todas as minhas réplicas e me ajudar nos ensaios.

Ele recitou a fala de Marco Antonio, mas com toda a emoção centrada no povo romano; eu, a Julieta, não interessava mais.

Um dia, numa longa caminhada no campo, sentados junto a um monte de feno, ele finalmente perguntou se não era melhor eu me dedicar à minha carreira, e ele, à dele. Não disse exatamente assim, mas o sentido foi esse. Ainda me lembro do monte de feno, do campo atrás de nós e do frio no meu peito. Naquela tarde, assinei contrato com Alexander Gross para me apresentar em Viena e Berlim e outras cidades da Alemanha.

Assisti à estreia de Romeu em *Marco Antonio*. Minha última lembrança dele é o entusiasmo louco da plateia, enquanto eu, no camarote, engolia as lágrimas, com a impressão de ter comido quilos de vidro moído. No dia seguinte, fui para Viena. Romeu tinha sumido. Despedi-me de Marco Antonio, que parecia sério e tão preocupado que a viagem de Budapeste a Viena foi uma das piores da minha vida. Toda a alegria parecia, de repente, ter sumido do universo. Adoeci em Viena e Alexander Gross me internou numa clínica.

Passei semanas totalmente prostrada, num sofrimento atroz. Romeu veio de Budapeste e chegou a colocar sua cama portátil no meu quarto. Foi carinhoso e cheio de consideração, mas, quando acordei certa madrugada e vi a freira-enfermeira, de hábito negro, separando a cama portátil do meu Romeu, ouvi o dobrar de sinos no funeral do amor.

Custei a me recuperar e Alexander Gross me levou para descansar em Franzensbad. Eu estava desanimada e triste, o lindo campo não me interessava, nem os amigos gentis que estavam comigo. A esposa de Gross veio e cuidava de mim com carinho nas noites insones. Talvez tenha sido uma sorte os caros médicos e enfermeiras rasparem a minha conta bancária, pois Gross conseguiu apresentações em Franzensbad, Marienbad e Carlsbad. Assim, um dia abri mais uma vez meu baú e tirei minhas túnicas de dança. Lembro que chorei, beijei o vestidinho vermelho que usara nas danças revolucionárias e jurei nunca mais largar a arte pelo amor. Nessa época, meu nome tinha se tornado mágico no país, e uma noite, quando jantava no hotel com meu empresário e a esposa, a multidão na janela aumentou tanto que quebrou a vidraça, para desespero do gerente do hotel.

Transformei a tristeza, as dores e desilusões do amor em arte. Criei a história de Ifigênia e seu adeus à vida no altar da morte. Por fim, Alexander Gross conseguiu que eu me apresentasse em Munique, onde reencontrei mamãe e Elizabeth; elas adoraram me ver sozinha novamente, apesar de me acharem mudada e triste.

Antes da estreia em Munique, Elizabeth e eu fomos a Abbazia, onde subimos e descemos ruas à procura de um hotel. Não achamos, mas chamamos muita atenção nessa tranquila cidadezinha e fomos notadas pelo grão-duque Ferdinando, que passava. Ele ficou interessado e nos cumprimentou, animado. Por fim, convidou-nos para ficar em sua vila, no jardim do hotel Stéphanie. Tudo foi totalmente sem maldade, mas causou grande escândalo na corte. As damas importantes começaram logo a nos convidar, mas não estavam interessadas em minha arte, como eu, ingenuamente, pensei. Queriam era saber nossa verdadeira situação na vila do duque. Essas mesmas damas faziam grandes reverências toda noite para a mesa dele, no salão de jantar do hotel. Eu segui o costume e fazia reverências ainda maiores que as outras mulheres.

Foi então que inaugurei um traje de banho que se tornou popular: uma leve túnica azul do melhor crepe, decotada e de alças, com saia pouco acima dos joelhos, meias pretas e sapatos pretos de natação. Na época, as damas entravam na água vestidas de negro, com o comprimento da saia entre os joelhos e os calcanhares, meias pretas e sapatos de natação pretos. Pode-se imaginar a sensação que causei. O grão-duque Ferdinando costumava ficar no trampolim da piscina me olhando de binóculo de teatro e dizendo, numa altura perfeitamente audível:

— *Ach, wie schön ist diese Duncan. Ach, wunder schön! Diese Frühlingzeit is nicht so schön wie sie.**

Pouco tempo depois, quando dancei no Teatro Carl, em Viena, o grão-duque, com seu séquito de jovens ajudantes de campo e tenentes, veio todas as noites ao camarote de palco e, claro, as pessoas comentaram. Mas o interesse do duque por mim era meramente estético e artístico. Na verdade, ele parecia evitar o sexo feminino e vivia muito satisfeito com seu bando de lindos jovens oficiais. Alguns anos depois, tive muita pena de Sua Alteza Real Ferdinando quando a corte austríaca decretou que ele ficasse preso num sombrio castelo em Salzburgo. Talvez ele fosse um pouco diferente dos outros, mas qual é a pessoa simpática que não é um pouquinho doida?

---

*Oh, como é bela esta Isadora Duncan! Oh, tão bela! A primavera não é tão bela quanto ela! (*N. da E.*)

Na vila em Abbazia havia uma palmeira em frente à nossa janela. Foi a primeira vez que vi uma num clima temperado. Eu costumava olhar suas folhas ondeando na brisa da manhã e, a partir daí, criei na minha dança o leve flutuar dos braços, mãos e dedos, que foi tão copiado por meus imitadores. Mas eles esquecem de procurar a fonte original, ver os movimentos da palmeira e assimilá-lo por dentro antes de mostrá-lo externamente. Muitas vezes, quando olhava a palmeira, eu só conseguia pensar nos lindos versos de Heine:

Uma solitária palmeira no sul...

De Abbazia, Elizabeth e eu fomos para Munique. Na época, a vida da cidade era em torno do Künstler Haus, onde os grupos de mestres (Karlbach, Lembach, Stuck etc.) se reuniam todas as noites para beber a ótima cerveja local e conversar sobre filosofia e arte. Gross queria que eu estreasse na Künstler Haus. Lembach e Karlbach concordaram, só Stuck disse que um espetáculo de dança não era adequado para um templo da arte como aquele. Certa manhã, fui à casa de Stuck convencê-lo do valor da minha arte. Tirei o vestido no estúdio dele, vesti a túnica e dancei; a seguir, falei durante quatro horas sem parar sobre a santidade da minha missão e da dança como arte. Depois ele comentou várias vezes com os amigos que nunca ficara tão pasmo na vida, foi como se uma ninfa do Olimpo surgisse de repente do outro mundo. Claro que ele concordou com o espetáculo, e minha estreia foi o maior evento artístico e a maior sensação na cidade em anos.

Depois, dancei no Kaim Saal. Os estudantes ficaram enlouquecidos. Todas as noites, eles tiravam os arreios dos cavalos da minha carruagem e me puxavam pelas ruas, cantando músicas estudantis e saltando com tochas acesas nos lados da minha vitória. Muitas vezes, ficavam horas em frente à janela do hotel e cantavam até eu jogar minhas flores e lenços, que eles dividiam, colocando os pedaços em seus bonés.

Uma noite, levaram-me para o café que frequentavam e me colocaram nas mesas para dançar. Cantaram a noite toda, repetindo às

vezes o refrão: "Isadora, Isadora, *ach, wie scöhn das Leben ist.*"*
Saiu na revista *Simplicissimus* que essa noite chocou as pessoas sérias
da cidade, mas foi uma "bagunça" inocente, apesar de rasgarem até
meu vestido e meu xale e colocarem pedaços no boné deles, ao me
levarem para o hotel, de madrugada.

Munique era, na época, uma verdadeira colmeia de atividades
artísticas e intelectuais. As ruas viviam cheias de estudantes, cada
moça tinha um álbum ou rolo de partitura embaixo do braço. As
vitrines das livrarias eram um verdadeiro tesouro de livros raros e
antigos, além de fascinantes edições novas. Isso, somado aos maravilhosos acervos dos museus, ao vento seco vindo das montanhas
ensolaradas, às visitas ao estúdio dos grisalhos Meister e Lembach,
à presença de mestres em filosofia, como Carvelhorn e outros, me
fez retomar a vida intelectual e espiritual que fora interrompida.
Comecei a estudar alemão, a ler Schopenhauer e Kant no original e
logo consegui acompanhar com grande prazer as longas discussões
de artistas, filósofos e músicos que se encontravam todas as noites na
Künstler Haus. Aprendi também a beber a boa cerveja de Munique e
isso reduziu de certa maneira o recente choque de meus sentimentos.

Uma noite, numa apresentação de gala na Künstler Haus, notei
uma silhueta masculina aplaudindo na primeira fila. A silhueta lembrava o grande mestre cuja obra me estava sendo revelada: tinha a
mesma testa dominadora, o mesmo nariz grande. Só a boca era mais
suave e menos forte. Após a apresentação, eu soube que se tratava de
Siegfried Wagner, filho de Richard Wagner. Ele entrou para nosso
círculo e tive o prazer de conhecer e admirar aquele que se tornou
um dos meus mais queridos amigos. Tinha uma conversa brilhante,
falava sempre no pai famoso, que parecia estar próximo dele com
uma auréola santificada.

Na época, também li Schopenhauer pela primeira vez e fiquei
enlevada por sua descoberta filosófica da relação da música com a
vontade.

---

*Isadora, Isadora, oh, como a vida é bela! (*N. da E.*)

Esse espírito extraordinário ou, como os alemães chamavam, o *geist*, o sentimento de santidade, a santidade do pensamento, deram-me a impressão de ser apresentada a um mundo de pensadores superiores, similares a deuses, cujos cérebros funcionavam mais rápido e melhor que todos os que conheci em minhas viagens. Lá, realmente, o conceito filosófico parecia ser visto como o apogeu da satisfação humana, só comparável ao ainda mais santo mundo da música. Também tive uma revelação com as grandes obras de arte italianas nos museus de Munique. E, ao vermos que estávamos bem perto da fronteira, seguimos um impulso irresistível e — Elizabeth, mamãe e eu — fomos de trem para Florença.

XII

Jamais esquecerei a maravilhosa experiência de atravessar o Tirol e depois descer o lado ensolarado da montanha até a planície da Úmbria.

Desembarcamos do trem em Florença e passamos semanas em êxtase, andando pelas galerias, jardins e olivais. Na época, Botticelli atraiu minha imaginação juvenil. Fiquei dias na frente da *Primavera*, o famoso quadro dele. Inspirada nessa obra, criei uma dança com os movimentos suaves e maravilhosos que emanam dela: a leve ondulação da terra coberta de flores, a ciranda de ninfas e o sopro do vento zéfiro, todos em redor da figura central que é meio Afrodite, meio Nossa Senhora, e mostra a criação da primavera num gesto significativo.

Fiquei horas na frente do quadro. Estava enamorada dele. Um simpático guarda velhinho me trouxe um banco e olhou minha adoração com delicado interesse. Sentei lá até ver as flores crescerem, os pés descalços dançando, os corpos balançando, o mensageiro da alegria aparecer e eu pensar: "Vou dançar esse quadro e transmitir essa mensagem de amor, de primavera, continuação da vida que me foi dada com tanta angústia. Através da dança, darei a eles esse enlevo."

Chegou a hora de o museu fechar e eu continuava na frente do quadro. Queria encontrar o sentido da primavera no mistério daquele belo instante. Achava que, até aquele momento, a vida tinha sido um trabalho malfeito, uma procura cega. Eu pensava: "Se descobrir o segredo deste quadro, posso mostrar aos outros a riqueza da vida e o aumento da alegria." Eu achava que a vida era como um homem que vai à guerra com muito boas intenções, fica muito ferido e pensa: por que não ensino uma verdade que poupe os outros dessa mutilação?

Foi o que pensei ao ver em Florença a *Primavera*, de Botticelli, que depois tentei transformar numa dança. Ah, doce vida pagã, em que Afrodite lembrava a graciosa mãe de Cristo, porém mais terna; em que Apolo segurava os galhos mais baixos, parecido com São Sebastião! Tudo isso entrou no meu peito com um jorro de alegria tranquila, e desejei traduzir no que chamei de *Dança do futuro*.

Nos salões de um antigo palácio, dancei para o mundo artístico de Florença com música de Monteverdi e algumas melodias de mestres anônimos mais antigos. Numa estranha canção da *viola d'amore*, fiz um anjo tocando um violino imaginário.

Com nosso habitual pouco caso para as coisas práticas, ficamos sem dinheiro novamente e precisamos telegrafar para Alexander Gross pedindo que enviasse o necessário para nos encontrarmos em Berlim, onde ele preparava a minha estreia.

Chegamos em Berlim e fiquei surpresa ao percorrer a cidade: estava cheia de cartazes com meu nome, anunciando a estreia na Ópera Kroll's com a Orquestra Filarmônica. Alexander Gross levou-nos a uma linda suíte no hotel Bristol, na Unter den Linden, onde tive a impressão de que toda a imprensa alemã aguardava minha primeira entrevista. Graças aos estudos que fizera em Munique e às experiências em Florença, eu tinha ficado muito reflexiva e espiritual e surpreendi os cavalheiros da imprensa. Dei-lhes, no meu alemão americano, uma concepção ingênua e imponente da arte da dança, como uma *grösste ernste Kunst**, que traria um novo despertar para todas as outras artes.

Esses jornalistas alemães ouviram de forma bem diferente daqueles a quem expliquei minhas teorias depois, na América. Foram muito respeitosos e interessados; no dia seguinte, saíram longos artigos nos jornais, tratando a dança com tom grave e filosófico.

Alexander Gross foi um corajoso pioneiro. Arriscou todo o dinheiro que tinha na minha estreia em Berlim. Não poupou despesas em anúncios, contratou o melhor teatro, o melhor maestro e, quando a cortina subiu, mostrou como cenário meus simples panos azuis e

---

*Uma arte maior e mais verdadeira. (*N. da E.*)

uma pequena e esguia figura no imenso palco. Se eu não conseguisse aplausos da intrigada plateia berlinense, Gross estaria arruinado. Mas ele era um bom profeta e eu fiz o que ele previu. Tomei Berlim de assalto. Depois de dançar por mais de duas horas, o público não quis sair do teatro e pedia bis sem parar até que, num ímpeto, eles se aproximaram das luzes da ribalta. Centenas de estudantes subiram ao palco e eu corri o risco de morrer esmagada por excesso de adoração. Nas noites seguintes, eles repetiram a sedutora cena que ocorreu em toda a Alemanha: soltaram os cavalos da minha carruagem e me carregaram pelas ruas em triunfo, pela Unter den Linden até o hotel.

A partir dessa noite, fiquei conhecida do público alemão como *"die göttliche, heilige Isadora."** Numa noite, Raymond chegou de repente da América. Estava sentindo muito a nossa falta, disse que não podia mais viver longe de nós. Então realizamos o projeto que acalentávamos havia muito tempo, de peregrinar ao mais sagrado templo da arte, ir à nossa amada Atenas. Achei que eu apenas começava a estudar a minha arte e, depois de um curto período em Berlim, apesar dos rogos e lamentações de Alexander Gross, saí da Alemanha. Embarcamos novamente para a Itália, com os olhos brilhando e o coração batendo forte, para fazer a nossa tão adiada viagem a Atenas, passando por Veneza.

Ficamos algumas semanas em Veneza observando, respeitosos, as igrejas e galerias, mas, naturalmente, a cidade não podia significar muita coisa para nós na época. Tínhamos mil vezes mais admiração pela superioridade intelectual e a beleza espiritual de Florença. Só anos depois, Veneza me entregou seu segredo e sua beleza, quando estive lá com um amante moreno e esguio, de olhos negros. Senti então a magia da cidade, mas naquela primeira vez fiquei impaciente para pegar um barco e navegar para lugares mais elevados.

Raymond decidiu que nossa viagem para a Grécia deveria ser feita da maneira mais primitiva possível. Por isso, não fomos num grande e confortável navio de passageiros, mas num pequeno navio postal, que ia de Brindisi a Santa Maura. Desembarcamos em Santa Maura

---

* A divina, a sagrada Isadora. (*N. da E.*)

por ser lá a antiga Ítaca e ter o rochedo de onde Safo se atirou ao mar, desesperada. Até agora, ao me lembrar dessa viagem, penso nos versos de Byron nos quais pensei então:

> As ilhas gregas,
> As ilhas gregas, as ilhas gregas,
> Onde a inflamada Safo amou e cantou,
> Onde vicejaram as artes da guerra e da paz,
> Onde Delos surgiu e Febo nasceu!
> O verão eterno ainda os doura
> Mas tudo pereceu, menos o sol.

De Santa Maura, tomamos um veleiro de manhã cedo, manobrado por apenas dois homens e, num calorento dia de julho, navegamos pelo azul do mar Jônico. Entramos no golfo de Arta e aportamos na cidadezinha de Karvasaras.

Ao alugar o barco, Raymond explicou, com muitos gestos e um pouco de grego arcaico, que queríamos uma viagem que fosse a mais parecida possível com a de Ulisses. O pescador não parecia saber bem quem era Ulisses, mas, ao ver muitas moedas de dracma, animou-se, embora não quisesse ir longe, pois mostrava o céu e fazia: "Bum, bum!" Com os braços, ele imitava uma tempestade no mar, avisando que o mar estava perigoso. Lembramos os versos da *Odisseia* que descrevem o mar:

> Assim, ele pegou o tridente
> Reuniu as nuvens e agitou o oceano,
> De todos os cantos fez cair a tempestade
> Escurecendo a terra e o mar
> Do céu baixou uma noite densa
> A um só tempo, os ventos do leste e do sul
> E aquele impetuoso vento que sopra do oeste,
> E o frio e fino vento que zune do norte,
> Assaltaram-lhe o barco e aumentaram as ondas
> Perdeu-se toda a esperança, toda a coragem.

Canto V

Pois nenhum mar é tão mutável quanto o Jônico. Arriscamos nossas preciosas vidas nessa viagem, que poderia ter sido como a de Ulisses:

Enquanto assim ele falava,
Foi envolvido por uma onda enorme,
Na qual o barco gira, desgovernado
Pois que ele mesmo perde o leme
e é levado pelo remoinho.
Então, sob uma rajada de ventos em fúria,
O mastro se parte ao meio,
A vela e o cordame são jogados longe.
Abalado pela violência do choque,
Difícil lhe é tornar à superfície das águas.
E por tal tempo jaz imerso
Que se diria irremediavelmente perdido
Mas, por fim, sobe e emergindo
Todo coberto de sal,
Jorra-lhe da boca o que o mar o fez engolir.

E, depois, quando Ulisses naufraga e encontra Nausica:

Pois sou aquele que teve muitas aflições.
Ontem (vigésimo dia dos meus infortúnios no mar),
Escapei do terrível afogamento.
Pois, todos esses dias, a fúria das ondas
E as violentas tempestades deixaram-me
Ao léu, cada vez mais longe da ilha de Ógya
Até que finalmente, graças a algum poder divino,
Fui jogado a estas praias talvez ainda
Para sofrer outras desgraças, pois descanso
Não é para mim. Não. Os deuses imortais
Têm muito o que fazer até chegar esse dia.
Mas, ó rainha, tenha piedade de mim!
Pois depois de tantas calamidades suportar,
Não conheço nenhum dos habitantes dessa região.

Canto VI

Aportamos na pequena cidade turca de Prevesa, no litoral de Épiro, e compramos mantimentos: um enorme queijo de leite de cabra, muitas azeitonas maduras e peixe seco. Como o veleiro não tinha lugar para guardar tudo isso, lembrarei até meu último dia de vida o cheiro do queijo e do peixe, o dia inteiro sob o sol forte, principalmente quando o barquinho balançava de leve, mas firme. Às vezes, a brisa cessava e tínhamos de remar. Até que, ao anoitecer, chegamos a Karvasaras.

Todos os moradores foram à praia nos receber e a chegada de Cristóvão Colombo na América não deve ter causado mais surpresa entre os nativos. Ficaram mudos de surpresa quando Raymond e eu nos ajoelhamos na praia, beijamos a areia e Raymond declamou:

> Frio é o coração, linda Grécia!
> Daqueles que, ao te contemplar,
> Não se comovem como os amantes
> Ante a ruína do seu amor.
> Duros são os olhos que não têm lágrimas
> Ao ver teus muros em escombros,
> Sumidos teus gastos santuários.

Ficamos meio loucos de alegria. Queríamos abraçar todos os habitantes da aldeia e gritar: "Finalmente, chegamos à sagrada terra dos helênicos, após tantas andanças! Salve, ó Zeus olímpico! E Apolo! E Afrodite! Preparem-se, ó musas, para dançar outra vez! Nossa música pode acordar Dionísio e suas bacantes adormecidas!"

> Levante-se, ó bacante, esposa e casta,
>   Venha, ó bacante, venha,
> Trazei aquele que dá alegria
> Semente divina do Deus da semeadura
> Trazei Brômio em toda a sua força
>   Do alto dos montes da Frígia,
> Para as ruas, os templos, e torres
>   Ah, traga Brômio para casa!

E conceda aos de cabeça grisalha, cheios de pureza,
Niveamente franjada do velo mais fino.

Jurei com ele, nossas cabeças grisalhas,
Empunhar o tirso do novo deus, cingir a sua pele rude
E coroar nossas frontes com hera.

Karvasaras não tinha hotel nem estação ferroviária. À noite, dormimos no único quarto que a hospedaria tinha para nos oferecer. Dormimos pouco; primeiro, porque Raymond discursou a noite toda sobre a sabedoria de Sócrates e a compensação celestial do amor platônico. Segundo, porque as camas eram de tábuas duras e a aldeia tinha centenas de habitantes que queriam nos festejar.

Partimos de madrugada, com mamãe e nossas quatro bagagens numa carruagem puxada por dois cavalos e ladeada por nós, segurando galhos que cortamos de loureiros. A aldeia inteira nos acompanhou por boa parte do caminho. Pegamos a antiga estrada que Felipe da Macedônia percorrera com seu exército havia mais de dois mil anos.

De Karvasaras para Agrinion, fomos pela estrada sinuosa, através de montanhas de uma grandeza selvagem e acidentada. Era uma linda manhã, clara como cristal. Corremos nas asas leves de pés jovens, pulando e saltando na frente da carruagem, junto com gritos e canções alegres. Ao atravessarmos o rio Aspropotamos (o antigo Áquelo), Raymond e eu, apesar dos rogos lacrimosos de Elizabeth, insistimos num mergulho, ou batismo, nas límpidas águas. Não sabíamos que a correnteza era tão forte e quase fomos levados por ela.

A certa altura da viagem, dois cães de pastoreio, vindos de uma fazenda distante, correram atrás de nós pelo vale. Teriam nos atacado com a ferocidade de lobos, não fosse o nosso cocheiro tê-los assustado com seu grande chicote.

Almoçamos numa pequena hospedaria à beira da estrada, onde, pela primeira vez, experimentamos o vinho conservado com resina no tradicional couro de porco. Tinha gosto de polidor de madeira, mas, fazendo caretas, garantimos que era delicioso.

Finalmente, chegamos à antiga cidade de Stratos, construída sobre três colinas. Foi a nossa primeira aventura nas ruínas gregas. Ficamos em êxtase ao ver as colunas dóricas. Fomos atrás de Raymond, que nos guiava ao local do teatro do templo de Zeus, na colina oeste. Na nossa imaginação febril, tivemos uma miragem ao pôr do sol: a cidade voltou a se estender pelas três colinas, linda e bela.

À noite, chegamos a Agrinion exaustos, mas felizes como raramente ficam os mortais. Na manhã seguinte, pegamos a diligência para Missolonghi, onde homenageamos o coração ardente de Byron, que está guardado nos restos dessa heroica cidade cujo chão está encharcado do sangue dos mártires. Não é estranho pensar que Byron tirou o coração de Shelley das brasas da pira funerária? O coração de Shelley está hoje em Roma e pode ser que o coração desses dois poetas ainda esteja em mística e recíproca comunhão com "a Glória que foi a Grécia, a grandeza que foi Roma", como diz o verso de Poe.

Todas essas lembranças diminuíram nossa efervescente alegria pagã. A cidade ainda conserva o clima trágico do famoso quadro de Delacroix, *Retirada de Missolonghi*, que marca o massacre de praticamente toda a população da cidade, no desesperado esforço de passar pelas fileiras de soldados turcos.

Byron morreu em Missolonghi, em abril de 1824. Dois anos depois, em abril, quase no aniversário da morte dele, esses mártires foram encontrá-lo na Terra das Sombras, ele que estava tão disposto a fazer tudo para libertá-los. Existe algo mais comovente do que a morte de Byron na corajosa cidade de Missolonghi? Seu coração foi guardado lá entre os mártires para que o mundo pudesse conhecer a beleza imortal dos helenos. Pois todo martírio é frutífero. Cheios de emoção e lágrimas, saímos de Missolonghi no final do dia, vendo, do convés do pequeno barco que nos levava a Patras, a luz sumir no cais.

Em Patras, foi difícil escolher entre as atrações de Olímpia e as de Atenas, mas uma antiga e grande impaciência pelo Parthenon acabou vencendo e fomos de trem para Atenas. O trem correu pela radiosa terra dos helenos. Num relance, vimos o Olimpo coberto de neve. Em outro, ficamos rodeados de ninfas dançando nos olivais. Nossa alegria não tinha tamanho. Foi uma emoção que só conseguimos expressar em abraços lacrimejantes. Nas pequenas estações ferroviárias, os camponeses, parados, nos olhavam com espanto. Deviam achar que estávamos bêbados ou éramos loucos, mas nós estávamos apenas entusiasmados por nossa busca pela maior e melhor das sabedorias: os olhos azuis de Atena.

Naquela tarde, chegamos a Atenas coroada de violetas e o final do dia nos encontrou, de lábios trêmulos e corações frágeis de adoração, subindo a escada do seu templo. À medida que íamos subindo, eu tinha a impressão de que tudo o que vivera até então soltava-se de mim como uma roupa usada; que eu não tinha vivido; que nascera naquele longo respirar e naquela primeira visão de pura beleza.

O sol surgia por trás do monte Pentelico e mostrava a maravilhosa claridade e o esplendor do mármore brilhando. Subimos o último degrau do Propileu e olhamos o templo brilhar à luz da manhã. De comum acordo, nos calamos. Ficamos ligeiramente distantes um do outro, pois a beleza era sagrada demais para as palavras. Sentimos um estranho terror em nossos corações. Dessa vez, nada de gritos nem de abraços. Cada um encontrou seu melhor ângulo de adoração e ficamos horas meditando, em êxtase, o que nos deixou fracos e trêmulos.

Estávamos todos juntos, minha mãe e seus quatro filhos. Resolvemos que o clã Duncan se bastava, que as outras pessoas tinham só nos afastado de nossos ideais. E, ao ver o Parthenon, tivemos a impressão de atingir o auge da perfeição. Perguntamos por que sair da Grécia, se encontramos em Atenas tudo o que satisfazia nosso senso estético. Pode-se indagar também por que, depois do sucesso de público e do apaixonante interlúdio em Budapeste, eu não tinha vontade de voltar para nenhum desses dois locais. Na verdade, quando iniciei essa peregrinação, não queria fama nem dinheiro. Era simplesmente uma peregrinação espiritual, e tenho a impressão de que o espírito que eu buscava era a invisível deusa Atena, que ainda vivia nas ruínas do Parthenon. Então, resolvemos que o clã Duncan devia ficar para sempre em Atenas e construir lá um templo que seria típico de nós.

Com as apresentações que fiz em Berlim, minha conta bancária tinha ficado com uma quantia que parecia inesgotável. Então, tratamos de procurar um local adequado para nosso templo. Só quem não estava muito feliz era Augustin: depois de muito pensar, ele acabou confessando que sentia falta da esposa e da filha. Consideramos isso uma grande fraqueza, mas concluímos que a única coisa a fazer era trazê-las, já que ele era casado e pai de uma filha.

A esposa de Augustin chegou com a filhinha. Ela se vestia conforme a moda, de saltos Luís XV. Estranhamos os saltos, já que nós tínhamos adotado as sandálias para não macular o chão de mármore branco do Parthenon. Mas ela se recusou firmemente a usar sandálias. Quanto a nós, tínhamos concluído que até os vestidos que eu usava, as calças bufantes, os colarinhos abertos e as gravatas largas que Raymond usava eram roupas decadentes: tínhamos de voltar à túnica da Grécia Antiga. E assim fizemos, para a surpresa dos próprios gregos (modernos).

Usando túnicas, clâmides e *peplum* (sandália), com os cabelos presos em redes, saímos à procura do local para nosso templo. Fomos a Colono, Phaleron, a todos os vales da Ática, e não encontramos nada à altura. Por fim, um dia, numa caminhada em Himeto, onde se produz o famoso mel, passamos por uma elevação; Raymond de repente colocou suas coisas no chão e gritou:

— Veja, estamos à mesma altura da Acrópole!

E realmente, olhando para oeste, vimos o templo de Atena parecendo incrivelmente próximo, embora estivesse a 4 quilômetros.

Mas esse lugar tinha algumas dificuldades. Primeiro, ninguém sabia de quem era o terreno. Ficava longe de Atenas, e por ali só andavam pastores cuidando de seus rebanhos. Demoramos bastante para descobrir que, havia mais de um século, a terra pertencia a cinco famílias de camponeses. Tinha sido dividida como uma torta, do centro para as pontas. Após outra longa busca, encontramos os chefes de cada uma das cinco famílias e perguntamos se queriam vender o terreno. Eles ficaram muito surpresos, já que ninguém jamais se interessara por aquela terra. Era longe de Atenas, rochosa, e só produzia cardo. E não havia água perto da colina; por tudo isso, ninguém achou que tivesse algum valor. Quando mostramos interesse em comprar, os camponeses se reuniram e concluíram que o terreno tinha um valor incalculável e pediram uma quantia irreal. Mas o clã Duncan estava decidido a comprar e começamos a lidar com os camponeses de outra forma. Convidamos as cinco famílias para um banquete de cordeiro no espeto e outras comidas deliciosas. Servimos também muito *raki*, o conhaque do país. No almoço, com a ajuda de um pequeno advogado ateniense, apresentamos uma escritura de venda; os camponeses, que não sabiam escrever, fizeram uma cruz como assinatura. O terreno acabou saindo um pouco caro, mas achamos que o banquete foi um grande sucesso. A colina árida, na mesma altura da Acrópole, conhecida desde os tempos antigos como Kopanos, agora pertencia ao clã Duncan.

O passo seguinte foi garantir papel e projetos e fazer planos para o templo. Raymond concluiu que o modelo perfeito era o do palácio de Agamenon. Zombou da ideia de contratar arquitetos e ele mesmo conseguiu operários e carregadores de pedras. Decidimos que a única pedra à altura do nosso templo era o mármore reluzente do monte Pentelico, de onde vieram as nobres colunas do Parthenon, mas nos contentamos modestamente com a pedra vermelha encontrada no sopé da montanha. A partir daí, via-se diariamente uma longa série de carroças carregando as pedras vermelhas e percorrendo o sinuoso caminho do Pentelico a Kopanos. Ficávamos cada vez mais alegres quando a carga de pedra era colocada no nosso terreno.

Finalmente, chegou o grande dia do lançamento da pedra fundamental do nosso templo. Achamos que esse evento merecia uma comemoração à altura. Deus sabe que nenhum de nós tinha inclinações religiosas, éramos livres, com nossas ideias de ciência moderna e livre-pensamento. Mas achamos mais bonito e mais adequado que a pedra fundamental fosse colocada ao estilo grego, numa cerimônia realizada por um sacerdote da Igreja Grega. Convidamos todos os camponeses de quilômetros em volta.

Chegou o velho sacerdote, usando hábito e chapéu pretos com um véu também preto que flutuava por cima. O sacerdote pediu um galo preto para ser sacrificado. Era o mesmo ritual feito pelos sacerdotes bizantinos desde a época do templo de Apolo. Com alguma dificuldade, conseguiu-se o galo preto, que foi entregue ao sacerdote junto com a faca da imolação. Enquanto isso, bandos de camponeses foram chegando de todos os cantos do país. Para completar, apareceram algumas pessoas elegantes de Atenas e, ao anoitecer, havia uma multidão na colina Kopanos.

Com grande solenidade, o velho sacerdote iniciou a cerimônia. Pediu que mostrássemos o local exato dos alicerces da casa. Mostramos, dançando dentro de um quadrado que Raymond já havia riscado no chão. O sacerdote então encontrou a pedra fundamental mais próxima da casa e, quando o sol sumia no horizonte, cortou o pescoço do galo preto e o sangue rubro esguichou sobre a pedra. Com a faca numa mão e a ave degolada na outra, o sacerdote deu três voltas, solenemente, em torno do quadrado. A seguir, fez uma oração e entoou cânticos. Abençoou todas as pedras da casa e, após perguntar nossos nomes, fez uma prece na qual ouvimos várias vezes os nomes Isadora Duncan (mamãe), Augustin, Raymond, Elizabeth e Pequena Isadora (eu). Ele pronunciava Duncan como se fosse Zancan e nos aconselhou a viver naquela casa com fé e em paz. Rezou para nossos descendentes também viverem com fé e em paz na casa. Ao final da prece, os músicos chegaram com seus instrumentos rudimentares típicos. Abriram-se grandes tonéis de *raki*. Uma fogueira crepitante foi acesa na colina: nós e nossos vizinhos camponeses dançamos, bebemos e festejamos a noite toda.

Resolvemos viver para sempre na Grécia. E, como disse Hamlet, prometemos não nos casar mais. *Que os casados permaneçam casados* etc.

Aceitamos a esposa de Augustin com uma maldisfarçada reserva. Mas fizemos um plano num caderno que consistia em excluir todos os que não pertencessem ao clã Duncan e estabelecemos as regras para nossa vida em Kopanos. O plano era mais ou menos como o de Platão e *A República*. Decretamos levantar ao nascer do sol e saudá-lo com canções e danças alegres. Depois, devíamos nos refrescar com uma simples tigela de leite de cabra. As manhãs seriam dedicadas a ensinar os moradores a dançar e cantar. Eles deviam homenagear os deuses gregos e largar seus horríveis hábitos modernos. Após um almoço leve de legumes verdes (pois resolvemos abandonar a carne e ser vegetarianos), as tardes deveriam ser de meditação, e as noites, de cerimônias com música adequada.

Começou então a construção de Kopanos. Como as paredes do palácio de Agamenon tinham cerca de 60 centímetros de espessura, as de Kopanos deveriam ter também. Só quando a construção estava pela metade, eu pensei em quantas pedras vermelhas de Pentelico seriam necessárias e o custo de cada carroça de carga. Poucos dias depois, resolvemos acampar no local. Só então tivemos consciência de que não havia uma gota de água em quilômetros! Olhamos para o alto de Himeto, onde havia o mel, e vimos muitas fontes e riachos correndo. Olhamos então para Pentelico, com as neves eternas formando cascatas nas encostas da montanha. Ah! Concluímos que Kopanos era totalmente seca e árida. A fonte mais próxima ficava a quase 4 quilômetros!

Mas Raymond não esmoreceu e contratou mais operários para fazer um poço artesiano. Ao cavar, encontrou diversos objetos antigos e insistiu que ali existira uma antiga aldeia, mas eu tinha motivos para achar que era apenas um cemitério, pois, quanto mais cavavam, mais seco era o solo. No final, após várias semanas procurando inutilmente água em Kopanos, voltamos a Atenas para pedir conselho aos espíritos proféticos que, certamente, habitavam a Acrópole. Conseguimos uma autorização especial da cidade para ir lá em noites enluaradas e sentamos no anfiteatro de Dionísio, onde Augustin recitava as tragédias gregas e nós dançávamos.

Nosso clã era totalmente autossuficiente. Não nos misturávamos com os habitantes de Atenas. Não nos impressionamos nem quando os camponeses disseram que o rei tinha ido a cavalo conhecer nosso templo. Pois éramos governados por outros reis: Agamenon, Menelau e Príamo.

XIII

Numa noite enluarada, estávamos no teatro de Dionísio quando ouvimos uma voz aguda de menino, naquele tom emocionado e estranho que só eles têm. De repente, outra voz se juntou à primeira e mais outra. Eram antigas canções gregas. Ficamos extasiados. Raymond disse:

— Deve ser o tom com que os meninos cantavam nos antigos coros gregos.

Na noite seguinte, o concerto se repetiu. Como distribuímos muitas dracmas, na terceira noite o coro aumentou e, aos poucos, todos os meninos atenienses vieram cantar para nós ao luar, no teatro de Dionísio.

Nessa época, estávamos muito interessados pela música bizantina na Igreja Grega. Fomos a uma igreja e ouvimos o maravilhoso e melancólico canto do professor. Visitamos a escola de jovens seminaristas, perto de Atenas, e vimos a biblioteca de manuscritos que remontavam à Idade Média. Concluímos, como muitos helenistas ilustres, que os hinos de Apolo, Afrodite e de todos os deuses pagãos foram sofrendo transformações até chegarem à Igreja Grega.

Tivemos então a ideia de formar de novo um coro grego com aqueles meninos. Fizemos concursos todas as noites no teatro de Dionísio e premiamos os que apresentassem as canções gregas mais antigas. Também contratamos um professor de música bizantina e, assim, formamos um coro de dez meninos com as mais lindas vozes de Atenas. Um jovem seminarista, que também estudava grego antigo, nos ajudou a inserir esse coro na peça *As suplicantes*, de Ésquilo. São, talvez, os coros mais lindos já escritos. Lembro-me especialmente do que narra o medo das vestais do altar de Zeus, buscando proteção dos primos incestuosos que chegavam pelo mar.

Assim, ocupados com nossos estudos sobre a Acrópole, a construção de Kopanos e a dança dos coros de Ésquilo, ficamos totalmente imersos no trabalho. A não ser pelas eventuais idas às aldeias distantes, não queríamos saber de mais nada.

Ficamos muito impressionados ao ler os mistérios eleusinos.

"Mistérios sobre os quais ninguém fala. Bendito aquele que os viu, pois seu quinhão após a morte não será igual ao dos outros homens!"

Preparamo-nos para conhecer Elêusis, que fica a uns 50 quilômetros de Atenas. Com as pernas à mostra e calçando sandálias, fomos dançando pela estrada branca e poeirenta onde ficam as antigas cavernas de Platão à beira-mar. Queríamos aplacar os deuses, por isso dançamos, em vez de andar. Passamos pela pequena aldeia de Dafne e a capela de Hagia Triada. No espaço entre as colinas, vimos o mar e a ilha de Salamis, onde paramos um pouco para imaginar a famosa batalha de Salamina, na qual os gregos enfrentaram e destruíram as hostes persas comandados por Xerxes.

Dizem que Xerxes assistiu à batalha sentado em sua cadeira de pés de prata, na colina em frente ao monte Egáleo. Foi no ano 480 a.C. que os gregos, com uma esquadra de trezentos navios, destruíram os persas e ficaram independentes. Cerca de seiscentos guerreiros persas ficaram numa ilhota à espera dos gregos para afundar seus navios e expulsá-los da costa. Mas Aristides, que foi chamado de volta do exílio e sabia que Xerxes iria destruir a esquadra grega, enganou os persas.

> Um navio grego comandou o ataque
> E arrancou a figura de proa de uma embarcação fenícia
> Fez-se então a abordagem e cada navio
> Combateu seu inimigo com fúria.
> No começo, a esquadra persa suportou com bravura o embate
> Mas logo o próprio excesso de seus navios
> Causou a ruína persa no estreito braço de mar.

Não podiam usar de sua força e, apertados,
Os barcos se destruíam, com as longas proas
Batendo umas nas outras e quebrando seus remos.
Enquanto isso, os gregos prosseguiam, destros,
Até que viram as quilhas de nossos navios e
Não se enxergava mais o mar azul, transformado
Numa quantidade de destroços e cadáveres.

Acabamos dançando por todo o caminho. Só paramos uma vez, numa pequena igreja cristã: o padre grego nos viu, muito surpreso, vindo pela estrada, e insistiu para visitarmos a igreja e bebermos o vinho que ele tinha. Ficamos dois dias em Elêusis, conhecendo seus mistérios. No terceiro dia, voltamos para Atenas, mas não voltamos sós e sim acompanhados de um grupo de sombrios iniciados: Ésquilo, Eurípides, Sófocles e Aristófanes.

Não queríamos ir além, pois tínhamos chegado à nossa Meca, que, para nós, era o esplendor da perfeição: Hellas, a Grécia. Depois disso, afastei-me da adoração à sábia Atena e, na última vez em que estive em Atenas, confesso que o culto à deusa não me atraiu, mas o rosto de um sofrido Cristo na pequena capela de Dafne. Porém, naquela época, estávamos no começo de nossa vida e a Acrópole nos deu muita alegria e inspiração. Éramos fortes e ousados demais para compreender a compaixão.

Todas as manhãs, subíamos a colina sagrada do Propileu. Acabamos conhecendo a história desse lugar nas diversas fases da História. Levamos nossos livros e acompanhamos a história de cada pedra. Estudamos todas as teorias de arqueólogos famosos quanto à origem e ao significado de certas marcas e presságios.

Raymond fez algumas descobertas. Passou algum tempo com Elizabeth procurando as antigas pegadas das cabras que subiam nas pedras para pastar na colina, antes de a Acrópole ser construída. Encontraram algumas marcas, pois a Acrópole começara com um bando de cabras buscando abrigo e proteção à noite. Raymond e Elizabeth conseguiram seguir os caminhos usados pelas cabras e que datavam de, pelo menos, mil anos antes da construção da Acrópole.

Fizemos um concurso entre duzentos rapazes atenienses e, com a ajuda do jovem seminarista, selecionamos dez vozes celestiais e começamos a ensaiar os coros. Encontramos no ritual da Igreja Grega estrofes e antístrofes tão harmoniosas que confirmavam nossa hipótese de serem os mesmos hinos a Zeus pai, deus do trovão e protetor, que os primeiros cristãos transformaram em hinos a Jeová. Na biblioteca de Atenas encontramos também livros de música grega antiga com essas escalas e pausas musicais. Ficamos exultantes: finalmente, conseguimos recuperar para o mundo aqueles tesouros perdidos há dois mil anos.

Ficamos hospedados no hotel d'Angleterre, que colocou generosamente à minha disposição um salão para eu trabalhar. Passei horas criando para o coro das *Suplicantes* os movimentos e gestos inspirados no ritmo da música da Igreja Grega. Estávamos tão convictos dessas teorias que não percebemos a mistura cômica de manifestações religiosas.

Na época, Atenas estava, como de hábito, passando por uma revolução. Dessa vez, devido à divergência entre a Casa Real c os estudantes em relação à língua que deveria ser falada nos palcos: o grego antigo ou o moderno. Multidões de estudantes faziam passeatas pelas ruas com faixas a favor do grego arcaico. No dia em que voltamos para Kopanos, eles cercaram nossa carruagem, aplaudiram nossas túnicas gregas e pediram que participássemos da passeata a favor da Grécia Antiga. Aceitamos. Por isso, os estudantes conseguiram para nós uma apresentação no Teatro Municipal. Os dez meninos gregos e o seminarista bizantino, todos de túnicas multicoloridas, cantaram o coro de Ésquilo em grego antigo e eu dancei. Os estudantes deliraram de alegria.

Ao saber da manifestação, o rei George quis assistir ao espetáculo no Teatro Real. Mas a apresentação para a família real e os embaixadores estrangeiros em Atenas não teve o ânimo e o entusiasmo daquela no teatro popular para os estudantes. O aplauso das mãos enluvadas não foi estimulante. O rei George esteve no meu camarim e me pediu para visitar a rainha no camarote real; estavam todos muito satisfeitos, mas eu vi que não possuíam uma autêntica apreciação espiritual, nem entendiam a minha arte. Para as realezas, o balé clássico será sempre a dança por excelência.

Tudo isso ocorreu ao mesmo tempo em que descobri que minha conta bancária estava a zero. Lembro que, na noite após a apresentação para os reis, não consegui dormir e, de madrugada, fui sozinha à Acrópole. Entrei no teatro de Dionísio e dancei. Senti que aquela era a última vez. Depois, subi o Propileu e fiquei na fiente do Parthenon e, subitamente, tive a impressão de que todos os nossos sonhos haviam estourado como uma imensa bolha: éramos modernos e jamais poderíamos ser outra coisa. Não podíamos pensar e viver como os antigos gregos. Aquele templo de Atenas à minha frente teve, em outros tempos, outras cores. Afinal, eu não passava de uma escocesa-irlandesa-americana. E devia ter mais afinidade com os peles-vermelhas do que com os gregos. A linda ilusão de um ano na Grécia pareceu de repente chegar ao fim. O som da música greco-bizantina foi ficando cada vez mais fraco; no meio dele, chegaram aos meus ouvidos todos os grandes acordes da Morte de Isolda.

Três dias depois, em meio a muitos admiradores e ao choro dos pais dos dez meninos gregos, embarcamos de Atenas para Viena. Na estação, eu me enrolei na bandeira grega azul e branca: os dez meninos e todos os presentes entoaram o lindo hino grego:

> *Op ta kokala vgalméni*
> *Ton Elinon to yera*
> *Chéré o chéré Elefteria*
> *Ké san prota andriomeni*
> *Chéré o chéré Elefteria.**

Quando penso nesse ano vivido na Grécia, acho que foi realmente lindo o esforço de voltar dois mil anos até uma beleza que nós talvez não entendamos, nem outros possam entender, beleza sobre a qual Renan escreveu:

---

*Saída das ossadas / Sagradas do helenos, / e pujante da tua antiga bravura, / Saúdo-te, saúdo-te, oh, liberdade. (*N. da E.*)

Ó nobreza! Ó simples e verdadeira beleza! Deusas cuja adoração significa sabedoria e razão. Tu, cujo templo é uma lição de consciência e sinceridade eternas, chego tarde demais ao portal de teus mistérios; trago para teu altar um peso de remorso. Encontrar-te custou-me imensa busca. A iniciação que concedes ao ateniense ao nascer, eu consegui através da meditação e de muito esforço.

Assim, saímos da Grécia e chegamos de manhã a Viena, com nosso coro de meninos gregos e seu mestre-sacerdote bizantino.

XIV

Nosso desejo de reviver o coro grego e a antiga dança dramática certamente valia a pena e exigia enorme esforço. Mas, após o sucesso financeiro de Budapeste e Berlim, eu não queria fazer uma turnê mundial e usei o dinheiro ganho para construir um templo grego e reviver o coro grego. Hoje, quando penso em nossas aspirações juvenis, considero-as um fenômeno bastante curioso.

Assim, certa manhã, chegamos a Viena e apresentamos à maravilhosa plateia austríaca o coro de *As suplicantes*, de Ésquilo, na voz de nossos meninos gregos no palco, enquanto eu dançava. Como eram cinquenta as filhas de Dânaos, foi muito difícil expressar com meu corpo esguio as emoções de cinquenta donzelas ao mesmo tempo, mas eu senti a múltipla unidade e fiz o melhor possível.

Viena fica a apenas quatro horas de Budapeste, mas não deixa de ser extraordinário, talvez, que o ano que passei no Parthenon me separasse tanto de Budapeste que não estranhei Romeu jamais ter viajado essas quatro horas para me visitar. Nem pensei que ele deveria ter feito isso. Estava tão dedicada ao coro grego que todas as minhas energias e emoções ficavam ocupadas. Para ser sincera, não pensei em Romeu. Pelo contrário, fiquei absorta em questões intelectuais e concentrada na amizade de alguém que era, acima de tudo, um homem inteligente: Herman Bahr.

Dois anos antes, Herman Bahr me vira dançar para artistas na Künstler Haus, em Viena. Quando voltei à cidade com o coro de meninos gregos, ele ficou muito interessado e escreveu ótimas críticas no jornal vienense *Neue Presse*.

Herman Bahr tinha uns 30 anos, uma bela cabeça coberta de fartos cabelos castanhos e cultivava uma barba castanha. Apesar de costumar ir ao Bristol após o espetáculo conversar comigo até o amanhecer, e apesar de eu dançar para ele cada estrofe do coro grego para mostrar o sentido que queria dar, nunca houve entre nós nem a menor insinuação do tipo emocional ou sentimental. Os céticos decerto terão dificuldade de acreditar, mas, após a experiência que tive em Budapeste, minha reação emocional passou por uma tal revolução que acreditei realmente que essa fase tinha acabado e que no futuro só me dedicaria à minha arte. Considerando que minha constituição física era parecida com a da Vênus de Milo, até hoje acho essa reação um tanto surpreendente. Por mais estranho que seja, após aquele despertar violento, meus sentidos adormeceram e eu também não queria nada com eles. Minha vida estava centrada na arte.

Fiz novamente sucesso em Viena, no Teatro Karl. A princípio, a plateia recebeu com frieza o coro das *Suplicantes* com os dez meninos gregos, mas acabou muito entusiasmada quando, no final, dancei o *Danúbio azul*. Após o espetáculo, fiz um discurso dizendo que minha intenção não era aquela, pois eu queria transmitir o espírito da tragédia grega. Eu disse que precisávamos reviver a beleza do coro. Mesmo assim, a plateia gritava: "*Nein. Mach nicht. Tanze. Tanze die Schöne Blau Donau. Tanze noch einmal.*"* E aplaudia sem parar.

Dessa maneira, cheios de dinheiro, saímos novamente de Viena e chegamos a Munique. A estreia do meu coro grego causou muita sensação nos meios profissionais e intelectuais. O grande professor Furtwangler fez uma palestra e falou sobre os hinos gregos musicados pelo professor bizantino da Igreja Grega.

Os alunos da universidade ficaram bastante *aufgeregt.*** Na verdade, nossos lindos meninos gregos foram um grande sucesso. Mas eu, dançando as cinquenta danaides, me senti muito inadequada, e no final das apresentações expliquei que não era para eu representar uma, mas cinquenta jovens. E que eu estava *furchtbahr traurig**** de

---

*Não. Não faça isso. Dance! Dance o belo *Danúbio azul*. Dance novamente! (*N. da E.*)
**Animados. (*N. da E.*)
***Terrivelmente triste. (*N. da E.*)

ser apenas uma; mas paciência, *Geduld*, em breve eu fundaria uma escola e me transformaria em cinquenta *kleine Mädchen*.*

Nosso coro grego foi recebido com menos entusiasmo em Berlim e, apesar de ser apresentado por um famoso mestre de Munique, o professor Cornelius, a plateia gritou como em Berlim: "Ah, dance o *schöne blaue Danube*** e não se preocupe em reviver esses coros gregos."

Enquanto isso, os pequenos meninos gregos estranhavam o ambiente ao qual não estavam habituados. O proprietário do nosso caro hotel reclamou várias vezes comigo dos maus modos e da agressividade deles. Consta que eles só pediam pão preto, azeitonas pretas e cebola crua e, quando isso não fazia parte do cardápio, eles se irritavam com os garçons a ponto de jogarem bifes na cabeça deles e ameaçá-los com facas. Depois que foram expulsos de vários hotéis de primeira classe, tive de colocar na sala de meus aposentos no hotel em Berlim dez camas portáteis e obriguei-os a ficarem conosco.

Como considerávamos que eram crianças, costumávamos levá-los solenemente, todas as manhãs, para uma caminhada no Tiergarten, de sandálias e túnicas, como gregos antigos. Certa manhã, Elizabeth e eu íamos à frente desse estranho desfile, quando encontramos a esposa do Kaiser a cavalo. Ela ficou tão pasma e assustada que, ao fazer a curva seguinte, caiu, pois o bom cavalo prussiano também nunca tinha visto nada parecido e refugou.

Essas encantadoras crianças gregas ficaram conosco apenas seis meses. Fomos obrigados a notar que suas vozes celestiais estavam desafinando e até a adorável plateia começou a se entreolhar, consternada. Continuei tentando personificar as cinquenta danaides suplicando ao altar de Zeus, mas era uma tarefa dura, principalmente quando os meninos gregos desafinavam mais do que o normal e o professor bizantino parecia cada vez mais distraído.

O seminarista, por sua vez, se interessava cada vez menos pela música bizantina. Parecia que todo o entusiasmo dele tinha ficado

---

*Meninas. (*N. da E.*)
**Belo Danúbio Azul. (*N. da E.*)

em Atenas. E passou a se ausentar muito e por mais tempo. O auge de tudo foi quando a polícia veio nos avisar que os meninos gregos estavam fugindo à noite pela janela e, quando pensávamos que dormiam tranquilos, estavam em cafés baratos contatando os espécimes compatriotas mais inferiores na cidade.

Desde que chegaram a Berlim, eles perderam totalmente aquele ingênuo e celestial jeito pueril nas apresentações no teatro de Dionísio e cada um cresceu 15 centímetros. À noite, no teatro, o coro de *As suplicantes* desafinava mais. Não dava para desculpar outra vez com o argumento de ser um coro bizantino. Era apenas um tenebroso som ruim. Assim, um dia, após muita discussão, decidimos levar nosso coro grego à grande loja de departamento Wertheimer. Compramos calças curtas para os meninos menores e compridas para os maiores; depois, pusemos todos em táxis até a estação ferroviária e os embarcamos em vagões de segunda classe, para Atenas. Nós nos despedimos com muito carinho e, após a saída deles, adiamos o renascimento da antiga música grega e voltamos a estudar *Ifigênia e Orfeu*, de Christopher Gluck.

Desde o início, concebi a dança como um grupo, ou uma expressão comunitária. Da mesma maneira que me esforcei para mostrar a tristeza das filhas de Dânaos, dancei a Ifigênia, as moças de Chalcis jogando a bola de ouro nas areias suaves, depois o triste exílio em Táuris, dançando com horror os sacrifícios de sangue dos compatriotas gregos. Eu queria tanto criar um grupo de dançarinos que, na minha cabeça, ele já existia e, sob as luzes douradas do palco, eu via as formas brancas e flexíveis das minhas companheiras e ficava rodeada de braços sinuosos, cabeças inclinadas, corpos vibrantes, pernas ágeis. No final de *Ifigênia*, as moças de Táuris dançam numa alegria de bacantes pelo resgate de Orestes. Quando eu fazia esses rondós delirantes, sentia as mãos concordes nas minhas, o ímpeto e o balanço de seus pequenos corpos à medida que a dança ia se tornando cada vez mais rápida e mais ensandecida. Por fim, eu caía num intenso e alegre abandono:

Até elas caírem, como que "bêbadas de vinho, em meio ao suspirar de flautas, e perseguem o seu desejo nas sombras da floresta".

A recepção semanal que dávamos em nossa casa na Victoria Strasse passou a ser o centro de animação artística e literária. Lá ocorreram muitas discussões intelectuais sobre dança como uma das belas-artes, pois os alemães levam qualquer discussão de arte a sério e têm muito respeito por elas. Minha dança passou a ser tema de debates entusiasmados e até inflamados. De vez em quando, os jornais publicavam colunas inteiras, às vezes me saudando como o gênio de uma arte recém-descoberta; outras vezes, acusando-me de destruidora da verdadeira dança clássica, isto é, o balé. Quando eu chegava em casa, após um espetáculo em que a plateia delirara de alegria, eu sentava no meio da noite, usando minha túnica branca, com um copo de leite puro ao lado, e folheava as páginas da *Crítica da razão pura*, de Kant. Sabe-se lá por que, eu achava que ali encontraria inspiração para os movimentos de pura beleza que buscava.

Entre os artistas e escritores que frequentavam nossa casa, havia um jovem de testa alta, olhos penetrantes por trás dos óculos, que decidiu que sua missão era me revelar o gênio de Nietzsche. Dizia que só Nietzsche seria capaz de me mostrar a expressão completa da dança. Todas as tardes, ele vinha ler para mim *Zaratustra* em alemão, explicando as palavras e frases que eu não entendia. A filosofia de Nietzsche me encantava, e aquelas horas que Karl Federn me dedicava diariamente assumiam um fascínio tão grande que meu empresário teve de insistir muito para eu fazer nem que fossem apresentações curtas em Hamburgo, Hanôver, Leipzig etc. Nessas cidades, aguardavam plateias animadas e entusiastas e muitos milhares de marcos. Eu não tinha vontade de fazer turnês triunfais pelo mundo, como meu empresário sempre sugeria. Eu queria estudar, continuar minhas pesquisas, criar uma dança e movimentos que não existiam e sonhar com minha escola, sonho que tinha desde a infância e que ficou cada vez mais intenso. Meu empresário se desesperava com essa minha vontade de ficar no estúdio e pesquisar. Ele continuava insistindo para eu viajar e vinha, muito triste, mostrar jornais que contavam de Londres e outros lugares onde estavam exibindo com certo sucesso cópias das minhas cortinas, dos meus figurinos e das minhas danças, tudo apresentado como se fosse o original. Mas nem isso adiantava. O desespero dele chegou ao auge quando, perto do verão, avisei que pretendia passar toda a temporada em Bayreuth para finalmente mergulhar na verdadeira fonte: a música de Richard Wagner. Tomei a decisão no dia em que recebi a visita de ninguém menos que a viúva de Richard Wagner.

Jamais conheci uma mulher que me causasse tamanha admiração intelectual como Cosima Wagner, com sua presença alta e imponente, seus belos olhos, um nariz talvez grande demais para ser feminino e uma testa que irradiava inteligência. Ela era versada na filosofia mais profunda e sabia de cor todas as frases melódicas e notas do mestre. Falou sobre minha arte da maneira mais incentivadora e linda, depois comentou que Richard Wagner não gostava do balé nem dos figurinos dele; de seu sonho pelas festas de Baco e as donzelas floridas; da impossibilidade de adequar o balé de Berlim ao que Wagner tinha pensado. O balé iria se apresentar naquela temporada em Bayreuth, mas não correspondia ao que Wagner imaginara. Ela então perguntou se eu aceitaria dançar na ópera *Tannhäuser*, mas havia um problema. Minhas ideias não tinham nenhuma ligação com o balé, cujos movimentos entravam em choque com minha concepção de beleza, eu achava o balé uma expressão mecânica e vulgar.

— Ah, por que não tenho a escola dos meus sonhos? — exclamei em resposta ao pedido. — Se eu tivesse, poderia levar para você em Bayreuth um bando de ninfas, faunos, sátiros e graças imaginados por Wagner. Mas, sozinha, o que posso fazer? Tentarei, pelo menos, dar uma ideia dos movimentos leves, suaves e voluptuosos que já antevejo para as Três Graças.

XV

Cheguei a Bayreuth num lindo dia de maio e me hospedei no hotel Black Eagle. Um dos meus aposentos tinha espaço suficiente para eu trabalhar e instalei nele um piano. Todos os dias, recebia um bilhetinho de *frau* Cosima convidando para almoço ou jantar, ou para passar a tarde na vila Wahnfried, onde a hospitalidade era régia. Diariamente, havia pelo menos quinze pessoas para almoçar. Na cabeceira da mesa, *frau* Cosima presidia a refeição com dignidade e tato, pois entre os convidados estavam algumas das pessoas mais inteligentes da Alemanha, artistas e músicos, muitas vezes também grão-duques, duquesas, ou membros da realeza de muitos países.

O túmulo de Richard Wagner fica no jardim da vila Wahnfried e pode ser visto das janelas da biblioteca. Após o almoço, *frau* Wagner dava-me o braço e andávamos pelo jardim, em volta do túmulo. Era um passeio no qual ela usava tons de doce melancolia e mística esperança.

À tarde, na mansão, costumavam apresentar-se quartetos musicais, cada instrumento tocado por um virtuose famoso. A grande figura de Hans Richter, a esguia silhueta de Karl Muck, o sedutor Mottl, Humperdinck, Heinrich Thode, todos os artistas da época eram recebidos em Wahnfried com a mesma gentileza.

Fiquei muito orgulhosa por ser incluída, com minha pequena túnica branca, nessa galáxia de personagens tão distintos e brilhantes. Comecei a estudar a música de *Tannhäuser*, que expressa todo o frenesi de desejo voluptuoso de um intelectual, pois essa volúpia bacante se passa na cabeça de Tannhäuser. A gruta dos sátiros, ninfas e Vênus era a gruta da mente de Wagner, exasperado pelo desejo incessante de alívio sensual que ele só conseguia ter na imaginação.

Sobre essa dança das bacantes, ele escreveu:

> Dou apenas uma vaga indicação, um leve esboço do que os dançarinos farão: muitas pessoas correndo como vendavais, no ritmo criado pelas ondas loucas dessa música, fluindo com fantástica sensualidade e êxtase. Se, só com a minha energia, tenho coragem de ousar tal proeza, é porque tudo isso pertence à pura imaginação. Tannhäuser adormecido nos braços de Vênus não passa de simples visão.
>
> Para concretizar esses sonhos, um único gesto conseguirá evocar milhares de braços estendidos, uma cabeça inclinada para trás vai representar um tumulto bacante que expressa a enorme paixão que corre pelo sangue de Tannhäuser.
>
> Tenho a impressão de que essa música concentra os sentidos não satisfeitos, o desejo louco, a languidez apaixonada. Em resumo: o grito de desejo no mundo. Isso pode ser mostrado? Essas visões não existem apenas na imaginação exacerbada do compositor? Elas podem existir de forma concreta?
>
> Por que fazer esse esforço impossível? Repito: eu não executo, apenas indico. Quando esses terríveis desejos chegam a extremos, a ponto de romper todas as barreiras e passar como uma torrente incontrolável, cubro a cena com névoas para que cada pessoa, sem ver, imagine o desfecho, que sobrepuja qualquer visão real.
>
> Após essa explosão e destruição, essa realização que destrói ao se consumar e, após tudo isso, vem a paz.
>
> São as Três Graças representando a calma, o langor da sensualidade amorosa realizada. No sonho de Tannhäuser, elas estão entrelaçadas e separadas e, ao se unirem, ficam alternadamente unidas e separadas. Elas cantam os amores de Zeus.
>
> Contam as aventuras dele, de Europa levada sobre as ondas. Suas cabeças se inclinam com amor, elas ficam imersas e se afogam no desejo de Leda, apaixonada pelo cisne branco. Assim, eles mandam Tannhäuser repousar na brancura dos braços de Vênus.

É preciso mostrar o sentido óbvio dessas cenas? Não é preferível, em meio à névoa, ver Europa, enlaçando com o braço fino o pescoço do enorme touro, apertar o deus no corpo dela e acenar para seus companheiros que a chamam da margem do rio, num gesto final de despedida?

Você não preferia ver Leda entre as sombras, meio coberta pelas asas do cisne, tremendo pelo beijo que receberá dali a pouco?

Talvez você me pergunte: "Por que você está aí?" E vou responder apenas: "Faço uma indicação."

Da manhã à noite, no templo de tijolos vermelhos na colina, assisti a todos os ensaios, esperando a estreia. *Tannhäuser*, *O anel*, *Parsifal*, até ficar bêbada de música. Para entender melhor, decorei o texto de todas as óperas, minha cabeça ficou saturada dessas lendas, meu ser vibrava nas ondas da música de Wagner. Cheguei a considerar o mundo exterior frio, sombrio e irreal, pois minha única realidade era a do palco. Um dia, eu era a loura Segelinde nos braços do irmão Sigmund, enquanto a gloriosa canção primaveril aumentava e vibrava.

Frühlling Zeit, Liebe Tanz...
*Tanze Liebe**

No momento seguinte, eu era Brunhilde chorando pelo deus perdido; outra vez, era Kundry, selvagem sob o encanto de Klingsor. Mas a experiência máxima foi minha alma ascender, trêmula, no cálice cheio de sangue do Graal. Que encantamento! Ah, eu tinha realmente esquecido a sensata Atena de olhos azuis e seu templo da beleza perfeita na colina de Atenas. Aquele outro templo na colina de Bayreuth, com suas ondas e reverberações de magia, ofuscou totalmente o templo de Atenas.

O hotel Black Eagle estava lotado e era desconfortável. Um dia, em minhas andanças pelos jardins do Hermitage, construído pelo louco

---

*Tempo de primavera, amor e dança. Adoro dançar! (*N. da E.*)

Ludovico da Baviera, descobri uma velha casa de pedra de arquitetura estranha. Era o antigo pavilhão de caça do margrave. Tinha uma sala grande, de belas proporções, e uma escada de mármore que levava a um romântico jardim. Estava em péssimo estado de conservação e havia vinte anos servia de morada para uma enorme família de camponeses. Ofereci uma grande quantia para eles saírem de lá pelo menos durante o verão. Depois, contratei pintores e carpinteiros, mandei colocar gesso em todas as paredes internas e pintar de um verde leve e suave; fui a Berlim e encomendei sofás, almofadas, grandes cadeiras de vime e livros. Finalmente, tomei posse do Repouso de Phillip, como era chamado o pavilhão. Depois, passei a me lembrar dele como o Repouso de Heinrich Himmel.

Fiquei sozinha em Bayreuth. Mamãe e Elizabeth veraneavam na Suíça. Raymond tinha voltado para sua amada Atenas para continuar a construir Kopanos. Ele mandava telegramas dizendo: "Poço artesiano melhora. Na próxima semana água garantida. Mande dinheiro." Foi assim até a despesa com Kopanos chegar a um nível que me apavorou.

Nos dois anos após Budapeste, vivi casta: curiosamente, voltei ao mesmo estado de quando era virgem. Cada átomo do meu ser, cérebro e corpo tinha se consumido no entusiasmo pela Grécia e, agora, por Richard Wagner. Eu tinha um sono leve e acordava cantando os temas que estudara na noite anterior. Mas o amor iria despertar dentro de mim outra vez, embora de maneira bem diversa. Ou seria o mesmo Eros de sempre, só que com outra máscara?

Minha amiga Mary e eu estávamos sozinhas no Repouso de Phillip, pois não havia quarto de empregados, então o copeiro e a cozinheira dormiam numa pequena hospedaria próxima. Uma noite, Mary me chamou:

— Isadora, não quero assustá-la, mas venha aqui na janela. Todo dia, depois da meia-noite, aquele homem que está embaixo de uma árvore fica olhando para a sua janela. Temo que seja um ladrão.

Realmente, um homem baixo e magro estava sob uma árvore, olhando para a minha janela. Tremi de medo, mas de repente o luar surgiu e iluminou o rosto dele. Mary segurou em mim. Vimos a expressão exaltada de Heinrich Thode. Saímos da janela e confesso que tivemos um ataque de riso típico de garotas adolescentes, talvez uma reação ao medo.

— Há uma semana ele fica ali todas as noites — cochichou Mary.

Eu disse para ela esperar; vesti um casaco por cima da camisola, saí e fui até Heinrich Thode.

— *Lieber, treuer Freund, liebst du mich so?** — perguntei.

— *Ja, ja...* — ele gaguejou. — *Du bist mein Traum. Du meine Santa Clara.***

Eu não sabia, depois ele me contou que estava escrevendo seu segundo livro, que era uma biografia de São Francisco. O primeiro tinha sido a vida de Michelangelo. Como todos os grandes artistas, Thode vivia imerso na fantasia do que estava fazendo. Naquele momento, ele era São Francisco e imaginou que eu era Santa Clara.

Segurei na mão dele e levei-o delicadamente para casa, subimos a escada, mas ele parecia estar num devaneio, e me olhava de um jeito cheio de prece e luz. Ao retribuir o olhar, ascendi de repente e passei com ele por esferas celestiais e caminhos de luz brilhante. Um êxtase de amor que eu nunca tinha sentido e que transformou o meu ser, que ficou iluminado. O olhar durou algum tempo (não sei quanto, em tempo real), depois fiquei fraca e tonta. Todos os meus sentidos definharam e, com uma sensação indescritível de felicidade total, desmaiei nos braços dele. Quando voltei à consciência, aqueles olhos maravilhosos ainda me fitavam e ele disse, baixo:

— *Im Gluth mich Liebe senkte Im Gluth mich Liebe senkte!****

Tive novamente a sensação etérea e transcendental de voar nos céus. Thode se inclinou sobre mim, beijou meus olhos e minha testa, mas não eram beijos de nenhum sentimento terreno. Por mais que alguns céticos duvidem, naquela noite e em todas as posteriores, até

---

*Caro e fiel amigo, você me ama tanto assim? (*N. da E.*)
**Sim, sim. Você é meu sonho. Você é minha Santa Clara. (*N. da E.*)
***Meu amor se aprofunda no ardor. (*N. da E.*)

nos separarmos de madrugada, sempre que Thode foi à minha casa, jamais fez qualquer gesto de impulso terreno em relação a mim. Seu olhar era sempre luminoso e, ao encará-lo, tudo sumia ao meu redor, meu espírito ganhava asas naqueles voos astrais com ele. Eu também não esperava nada terreno da parte dele. Meus sentidos, que estavam adormecidos havia dois anos, se transformaram completamente num êxtase etéreo.

Começaram os ensaios em Bayreuth. Eu me sentava no teatro escuro com Thode e ouvia as primeiras notas do prelúdio de *Parsifal*. Sentia um deleite em todos os nervos e o menor toque do braço dele me causava tamanho êxtase que adoeci, fraca, com esse prazer doloroso, doce e inquietante. Minha cabeça tinha como que milhares de luzes girando. Minha garganta se apertava de tanta alegria, eu sentia vontade de gritar. Às vezes, sentia a mão dele tocar de leve meus lábios para conter os suspiros e pequenos resmungos que eu não conseguia reprimir. Era como se cada nervo do meu corpo atingisse aquele clímax de amor que costuma se limitar a um instante e tivesse tamanha intensidade que eu não sabia se era uma alegria infinita ou uma dor insuportável. Eu sentia ambos e queria gritar junto com Amfortas e guinchar como Kundry.

Thode vinha todas as noites ao Repouso de Phillip. Ele jamais me fez carinho como um amante, jamais tentou tirar minha túnica, tocar meus seios ou meu corpo, apesar de saber que cada pulsar de meu corpo pertencia a ele. Seu olhar despertou em mim emoções cuja existência eu desconhecia. Sensações tão extasiantes e terríveis que às vezes eu achava que o prazer estava me matando, desmaiava e voltava à consciência com a luz daqueles olhos maravilhosos. Ele dominava tão completamente a minha alma que era quase possível olhá-lo e desejar morrer. Pois não oferecia, como o amor terreno, qualquer satisfação ou repouso; apenas essa sede delirante por algo.

Perdi todo o apetite e até mesmo a vontade de dormir. Só de ouvir *Parsifal*, eu me desmanchava em lágrimas e soluçava, o que parecia aliviar um pouco esse estranho e terrível estado amoroso em que me encontrava.

Heinrich Thode tinha um desejo espiritual tão forte que, em seus voos selvagens de êxtase e felicidade, podia despertar a inteligência pura e, na luminosidade dessas horas em que falava comigo sobre arte, só consigo compará-lo a uma pessoa: Gabriele d'Annunzio. De certa maneira, os dois se pareciam fisicamente: Thode era baixo, de boca larga e estranhos olhos verdes.

Todos os dias ele trazia uma parte do manuscrito de São Francisco. Lia cada capítulo que escrevia e leu também a *Divina comédia*, de Dante, inteira. Essas leituras começavam à noite e entravam pela madrugada. Às vezes, ele saía do Repouso de Phillip pela manhã. Tropeçava como se estivesse bêbado, embora, durante a leitura, só tivesse umedecido os lábios em água. Eu ficava inebriada pela essência divina de sua enorme inteligência. Numa dessas manhãs, quando estava indo embora, ele agarrou meu braço, apavorado.

— Vejo *frau* Cosima vindo na estrada!

E, realmente, *frau* Cosima surgiu em meio à luz matinal. Estava pálida e me pareceu preocupada. Mas não era nada. No dia anterior, discutimos o sentido que eu daria ao interpretar as Três Graças na festa das bacantes em *Tannhäuser*. À noite, *frau* Cosima não conseguiu dormir, cheia de lembranças, e encontrou nos escritos de Richard Wagner um caderninho com a mais detalhada descrição já publicada do que ele queria dizer com essa Dança das Bacantes.

A estimada senhora não conseguiu esperar e veio bem cedo admitir que eu estava certa. Nervosa e agitada, ela disse:

— Minha querida criança, sem dúvida, você foi inspirada pelo próprio mestre. Ele escreveu exatamente o que você pensou. A partir de agora, não vou interferir, deixarei você livre na dança em Bayreuth.

Creio que foi nessa época que *frau* Cosima achou que eu devia me casar com Siegfried e assim dar continuidade à tradição do mestre. Siegfried nutria por mim um afeto fraterno e sempre fora meu amigo, mas nunca demonstrara nada que insinuasse ser meu amante. Mas meu ser estava envolvido no amor sobre-humano de Heinrich Thode e, na época, eu não sabia o que seria melhor para mim.

Minha alma podia ser comparada com um campo de batalha onde Apolo, Dionísio, Cristo, Nietzsche e Richard Wagner se digladiavam.

Em Bayreuth, eu ficava entre Venusberg e o Graal, arrebatada, levada nas águas da música wagneriana. Mesmo assim, um dia, no almoço em Wahnfried, anunciei, calma:

— *Der Meister hat einen fehler gemacht, eben so grosse wie seine Genie.**

Frau Cosima me olhou, assustada. Fez-se um silêncio gélido.

— Sim — prossegui, com a imensa segurança dos muito jovens.

— *Der Grosse Meister hat einen grossen fehler gemacht. Die Musik-drama, das ist doch ein unsinn.***

O silêncio ficou cada vez mais constrangedor. Depois, expliquei que a tragédia é a palavra falada, saída do cérebro do homem. Já a música é o êxtase lírico. É impossível querer juntar os dois.

Eu proferira um tal sacrilégio que não havia mais o que dizer. Olhei em volta, inocente, e vi rostos mostrando total consternação. Nada mais a dizer.

— Sim, o homem deve falar, depois cantar, depois dançar. Mas a fala é o cérebro, o homem pensante. O canto é a emoção; a dança é o êxtase dionisíaco que arrebata tudo. É impossível misturar uma coisa com outra. *Musik-drama kann nie sein.****

Fico contente por ter sido jovem numa época em que as pessoas não eram tão arrogantes como hoje e não odiavam a vida e o prazer. No entreato de *Parsifal*, o público tomava cerveja tranquilamente, sem que isso interferisse na compreensão ou no comportamento deles. Vi muitas vezes o grande Hans Richter tomar calmamente uma cerveja e comer salsichas, o que não impedia que mais tarde regesse como um semideus. Também não impedia que as pessoas a seu redor tivessem conversas do mais alto nível intelectual e espiritual.

Naquela época, magreza não indicava espiritualidade. As pessoas acreditavam que o espírito humano é algo que ascende e que tem muita energia e vitalidade. Afinal, o cérebro nada mais é que sobra de energia do corpo. O corpo é como um polvo que consome tudo o que encontra e só dá ao cérebro o que não quer para ele.

---

*O mestre cometeu um grande erro, tão grande quanto sua genialidade. (*N. da E.*)

**O grande mestre cometeu um erro muito grande. A tragédia musical, isso é um absurdo. (*N. da E.*)

***Drama musical não pode ser possível. (*N. da E.*)

Muitos cantores de Bayreuth tinham um corpo enorme, mas, quando abriam a boca, a voz provinha do mundo do espírito e da beleza, onde vivem os deuses eternos. Por isso eu insistia que essas pessoas não têm consciência de seus corpos, que para eles deviam ser máscaras de grande energia e capacidade de expressar a música divina que eles cantavam.

XVI

Quando morei em Londres, li no Museu Britânico a tradução da obra de Ernst Haeckel. Fiquei muito impressionada com a interpretação lúcida e clara que ele fazia dos diversos fenômenos do Universo. Escrevi uma carta mostrando minha gratidão pelo que os livros dele me causaram. A carta devia ter alguma coisa que despertou a atenção dele, pois, mais tarde, quando dancei em Berlim, ele respondeu.

Nessa época, o Kaiser havia mandado Ernst Haeckel para o exílio, e ele não podia ir a Berlim devido à sua fala libertária, mas continuamos a nos escrever e, quando fui a Bayreuth, escrevi para ele me visitar e assistir ao *Festspiel.**

Numa manhã chuvosa, tomei uma carruagem aberta de dois cavalos, já que naquele tempo não existia automóvel, e fui à estação ferroviária encontrar Ernst Haeckel. O grande homem desembarcou e, embora tivesse mais de 60 anos, seu corpo era atlético, magnífico, e ele tinha barba e cabelos grisalhos. Usava uma roupa estranha, larga, e carregava uma bolsa de viagem feita de tecido de tapete. Não nos conhecíamos, mas nos identificamos na hora. Fui imediatamente envolvida em grandes braços e enfiei o rosto na barba dele. Ele emanava um delicioso cheiro de saúde, força e inteligência, se é que se pode falar em perfume de inteligência.

Ele me acompanhou ao Repouso de Phillip, onde enfeitamos o quarto dele com flores. Depois, corri à Villa Wahnfried para dar a

---

*Festival. (*N. da E.*)

boa notícia a *frau* Cosima: o grande Ernst Haeckel havia chegado, era meu hóspede e iria assistir a *Parsifal*. Para minha surpresa, a notícia foi recebida com muita frieza. Eu não sabia que o crucifixo sobre a cama de Cosima e o terço dependurado sobre a mesa de cabeceira não eram só decorativos. Ela era católica praticante e crente. O homem que escrevera *O enigma do Universo* e que era o maior iconoclasta depois de Charles Darwin, cujas teorias ele apoiava, não podia ter uma recepção muito calorosa na Villa Wahnfried. Num jeito ingênuo e direto, discorri longamente sobre a grandeza de Haeckel e minha admiração por ele. Relutante, *frau* Cosima cedeu o cobiçado camarote de Wagner a ele, pois era muito amiga minha e não poderia recusar o pedido.

No entreato daquela noite, diante de uma plateia atônita, circulei de túnica grega, pernas descobertas e descalça, de mãos dadas com Ernst Haeckel, com sua cabeça branca aparecendo por cima das pessoas.

Haeckel ficou imóvel durante o *Parsifal*, e só no terceiro ato entendi que ele não se interessava por aquela paixão mística. Sua mente era totalmente científica, não podia sentir-se atraída pelo fascínio de uma lenda.

Como não houve convite para ele jantar ou ser recebido na Villa Wahnfried, tive a ideia de homenageá-lo com um Festival Ernst Haeckel. Convidei uma grande mistura de pessoas, desde o rei Ferdinando da Bulgária, que estava em visita a Bayreuth, e a princesa de Saxe-Meiningen, irmã do Kaiser e uma extraordinária mulher de mente aberta, até a princesa Henri de Reuss, mais Humperdinck, Heinrich Thode etc.

Fiz um discurso elogiando a grandeza de Haeckel, depois dancei em homenagem a ele. Haeckel falou sobre minha dança, comparou-a às verdades universais da natureza, e que era uma manifestação do monismo, já que tinha uma única fonte e uma evolução. A seguir, o famoso tenor Von Barry cantou. Ceamos e Haeckel estava feliz como um menino. Comemoramos, bebemos e cantamos até de manhã.

Mesmo assim, na manhã seguinte Haeckel se levantou com o sol, como fez todos os dias em que esteve no Repouso de Phillip. Ele costumava ir ao meu quarto convidar para subirmos até o alto da montanha, o que, confesso, eu não apreciava tanto quanto ele. Mas essas caminhadas eram maravilhosas porque ele falava sobre cada pedra do caminho, cada árvore, cada camada geológica.

Finalmente, ao chegar ao topo, ficava como um semideus observando a natureza, com um olhar totalmente aprovador. Carregava na mochila um pincel e uma caixa de tintas e desenhava as árvores e formações rochosas das colinas. Embora pintasse muito bem, sua obra carecia da imaginação artística. Mostrava mais a destra observação do cientista. Não quero dizer que Ernst Haeckel não soubesse apreciar a arte, mas considerava ele apenas mais uma manifestação da evolução natural. Quando falei do nosso entusiasmo pelo Parthenon, ele se interessou muito pelo tipo de mármore, a que camada pertencia e de que lado do monte Pentelico ficava, em vez de ouvir meu elogio a Fídias.

Uma noite, na Villa Wahnfried, anunciaram a chegada do rei Ferdinando da Bulgária: todos se levantaram e cochicharam para eu me levantar também. Mas eu era profundamente democrática e fiquei graciosamente recostada num sofá, à la madame Récamier. Dali a pouco, Ferdinando perguntou quem era eu e aproximou-se, para escândalo de todos os demais *hoheits*.* Ele simplesmente sentou-se no sofá ao meu lado e passou a falar de sua paixão pelas antiguidades gregas. Comentei do meu sonho de uma escola que faria um renascimento do mundo antigo e ele retrucou, num tom de voz que todos ouviram:

— É uma ótima ideia. Você tem de fazer sua escola no meu palácio do Mar Morto.

O auge da conversa foi quando perguntei no jantar se ele poderia cear comigo no Repouso de Phillip uma noite após o espetáculo, para conhecer melhor meus planos. Ele aceitou o convite com prazer. Cumpriu a promessa, passou uma noite agradável conosco, e aprendi a admirar esse notável poeta, artista, sonhador e verdadeiro intelectual da nobreza.

---

*Cortesãos. (*N. da E.*)

Eu tinha um mordomo que usava bigodes iguais aos do Kaiser e que ficou muito impressionado com a visita de Ferdinando. Quando trouxe uma bandeja com champanhe e sanduíches, Ferdinando disse:

— Não, jamais toco em champanhe. — Mas, ao ver o rótulo, acrescentou: — Ah, Moët et Chandon sim, champanhe francês, aceito com prazer. O fato é que fui envenenado aqui com champanhe alemão.

Apesar de apenas conversarmos, inocentes, sobre arte, as visitas de Ferdinando ao Repouso de Phillip também causaram alvoroço em Bayreuth, pois aconteciam à meia-noite. Na verdade, eu não podia fazer nada sem parecer muito diferente das outras pessoas e, com isso, chocar.

O Repouso de Phillip tinha vários sofás e almofadas, lamparinas cor-de-rosa e nenhuma cadeira. Alguns consideravam o local um Templo do Mal. Depois que o grande tenor Von Barry cantou várias vezes a noite toda enquanto eu dançava, as pessoas da região passaram a considerar o local uma verdadeira casa das bruxas e chamavam nossas inocentes madrugadas de "enormes orgias".

Bayreuth tinha então um cabaré chamado A Coruja, no qual os artistas costumavam cantar e beber a noite toda, o que era considerado certo, pois usavam roupas comuns e se comportavam de um modo que todos entendiam.

Conheci na Villa Wahnfried alguns jovens oficiais que me convidaram para andar a cavalo com eles, de manhã. Eu vestia minha túnica grega, calçava as sandálias e não usava chapéu: meus cachos voavam ao vento e eu parecia Brunhilde. Como o Repouso de Philip ficava um pouco distante da sede do festival, comprei o cavalo de um oficial e ia a todos os ensaios como uma Brunhilde. O cavalo tinha pertencido a um militar, estava acostumado com esporas e era difícil de controlar. Quando ficava sozinho comigo, fazia todo tipo de caprichos: entre outros, parar nos bares da estrada onde os oficiais costumavam beber, grudar as quatro patas no chão e se recusar a andar até que alguns companheiros do ex-dono vinham, rindo, e me escoltavam por um trecho do caminho. Imagine-se a sensação que era quando eu chegava no meio da plateia na sede do *Festspiel*.

Na estreia de *Tannhäuser*, minha túnica transparente causou certo *frisson,* por mostrar meu corpo dançante no meio das bailarinas que tinham as pernas cobertas por meias cor-de-rosa. No final, até a pobre *frau* Cosima capitulou. Mandou uma de suas filhas levar uma comprida camisa branca ao meu camarote e implorou que eu vestisse por baixo do fino lenço que era meu figurino. Mas fui irredutível: eu me vestia e dançava exatamente do meu jeito, ou não dançava.

— Você vai ver, daqui a poucos anos todas as suas bacantes e ninfas vão se vestir assim. — Minha previsão se confirmou.

Mas, na época, discutia-se muito se minhas lindas pernas de pele acetinada eram morais ou se deveriam ser cobertas com horríveis meias de seda salmão. Muitas vezes me manifestei com agressividade sobre a vulgaridade e indecência dessas meias cor de salmão e a beleza e a inocência do corpo humano despido, quando inspirado por belos pensamentos.

E lá estava eu, considerada por todos uma pagã completa, lutando contra os fariseus. Mas uma pagã prestes a ser vencida pelo êxtase do amor vindo do culto a São Francisco e, conforme os rituais da trombeta de prata, anunciando o erguer do Cálice Sagrado.

Nesse estranho mundo da lenda, o verão terminou. Chegaram os últimos dias. Thode foi embora, para fazer uma série de palestras. Eu também consegui uma turnê pela Alemanha. Saí de Bayreuth, mas com um veneno forte circulando no sangue; eu tinha ouvido o canto da sereia. A dor dilacerante, o remorso enorme, o triste sacrifício, o amor chamando a morte, tudo isso toldaria para sempre a visão clara das colunas dóricas e a sabedoria racional de Sócrates.

A primeira cidade da minha turnê foi Heidelberg. Lá, assisti a uma palestra de Heinrich para seus alunos. Alternando suavidade e emoção na voz, ele falou sobre arte. E, no meio da palestra, ele pronunciou meu nome e falou para aqueles rapazes da nova estética que uma americana trouxera para a Europa. O elogio me fez tremer de felicidade e orgulho. Naquela noite, dancei para os estudantes e eles fizeram um grande desfile pelas ruas, depois fiquei na escadaria do hotel ao lado de Thode, desfrutando da vitória com ele. Todos os jovens de Heidelberg o adoravam como eu. As vitrines das lojas tinham a foto dele e estavam cheias de exemplares do meu livrinho, *Der Tanz der Zukunft* (A dança do futuro). Nossos nomes estavam sempre ligados.

A esposa de Thode fez uma festa para mim. Era uma mulher simpática, mas que não me parecia capaz de atingir o delírio em que Heinrich vivia. Era prática demais para ser a alma-gêmea dele. Aliás, no fim da vida, Thode trocou-a por Pied Piper, uma violinista, e foram morar numa casa à margem do lago de Garda, na Itália. A sra. Thode tinha um olho castanho e outro cinza, o que lhe dava uma aparência bem esquisita. Mais tarde, a família dela fez um rumoroso processo para saber se ela era filha de Richard Wagner ou de Von Bülow. De todo jeito, foi muito simpática comigo e, se tinha algum ciúme, não demonstrou.

Qualquer mulher que tivesse ciúme de Thode viveria numa tortura chinesa, pois todos o adoravam, mulheres e rapazes também. Ele era o centro magnético de qualquer reunião. Seria interessante indagar no que consiste o ciúme.

Apesar de eu haver passado tantas noites com Heinrich, não houve envolvimento sexual. Mesmo assim, a forma como ele me tratava sensibilizava todo o meu ser, e às vezes bastava um toque ou um olhar para eu sentir todo o prazer e a intensidade do amor, como o prazer que se sente, por exemplo, num sonho. Creio que isso era anormal demais para durar, e acabei não conseguindo mais me alimentar: fiquei com uma fraqueza estranha, que deu à minha dança um clima cada vez mais etéreo.

Fiz essa turnê acompanhada apenas de uma criada para cuidar de mim e cheguei ao ponto de ouvir a voz de Heinrich me chamar à noite e ter certeza de que receberia uma carta dele no dia seguinte. As pessoas começaram a se preocupar com minha magreza e comentar a aparência macilenta. Eu não comia nem dormia, muitas vezes ficava acordada a noite toda; passava minhas suaves e agitadas mãos pelo corpo, que parecia possuído por milhares de demônios, tentava em vão conter ou encontrar uma saída para tamanho sofrimento. Via sempre os olhos de Heinrich, ou ouvia a voz dele. Em noites assim, eu levantava da cama numa agonia desesperada, tomava um trem às duas da manhã e atravessava metade da Alemanha só para passar uma hora perto dele. Depois, voltava à turnê sozinha para enfrentar tormentos maiores ainda. O êxtase espiritual que ele provocou em mim em Bayreuth foi substituído aos poucos por uma exasperação de desejo incontrolável.

Meu empresário acabou com esse perigoso estado trazendo um contrato para eu me apresentar na Rússia. São Petersburgo ficava a apenas dois dias de trem de Berlim, mas, assim que se atravessava a fronteira, era como entrar num mundo totalmente diverso. A partir daí, o país mergulhava em grandes planícies nevadas e florestas imensas. A neve, tão gélida, brilhava por vastas extensões e pareceu esfriar meu cérebro quente.

Heinrich! Heinrich! Ele tinha voltado a Heidelberg, onde fazia palestras para lindos rapazes sobre a *Noite*, de Michelangelo e a maravilhosa *Mãe de Deus*. E eu estava cada vez mais distante dele, numa terra de vasta e fria brancura quebrada apenas por aldeias (*isbas*) pobres, com casas de janelas cobertas de neve, de onde vinha uma luz fraca. Eu ainda ouvia a voz dele, porém mais fraca. Finalmente, as tormentosas heranças de Venusberg, os lamentos de Kundry e o grito de agonia de Amfortas ficaram congelados numa bola de gelo transparente.

Naquela noite, no vagão-dormitório, sonhei que saltava nua pela janela e, gelada, me enrolava, me envolvia nos braços frios da neve. Não sei o que o dr. Freud diria desse sonho.

XVII

É impossível acreditar numa Providência ou no destino-guia quando se lê no jornal da manhã que vinte pessoas morreram num acidente ferroviário, pessoas que no dia anterior não pensavam na morte. Ou quando se lê que uma cidade inteira foi destruída por uma onda ou inundação. Então, por que ser tão centrado em si mesmo e achar que uma Providência guia nossos pequenos seres?

Mas minha vida tem coisas tão extraordinárias que às vezes acredito em predestinação. Por exemplo: em vez de chegar às quatro da tarde, no horário marcado, o trem para São Petersburgo parou devido a nevascas e chegou às quatro da manhã seguinte, com doze horas de atraso. Ninguém me esperava na estação. Quando desci do trem, fazia dez graus negativos. Eu nunca tinha sentido tanto frio. Os encasacados cocheiros russos batiam nos braços com as mãos enluvadas para manter o sangue circulando nas veias.

Deixei minha criada com a bagagem, entrei num coche de um cavalo e mandei seguir para o hotel Europa. Lá estava eu, na madrugada escura da Rússia, completamente só, a caminho do hotel, quando, de repente, vi algo tão fantasmagórico que parecia uma cena criada por Edgar Allan Poe.

Era um longo cortejo, que seguia a certa distância. Negro e fúnebre. Homens inclinados sob o peso dos caixões que carregavam nos ombros, em fila. O cocheiro reduziu o passo do cavalo, inclinou a cabeça e se benzeu. Olhei, cheia de horror, naquela madrugada indefinida. Perguntei ao cocheiro o que era aquilo e, embora eu não entendesse nada de russo, ele conseguiu me explicar que era o cortejo

142

dos operários fuzilados no dia anterior, em frente ao Palácio de Inverno, no trágico 5 de janeiro de 1905. Mortos porque, desarmados, foram pedir ajuda ao Czar, pão para as esposas e os filhos. Mandei o cocheiro parar. As lágrimas escorriam pelo meu rosto e congelavam enquanto aquele imenso e triste cortejo passava. Mas por que seriam enterrados de madrugada? Porque, se fosse mais tarde, causariam mais protestos, e a cidade não podia ver aquilo. As lágrimas ficaram presas na minha garganta. Olhei os pobres operários cheios de dor carregarem seus mortos martirizados. Se o trem não tivesse atrasado doze horas, eu não teria visto aquilo.

> Ó negra e triste noite, sem mostras de amanhecer.
> Ó triste procissão de formas aos tropeços,
> Olhos assustados, chorosos, mãos rudes de operários
> Abafando com seus pobres xales negros
> Os soluços e gemidos pelos mortos,
> Ladeados por guardas marchando, arrogantes.

Se eu não tivesse assistido àquela cena, minha vida teria sido totalmente diferente. Ali, na frente do cortejo que parecia interminável, daquela tragédia, prometi me colocar a serviço do povo e dos oprimidos. Ah, quão pequenos e inúteis pareceram meus anseios de amor e meus sofrimentos! Que inútil até minha arte, a menos que pudesse ajudar aquelas pessoas. Finalmente, os últimos tristes personagens passaram por nós. O cocheiro virou-se e olhou, pensativo, minhas lágrimas. Benzeu-se novamente, com um suspiro conformado, e apressou o cavalo em direção ao hotel.

Subi aos meus aposentos palacianos e deitei na cama silenciosa, onde chorei até dormir. Mas a compaixão e o ódio desesperado daquela madrugada iriam frutificar na minha vida.

O quarto do hotel Europa era imenso e tinha pé-direito alto. As janelas não abriam, pois eram lacradas, e o ar vinha de ventiladores no teto. Acordei tarde. Meu empresário chegou, trazendo flores. Dali a pouco, o quarto estava todo florido.

Duas noites depois, apresentei-me para a elite da sociedade de São Petersburgo no Salão dos Nobres. Como deve ter sido estranho para aqueles adeptos do suntuoso balé, com seus belos cenários e adereços, assistir a uma jovem dançar com uma finíssima túnica, tendo como fundo uma simples cortina azul, ao som de Chopin: dançar com alma, pois ela entendia a alma de Chopin! Já na primeira cena, os aplausos foram ensurdecedores. Minha alma sofria com as notas trágicas dos *Prelúdios*; minha alma se elevava e se revoltava no estrondo das *Polonaises*; minha alma chorava com justa raiva, pensando nos mártires daquele cortejo fúnebre da madrugada. Essa alma despertou naquela rica, privilegiada e aristocrática plateia uma reação de aplausos entusiasmados. Que curioso!

No dia seguinte, recebi a visita da mais sedutora pequena dama, envolta em zibelinas, com diamantes pendurados nas orelhas e o pescoço coberto de pérolas. Para minha surpresa, ela se apresentou como a grande bailarina Kschinsky. Veio me cumprimentar em nome do balé russo e convidar para a apresentação de gala naquela noite. Eu estava acostumada a receber apenas frieza e animosidade do Balé de Bayreuth, cujos integrantes chegaram a ponto de colocar tachas no carpete para machucar meus pés. Essa mudança de sentimento foi gratificante e surpreendente.

À noite, uma magnífica carruagem aquecida e revestida de peles caras levou-me ao teatro, onde, num camarote da primeira fila, encontrei muitas flores, bombons e três belos espécimes da *juventude dourada* de São Petersburgo. Como eu ainda estava de túnica branca e sandálias, devo ter parecido bem estranha no meio de toda aquela opulência e aristocracia de São Petersburgo.

Sou inimiga do balé, que considero uma arte falsa e ridícula; na verdade, o balé não é arte. Mas era impossível não aplaudir o jeito de fada de Kschinsky ao voejar pelo palco, mais parecendo um lindo pássaro ou borboleta do que um ser humano.

No entreato, vi ao meu redor as mulheres mais lindas do mundo, em maravilhosos vestidos decotados, cobertas de joias e acompanhadas por homens de uniformes garbosos. Aquela demonstração de luxo era bem difícil de entender, comparada ao cortejo fúnebre da madrugada anterior. Que relação tinham aquelas pessoas sorridentes e prósperas com as outras?

Após o espetáculo, fui convidada para cear no palácio de Kschinsky, onde encontrei o grão-duque Michael, que, com certa surpresa, me ouviu falar do plano de uma escola de dança para as crianças do povo. Devo ter parecido uma figura difícil de entender, mas me receberam com muita gentileza e hospitalidade.

Alguns dias após, recebi a visita da adorável Pavlova e ganhei de novo um camarote para vê-la no lindo balé *Gisele*. Apesar de o movimento dessa dança ser contra qualquer emoção artística e humana, não resisti e, outra vez, aplaudi calorosamente a emocionante presença de Pavlova naquela noite, flutuando no palco.

Na ceia em sua casa, que também era uma linda residência, apesar de mais modesta que o palácio de Kschinsky, sentei-me entre os pintores Bakst e Benoist e conheci Serge Diaghilev, com quem discuti bastante minha visão da dança em relação ao balé.

Durante o jantar, o pintor Bakst fez um pequeno retrato meu, que depois incluiu em seu livro, mostrando minha expressão mais séria, com cachos romanticamente caindo de lado. Curioso o fato de que Bakst tinha dons de clarividência e leu minha mão. Encontrou nela duas cruzes e disse:

— Você vai ter muito sucesso, mas vai perder as duas pessoas que mais ama no mundo.

— Na época, achei essa profecia um mistério.

Após a ceia, a infatigável Pavlova dançou novamente, para deleite dos amigos. Eram cinco da manhã quando saímos; mesmo assim, ela me convidou para voltar às oito e meia, se quisesse vê-la ensaiar. Cheguei três horas depois (confesso que bem cansada) e ela já estava de saiote de tule treinando na barra, fazendo os mais rigorosos exercícios, enquanto um senhor marcava o tempo no violino e pedia para ela se esforçar mais. Era o famoso mestre Petipa.

Passei três horas rígida de espanto olhando os movimentos incríveis que Pavlova fazia. Parecia feita de aço e elástico. Seu lindo rosto tinha as marcas duras de uma mártir. Não parava um segundo. A finalidade desse ensaio parecia ser separar a mente dos movimentos do corpo. A mente, por sua vez, só pode sofrer, indiferente a essa dura disciplina muscular. É exatamente o inverso das teorias em que baseei minha escola, em que o corpo fica transparente e é um meio de expressão para a mente e o espírito.

Por volta do meio-dia, foram feitos preparativos para servir o almoço, mas, à mesa, Pavlova sentou-se branca e pálida, mal tocando a comida ou o vinho. Confesso que eu estava esfomeada e comi várias fatias de vitela à Pojarsky. Depois, Pavlova me levou ao hotel e seguiu para um daqueles intermináveis ensaios no Teatro Real. Eu, muito cansada, deitei na cama e dormi profundamente, agradecendo à minha estrela por não me dar o destino ingrato de bailarina!

No dia seguinte, acordei também a inacreditáveis oito horas da manhã para visitar a Escola Imperial de Balé, onde vi as crianças enfileiradas fazendo aqueles torturantes exercícios. Ficavam horas na ponta dos pés, como vítimas de uma cruel e inútil Inquisição. As enormes salas de dança, desprovidas de qualquer adorno ou criatividade, tinham como único enfeite uma grande foto do Czar na parede. Pareciam salas de tortura, e tive de novo a certeza de que a Escola Imperial de Balé era inimiga da natureza e da arte.

Após uma semana em São Petersburgo, fui para Moscou. No início, a plateia de lá não foi tão entusiasta quanto a de São Petersburgo, mas eis o que escreveu o grande Stanislavski:

> Na época, 1908 ou 1909, não lembro bem, conheci dois grandes talentos que me impressionaram muito: Isadora Duncan e Gordon Craig. Fui à apresentação de Isadora Duncan por acaso, não sabia nada sobre ela, nem vi os anúncios de sua vinda a Moscou. Por isso, fiquei surpreso ao ver que grande parte da restrita plateia que foi vê-la era formada por artistas e escultores, liderados por Mamontov: dançarinos, frequentadores de estreias e apreciadores do inusitado nos palcos. Na primeira parte, Duncan não causou grande impressão. Como eu não costumava ver um corpo quase despido no palco, não pude entender direito a arte da dançarina. O primeiro número do programa foi recebido com aplausos mornos e tímidos assovios. Mas nos números seguintes, dos quais um foi espe-

cialmente convincente, não fiquei indiferente à manifestação do público e passei a aplaudir.

No intervalo, eu, um discípulo recém-batizado da grande artista, corri para aplaudir na beira do palco. Tive a alegria de ficar ao lado de Mamontov, que fazia exatamente o mesmo que eu; perto dele, estavam um famoso artista, um escultor e um escritor. Quando a plateia notou que, entre os que aplaudiam, estavam conhecidos artistas e atores de Moscou, houve muita confusão. Os assovios cessaram, o público viu que podia aplaudir e as palmas foram gerais, seguidas de pedidos de bis e, no final, de uma ovação.

A partir desse dia, nunca mais perdi um espetáculo de Duncan. A necessidade de vê-la com frequência vinha de dentro de mim, de um sentimento artístico que tinha muita relação com o dela. Mais tarde, quando tomei conhecimento de seus métodos e das ideias de seu grande amigo Craig, vim a saber que diversos povos, de áreas diversas, em diferentes cantos do mundo, por motivos que desconhecemos, buscam a arte devido aos mesmos princípios criativos naturais. Quando esses povos se encontraram, ficaram impressionados com a similaridade de ideias. Foi exatamente o que ocorreu no encontro que relato. Nos entendemos antes mesmo de dizermos uma só palavra. Não tive a oportunidade de conhecer Duncan na primeira vez que veio a Moscou, mas, na segunda, ela foi ao nosso teatro e eu a recebi como convidada de honra. Essa acolhida passou a ser geral, pois a nossa companhia inteira compartilhou do meu sentimento, já que todos passaram a conhecê-la e admirá-la como artista.

Duncan não sabe discorrer sobre sua arte de forma lógica e ordenada. As ideias surgem ao acaso, devido aos mais inesperados fatos do cotidiano. Quando, por exemplo, perguntaram a ela quem a ensinara a dançar, respondeu:

"Terpsícore, a musa da dança. Aprendi a dançar no instante em que fiquei de pé. Dancei a vida toda. O ser humano, a humanidade inteira, o mundo todo precisa dançar. Foi assim e assim será. É inútil as pessoas interferirem nisso e se recusarem a admitir uma necessidade natural dada pela natureza. *Et voilà tout*", resumiu ela, em seu inimitável dialeto franco-americano.

Em outra ocasião, falando sobre um espetáculo que tinha acabado de apresentar, o público foi ao camarim e atrapalhou os preparativos dela para voltar à cena. Duncan então explicou:

"Assim não posso dançar. Antes de entrar no palco, preciso colocar um motor na alma. Quando esse motor começa a funcionar, minhas pernas, meus braços e todo o meu corpo se movimentam independentemente da minha vontade. Se eu não tiver tempo de colocar esse motor na minha alma, não posso dançar."

Nessa época, eu estava à procura desse motor criativo que o artista precisa instalar na alma antes de entrar no palco. Claro que devo ter incomodado Duncan com minhas perguntas. Assistia aos espetáculos e ensaios dela e via a emoção mudar primeiro a expressão do rosto e, com um olhar luminoso, ela mostrar o que tinha na alma. Ao lembrar nossas discussões sobre arte e as comparações do que ela fez com o que eu estava fazendo, entendi que procurávamos a mesma coisa em ramos diferentes da arte. Em nossas conversas sobre arte, Duncan sempre citava Gordon Craig, a quem considerava um gênio e um dos melhores artistas do teatro na época.

"Ele não pertence apenas ao país onde nasceu, mas ao mundo, e precisa viver onde seu talento tenha mais chance de se mostrar, onde as condições de trabalho e o clima geral sejam mais adequados ao que ele necessita. O lugar dele é no seu teatro de arte.

Sei que Duncan escreveu muito para Craig a meu respeito e do nosso teatro, convencendo-o a vir à Rússia. Comecei então a sugerir à direção do nosso teatro que convidasse o grande diretor de cena para dar um novo impulso à nossa arte e colocar mais farinha no nosso pão, quando nos pareceu que nosso teatro tinha derrubado a suposta parede invisível. Preciso ser justo com meus camaradas. Eles discutiram o assunto como verdadeiros artistas e decidiram conceder muito dinheiro para ajudar a nossa arte."

Da mesma forma que o balé me deixou horrorizada, o Teatro Stanislavski me entusiasmou muito. Ia lá todas as noites em que eu não tinha apresentações e era recebida com todo o carinho pelo elenco. Stanislavski vinha sempre me ver e achava que, perguntando muito, poderia transformar todas as danças numa nova escola de dança no teatro dele. Mas eu disse que isso só poderia acontecer se os dançarinos começassem a estudar na infância. Aliás, na visita seguinte que fiz a Moscou, vi algumas lindas jovens do corpo de baile dele tentando dançar, com um resultado lastimável.

Como Stanislavski ficava o dia inteiro nos ensaios do teatro dele, costumava me ver após meus espetáculos. Ele comenta essas conversas no livro que escreveu: "Devo ter cansado Duncan com minhas perguntas." Não, não me cansou. Eu estava ansiosa para transmitir minhas ideias.

Na verdade, o tempo frio e nevado, além da comida (principalmente, o caviar), tinham curado minha fraqueza causada pelo amor espiritual por Thode. Todo o meu ser ansiava por conhecer uma personalidade forte. Quando Stanislavski apareceu na minha frente, vi essa personalidade nele.

Uma noite, olhei para aquele lindo e magro corpo, aqueles ombros largos, cabelos negros, começando a ficar grisalhos nas têmporas, e algo dentro de mim se revoltou por eu estar sempre fazendo o papel de Egéria. Quando ele estava prestes a ir embora, coloquei as mãos nos ombros dele, enlacei seu forte pescoço, puxei-o para mim e beijei-o. Ele retribuiu com carinho. Mas ficou muito surpreso, como se fosse a última coisa que esperava. Quando tentei ir além, ele recuou, olhou para mim apavorado e perguntou:

— Mas o que faríamos com o filho?

Devolvi a pergunta:

— Que filho?

E ele:

— O nosso, claro. O que faríamos com ele? — E prosseguiu, ponderado: — Eu jamais permitiria que um filho meu fosse criado longe de mim, o que seria difícil na minha atual situação doméstica.

A seriedade a respeito do filho foi demais para o meu humor e ri muito. Ele ficou bastante constrangido e saiu correndo pelo hotel. Durante a noite, de vez em quando, eu ainda dava risada. Mas me irritei e exasperei. Acho que entendi então por que homens requintados saem de reuniões com altos intelectuais e vão a lugares de reputação duvidosa. Bom, sendo eu mulher, não podia fazer isso e fiquei revirando na cama pelo resto da noite. De manhã, recuperei-me num banho russo, alternando vapor quente e água fria.

Já os jovens que conheci no camarote de Kschinsky fariam qualquer coisa para dormir comigo, mas me causaram efeito inverso: assim que abriram a boca, fiquei tão entediada que meus sentidos chegaram a congelar até o âmago do desejo. Acho que é o que chamam de uma pessoa *cerebrale*. Certamente, após a inspiradora e culta companhia de Charles Hallé e Heinrich Thode, eu não conseguiria aguentar a juventude dourada!

Anos depois, contei essa história à esposa de Stanislavski, ela achou muita graça e concluiu:

— Ah, ele é assim mesmo. Leva a vida muito a sério.

Todo o meu ataque a Stanislavski rendeu alguns bons beijos; fora isso, enfrentei uma dura e sólida resistência. Ele não ousou mais vir ao meu camarim após o espetáculo, mas eu fiquei bem contente um dia, quando me levou de carruagem aberta a um restaurante no campo, onde almoçamos numa sala particular. Tomamos vodca e champanhe, falamos de arte e finalmente me convenci de que só Circe conseguiria derrubar a muralha de pureza de Stanislavski.

Sempre ouvi falar dos perigos que corriam as jovens ao entrarem na vida teatral, mas, como meus leitores podem ver da minha carreira até aqui, era exatamente o inverso. Sofri com o medo, o respeito e a admiração que eu provocava em meus admiradores.

Após Moscou, fiz uma rápida visita a Kiev, onde bandos de estudantes ficaram na praça em frente ao teatro e só me deixaram passar depois que prometi fazer um recital a que pudessem assistir, já que os preços das minhas apresentações eram caros demais para eles.

Quando saí do teatro, eles continuaram lá, reclamando do empresário. Fiquei de pé na carruagem e conversei com eles, dizendo quão orgulhosa e feliz eu ficaria se minha arte pudesse inspirar os jovens intelectuais russos, pois não há lugar no mundo em que os estudantes tenham tantas aspirações e tanta arte como na Rússia.

Essa primeira viagem à Rússia foi interrompida por compromissos anteriores que me fizeram voltar a Berlim. Antes de ir, assinei um contrato para voltar na primavera. Apesar da visita curta, deixei uma forte impressão. Minhas ideias eram muito discutidas, contra e a favor. Houve até um duelo entre um baletômano fanático e um entusiasta de Duncan. Foi a partir de então que o balé russo passou a acrescentar músicas de Chopin e Schumann e a usar túnicas gregas; alguns bailarinos chegaram até a tirar sapatilhas e meias.

XVIII

Voltei para Berlim decidida a abrir minha tão sonhada escola de balé; queria iniciá-la imediatamente, sem adiar mais. Contei esse plano para mamãe e Elizabeth, que também se entusiasmaram. Fomos logo procurar uma casa para instalar a escola, com a pressa característica de tudo o que fazíamos. Em uma semana, encontramos uma casa na Trauden Strasse, em Grünewald, que estava sendo vendida por operários, e a compramos.

Parecíamos personagens dos contos de fada dos irmãos Grimm. Fomos à loja Wertheimer e compramos quarenta caminhas com dosséis de musselina branca com laços azuis. Queríamos que nossa casa fosse um verdadeiro paraíso das crianças. Na sala central, colocamos o desenho de uma heroica amazona com o dobro do tamanho normal. Na grande sala de dança, os baixos-relevos de Luca della Robbia e as crianças dançarinas de Donatello. No quarto, desenhos de bebês azuis e brancos, uma *Madona com o menino* e, também em azul e branco, enfeitada com guirlandas de frutas, o trabalho de Luca della Robbia.

Coloquei na escola esses ideais do corpo infantil, baixos-relevos e esculturas de crianças bem pequenas dançando, tirados de livros e quadros, por mostrarem o corpo infantil tal como idealizado pelos pintores e escultores de todos os tempos. Coloquei também quadros de crianças dançando em vasos gregos, pequenas figuras de Tanagra e da Beócia, o grupo de Donatello, que é uma radiante composição infantil, e as crianças dançarinas de Gainsborough.

Todas essas imagens se parecem um pouco na graça ingênua do corpo e dos movimentos, como se as crianças de todos os tempos se dessem as mãos pelos séculos, e as crianças reais da minha escola, dançando e se movimentando entre essas outras, acabariam se parecendo com elas, refletindo nos movimentos e na expressão, sem saber, um pouco da alegria e da graça pueril. Seria o primeiro passo para ficarem lindas, o primeiro passo rumo à nova arte da dança.

Também coloquei na minha escola desenhos de meninas dançando, correndo, pulando, aquelas de Esparta, que, nos ginásios, faziam exercícios rigorosos para se tornar mães de guerreiros heroicos; aqueles corredores velozes que eram premiados todos os anos e estranhas imagens em terracota, com véus e roupas ao vento; meninas dançando de mãos dadas durante os jogos pan-atenienses. Elas representavam o ideal e, aprendendo a gostar dessas formas, os alunos da minha escola procurariam a cada dia se parecer mais com elas e se imbuir do segredo dessa harmonia, pois eu acreditava que era despertando o desejo de beleza que se conseguia beleza.

Além disso, para atingir a harmonia que eu almejava, os alunos teriam de fazer todos os dias determinados exercícios. Mas os exercícios eram criados de modo a atender à vontade individual dos alunos e, por isso, seriam feitos com bom humor e disposição. Não seriam um meio para atingir um fim, mas um fim em si: fazer com que cada dia da vida fosse completo e feliz.

A ginástica deve ser a base da educação física; ela fornece ao corpo bastante ar e luz, e é fundamental fazê-la com método. É preciso desenvolver ao máximo todas as forças vitais. Esse é o dever do professor de ginástica. A seguir, vem a dança. O espírito da dança entra no corpo desenvolvido com harmonia e com o máximo de energia. O ginasta tem no movimento e na cultura do corpo um fim em si, mas na dança eles são apenas os meios. O corpo então deve ser esquecido, pois não passa de um instrumento harmonizado e adequado; seus movimentos não expressam apenas o corpo como na ginástica, mas os sentimentos e pensamentos da alma através do corpo.

Os exercícios e estudos diários têm por finalidade fazer com que, em cada etapa de desenvolvimento, o corpo seja o instrumento mais perfeito possível para expressar a harmonia, que, evoluindo e mudando através de todas as coisas, está pronta a fluir no corpo preparado para isso.

Os exercícios começariam com uma simples ginástica dos músculos para as crianças terem leveza e força; só depois viriam os primeiros passos da dança. Esses primeiros passos ensinam um andar ou marchar, movimentando-se lentamente no ritmo simples; depois, andar ou marchar depressa, em ritmos mais complexos; a seguir, correr, devagar primeiro e, após, pular lentamente, no ritmo. Com esses exercícios, aprendem-se as notas da escala de sons, e assim meus alunos aprenderiam as notas da escala de movimento. Essas notas, por sua vez, podem ser agentes das mais variadas e sutis harmonias da estrutura. Mas os exercícios são uma parte do estudo e as crianças usam roupas soltas, com graciosos drapeados, também para brincar, andar no bosque, pular e correr até saberem se expressar pelo movimento com a mesma facilidade que outras se expressam pela fala ou pela canção.

Os estudos e observações não se restringiam às formas na arte e eram inspirados, principalmente, nos movimentos da natureza. O movimento das nuvens ao vento, o balanço das árvores, o voo de um pássaro, as folhas que mexem, tudo isso deveria ter um sentido especial para elas, que aprenderiam a ver como se caracterizava cada movimento. Deveriam ter na alma um secreto interesse que as outras pessoas não tinham, de se iniciarem nos segredos da natureza, pois cada parte de seus flexíveis corpos, treinados da forma correta, reagiria à música da natureza e cantaria com ela.

Para atrair alunos à nossa escola, anunciamos nos principais jornais que a Escola Isadora Duncan aceitava crianças talentosas para discípulas da arte que eu esperava ministrar a milhares de crianças do povo. Certamente, a inesperada inauguração dessa escola, sem um preparo adequado, sem capital ou organização, foi uma ideia muito temerária, que deixou meu empresário louco. Ele estava sempre planejando turnês mundiais e eu insisti em, primeiro, passar um ano na Grécia, o que para ele foi um desperdício de tempo. Agora, eu queria interromper minha carreira para receber e treinar o que para ele eram crianças totalmente inúteis. Mas isso seria feito junto com todas as nossas outras ocupações, a maioria das quais era pouco prática, sem hora e decidida por impulso.

Raymond enviava notícias cada vez mais alarmantes de Kopanos, já que o poço só ficava mais caro. A cada semana, diminuíam as chances de encontrar água. As despesas com o palácio de Agamenon ficaram tão assustadoras que tive de desistir. Kopanos tornou-se uma linda ruína na colina, que todas as facções de revolucionários gregos usaram como fortaleza. Continua lá, talvez como esperança para o futuro.

Resolvi que todos os meus recursos deveriam ser usados na fundação de uma escola para os jovens do mundo, a ser instalada na Alemanha, pois na época eu acreditava que esse país era o centro da filosofia e da cultura.

Bandos de crianças responderam ao anúncio. Lembro que um dia, ao voltar de uma vesperal, encontrei a rua cheia de pais e filhos. O cocheiro alemão virou-se para mim e disse:

— *Eine verriickte dame die whont dort, die eine Ankundigung in die Zeitung gestellt hat dass sie Kinder sehr gern haben willt.**

Era eu a *verrückte dame* (senhora louca). Não sei direito como selecionamos aquelas crianças. Eu estava tão ansiosa para povoar o Grünewald e as quarenta caminhas que escolhi as crianças sem critério, apenas por um sorriso simpático ou olhos bonitos, sem me perguntar se poderiam tornar-se futuros dançarinos.

Um dia, em Hamburgo, um homem de casaca e cartola entrou na sala do meu hotel carregando algo enrolado num xale. Colocou o pacote na mesa, eu desembrulhei o pacote e encontrei dois grandes olhos me examinando: era uma criança de uns 4 anos, a mais quieta que jamais vi. Não fez um som, não disse uma palavra. O cavalheiro parecia muito apressado. Perguntou se eu ficaria com a criança e mal esperou uma resposta. Olhei de um rosto para o outro, notei uma grande parecença, o que explicava a pressa e o sigilo. Com a minha habitual imprevidência, aceitei ficar com a criança, o homem sumiu e nunca mais o vi.

---

*Uma senhora louca que mora ali fez um anúncio no jornal à procura de crianças entusiasmadas. (N. *da E.*)

Foi uma maneira estranha de deixar uma criança comigo, como se fosse uma boneca. No trem, de Hamburgo para Berlim, descobri que a criança estava com muita febre (era um caso grave de amigdalite) e passamos três semanas em Grünewald lutando pela vida dela, com a ajuda de duas enfermeiras e do fantástico médico e famoso cirurgião Hoffa. Ele era tão entusiasta da minha escola que não cobrou por seus serviços.

O dr. Hoffa costumava me dizer:

— Isso não é uma escola, é um hospital. Todas essas crianças têm doenças hereditárias e você vai precisar de muito cuidado para mantê-las vivas, quanto mais para ensiná-las a dançar.

Ele foi um dos maiores benfeitores da humanidade, um famoso cirurgião de consultas caríssimas, que gastou toda a sua fortuna num hospital para crianças pobres que mantinha nos arredores de Berlim. Desde o começo da minha escola, ele se considerou nosso médico e cirurgião em tudo o que dizia respeito à saúde das crianças e à higiene da escola. Na verdade, sem a ajuda incansável dele, eu jamais conseguiria que aquelas crianças tivessem a saúde e harmonia que tiveram. Ele era um homem grande, forte e bonito, com um sorriso tão simpático que as crianças gostavam dele tanto quanto eu.

A escolha das crianças, a organização da escola, o início das aulas e a rotina da vida delas consumiam todo o nosso tempo. Apesar de meu empresário avisar que surgiam imitações do meu trabalho de dança, rendendo muito dinheiro em Londres e outros lugares, nada me tirava de Berlim. Todos os dias, das cinco às sete, eu ensinava dança às crianças.

Elas fizeram grande progresso e acho que a boa saúde se devem a uma dieta vegetariana bem saudável, recomendada pelo dr. Hoffa. Ele acreditava que todos os estágios da educação infantil precisam de uma dieta de legumes frescos, muitas frutas e nada de carne.

Nessa época, minha popularidade em Berlim era impressionante. Chamavam-me de *Göttliche* Isadora*. Corria até o boato de que doentes iam me assistir no teatro e saravam. Em todas as vesperais,

---

*Divina Isadora. (*N. da E.*)

via-se a estranha fila de doentes trazidos em macas. Nunca usei outra roupa senão minha pequena túnica branca e sandálias sem meias. E a plateia ia assistir às minhas apresentações num êxtase religioso.

Uma noite, quando eu voltava de uma apresentação, os estudantes soltaram os cavalos da minha carruagem e me levaram pela famosa Sieges Allee e, quando estávamos no meio dela, pediram que falasse com eles. Levantei-me dentro da vitória* (na época, não existiam automóveis) e disse:

— Não existe arte maior do que a escultura. Mas por que vocês, que amam a arte, permitem esse horrível atentado no meio da cidade? Vejam essas estátuas! Vocês são estudantes de arte, mas, se fossem mesmo estudantes de arte, esta noite pegariam pedras e destruiriam as estátuas! Arte? Isso é arte? Não, são coisas do Kaiser.

Os estudantes concordaram comigo e deram gritos de aprovação. Se a polícia não tivesse aparecido, teriam realizado o meu desejo e destruído aquelas horrendas estátuas de Berlim.

---

* Carro leve de quatro rodas, puxado por cavalos e de capota removível. (*N. da E.*)

XIX

Uma noite, em 1905, eu me apresentava em Berlim. Em geral, quando danço, não reparo na plateia, que sempre considerei um grande deus representando a humanidade. Mas, nessa ocasião, notei alguém na primeira fileira. Não vi quem era, mas senti a presença psíquica dele e, quando o espetáculo terminou, entrou no meu camarim um lindo ser. Porém, mostrava-se muito irritado.

— Você é maravilhosa! Você é sensacional! — ele exclamou. — Mas como roubou minhas ideias? Como pegou o meu cenário?

— O que está dizendo? Essas são as minhas cortinas azuis. Inventei-as quando tinha 5 anos de idade e, desde então, danço na frente delas!

— Não! São meu cenário, ideia minha! Mas você é a pessoa que imaginei com elas, você é a realização dos meus sonhos.

— Quem é você?

De sua boca saíram estas maravilhosas palavras:

— Sou o filho de Ellen Terry.

Ellen Terry, meu mais perfeito ideal de mulher! Ellen Terry...!

— Você tem que cear em casa conosco — disse mamãe, sem entender nada. — Já que se interessa tanto pela arte de Isadora, precisa cear conosco.

E Craig foi.

Ele estava muito agitado. Queria explicar tudo o que pensava sobre arte, suas intenções...

E eu estava muito interessada em saber.

Aos poucos, mamãe e as outras pessoas foram ficando com sono, deram desculpas variadas para ir dormir e ficamos os dois a sós. Craig continuou a discorrer sobre arte teatral. Ilustrava com gestos.

De repente, em meio a tudo isso, perguntou:

— O que você faz aqui? Você, a grande artista, mora com essa família? Que absurdo! Eu descobri e inventei você. Você faz parte do meu cenário.

Craig era alto, esguio, com um rosto que lembrava o de sua maravilhosa mãe, porém mais delicado ainda. Apesar da altura, tinha algo feminino, principalmente a boca, que era sensível e de lábios finos. Os cachos dourados das fotos de sua infância, o menininho louro de Ellen Terry, tão conhecido das plateias londrinas, tornou-se um pouco moreno. Era bem míope e, por trás das lentes dos óculos, relampejava uma faísca de aço. Ele dava uma impressão suave, de uma fragilidade quase feminina. Só as mãos, com os dedos de pontas grossas e polegares quadrados como os de um símio, indicavam força. Sempre rindo, ele definia os dedos como assassinos:

— São bons para asfixiar você, minha cara!

Eu, como que hipnotizada, deixei-o colocar minha capa por cima da pequena túnica branca. Ele segurou minha mão e descemos a escada correndo até a rua. Ele então chamou uma carruagem de aluguel e disse, no melhor alemão:

— *Meine Frau und mich, wir wollen nach Potsdam gehen.**

Várias carruagens se recusaram a nos levar; finalmente, conseguimos uma e fomos para Potsdam. Chegamos de madrugada. Paramos num hotelzinho que estava abrindo as portas e tomamos café. Quando o sol foi subindo no céu, voltamos para Berlim.

Chegamos em Berlim às nove da manhã, mais ou menos, e pensamos no que fazer. Não podíamos voltar para a minha casa, onde estava mamãe, então fomos visitar uma amiga chamada Elsie de Brugaire, nascida na Boêmia. Ela nos recebeu com muito carinho e nos serviu ovos mexidos e café. Depois, pôs-me para dormir no quarto dela. Dormi e só acordei à tarde.

---

*Minha esposa e eu queremos ir a Potsdam. (N. *da* E.)

Craig então me levou para seu estúdio, que ficava no último andar de um prédio alto em Berlim. O piso era encerado de preto e tinha folhas artificiais de roseiras espalhadas.

Ali na minha frente, estavam a juventude radiosa, a beleza, o talento. Tomada por uma súbita paixão, joguei-me nos braços dele com toda a entrega de um desejo adormecido havia dois anos, à espera do despertar. Fui retribuída, ali estava um temperamento como o meu, à altura do meu. Encontrei em Craig a carne da minha carne, o sangue do meu sangue. Ele exclamava a toda hora:

— Ah, você é minha irmã.

Não sei como as outras mulheres se lembram de seus amantes. Acho que o correto é se restringir a descrever a cabeça, os ombros, as mãos etc. e depois as roupas, mas sempre me lembro dele naquela primeira noite no estúdio, quando seu corpo branco e delicado emergiu da crisálida de roupas e brilhou aos meus olhos em todo o seu esplendor.

Deve ter sido assim quando os olhos brilhantes de Diana viram Endimião, alto e de esguia brancura, e como foram vistos Jacinto, Narciso e o bravo e corajoso Perseu. Craig parecia mais um jovem anjo de Blake do que um jovem mortal. Meus olhos foram cativados pela beleza dele; senti-me atraída, arrebatada, derretida. Chama com chama, queimamos numa luminosa fogueira. Eis, finalmente, o meu par, o meu amor, o meu eu, pois não éramos dois, mas um, aquele incrível ser que Platão discute com Fedro, duas metades da mesma alma.

Não eram dois jovens fazendo amor. Era o encontro de almas gêmeas. O brilhante revestimento de pele transmutou-se em êxtase, a paixão terrena se tornou um abraço celestial de chama branca e tórrida.

Há alegrias tão plenas, tão perfeitas, que não se deveria sobreviver a elas. Ah, por que minha alma ardente encontrou a saída naquela noite e voou como o anjo de Blake, pelas nuvens do nosso mundo até outra esfera?

O amor dele era jovem, viçoso e forte; Craig não tinha o temperamento nem a atitude de um volúvel, mas preferiu parar antes de se saciar e passar a fogosa energia de sua juventude para a magia de sua arte.

No estúdio dele não havia sofá, poltrona, nem comida. Nessa noite, dormimos no chão. Ele não tinha um tostão e não ousei ir em casa pegar dinheiro. Dormi lá duas semanas. Quando queríamos jantar, ele mandava pedir para ser entregue fiado e eu ficava escondida no balcão até chegar a comida e depois jantávamos.

Minha pobre mãe percorreu todas as delegacias de polícia e embaixadas, dizendo que algum vil conquistador havia fugido com a filha dela, enquanto meu empresário ficava louco de preocupação com meu sumiço. Muitas pessoas voltaram da porta do teatro, ninguém sabia o que tinha acontecido comigo. Prudentemente, colocaram um anúncio nos jornais informando que a srta. Isadora Duncan estava muito adoentada, com amigdalite.

Após as duas semanas, fomos para a casa de minha mãe e, para ser sincera, apesar da minha paixão louca, estava meio cansada de dormir no chão duro e sem comer nada, a não ser o que ele conseguia na *delicatessen*, ou quando dávamos uma escapada à noite.

Ao ver Gordon Craig, minha mãe berrou:

— Vil conquistador, saia desta casa!

Ela estava furiosamente enciumada.

Gordon Craig é um dos mais incríveis talentos do nosso tempo, alguém que, como Shelley, é feito de fogo e luz. Ele inspirou todo o teatro moderno. É verdade que não teve participação ativa na parte prática do palco. Ficou de lado, sonhando, e seus sonhos inspiraram tudo o que existe de bonito no teatro moderno hoje. Sem ele, jamais ouviríamos falar em Reinhardt, Jacques Corpeau, Stanislavski. Sem ele, ainda existiria o velho cenário realista, com folhas farfalhando nas árvores, casas com portas abrindo e fechando.

Craig era um companheiro maravilhoso. Foi uma das poucas pessoas que conheci que vivia em estado de exaltação da manhã à noite. Já na primeira xícara de café, sua imaginação faiscava e incendiava. Com ele, uma simples caminhada pela rua era como passear em Tebas, no Antigo Egito, ao lado de um sumo sacerdote.

Talvez devido à sua forte miopia, ele de repente parava, pegava lápis e papel e, ao ver um assustador exemplo da moderna arquitetura alemã, uma *neuer kunst praktisch**, um prédio de apartamentos, explicava como era lindo. Fazia então um esboço febril que, quando terminado, parecia o templo de Dendera no Egito.

Ele ficava entusiasmadíssimo com uma árvore, um pássaro ou uma criança no caminho. Não havia um instante sequer de tédio ao lado dele. Não, estava sempre no auge do prazer ou no outro extremo, no estado posterior, quando o céu parecia enegrecer e tudo ficava cheio de uma súbita ameaça. A respiração saía do corpo devagar, restava apenas o negror da angústia.

Infelizmente, com o tempo, esses estados sombrios ficaram cada vez mais frequentes. Por quê? Bom, sobretudo porque, sempre que ele dizia: "Meu trabalho, meu trabalho!", eu reagia, gentil:

— Ah, sim, o seu trabalho. Que maravilha! Você é um gênio, porém existe a minha escola, sabe?

Ele então socava a mesa:

— Sim, mas o meu trabalho...

E eu:

— Certo, é bem importante. Seu trabalho é o centro, mas primeiro vem o ser humano, pois tudo irradia da alma. Primeiro vem minha escola, o radiante ser humano movimentando-se em total beleza; depois, vem o seu trabalho, o cenário perfeito para esse ser.

As discussões costumavam terminar em silêncios tempestuosos e sombrios. Então, a mulher que existia dentro de mim se assustava e dizia·

— Ah, querido, ofendi você?

E ele:

— Ofender? Não, não! As mulheres são um maldito aborrecimento e você é um maldito aborrecimento, atrapalhando o meu trabalho. Meu trabalho, meu trabalho!

Ele saía, batendo a porta, e só esse barulho me despertava para a terrível catástrofe. Eu esperava por sua volta e, quando não vinha,

---

*Uma nova arte prática. (*N. da E.*)

passava a noite num terrível e trágico soluçar. Era assim a tragédia. Essas cenas, sempre repetidas, acabaram tornando a vida muito conturbada e impossível.

Meu destino foi inspirar o grande amor desse gênio, assim como foi destino querer conciliar a minha carreira com o amor dele. Combinação impossível! Após as primeiras semanas fazendo amor de maneira apaixonada e louca, começaram as mais renhidas batalhas entre o talento de Gordon Craig e a inspiração da minha arte.

— Por que você não para com isso? Para que entrar no palco e ficar agitando braços? Por que não fica em casa e aponta meus lápis? — ele costumava perguntar.

Mesmo assim, Gordon Craig admirava a minha arte como ninguém. Mas seu orgulho e sua inveja não permitiam aceitar que a mulher também pudesse ser artista.

MINHA IRMÃ ELIZABETH tinha formado na Escola Grünewald um comitê de importantes e aristocráticas mulheres berlinenses. Quando elas souberam das opiniões de Craig, enviaram-me uma longa carta disfarçada com palavras de repreensão dizendo que, como membros da boa burguesia, não podiam mais patrocinar uma escola cuja diretora tinha moral tão dissoluta.

Essas senhoras escolheram *frau* Mendelssohn, esposa do grande banqueiro, para me entregar a carta. Ela veio com a longa missiva, olhou-me, insegura, jogou a carta no chão e me abraçou chorando:

— Não pense que assinei esta maldita carta. Quanto às outras senhoras, não há o que fazer, elas não vão mais patrocinar a escola. Só continuam acreditando em sua irmã Elizabeth.

Elizabeth tinha lá suas ideias, mas não as divulgava, então concluí que aquelas senhoras achavam que estava tudo bem, desde que não se comentasse nada! Fiquei tão indignada com elas que fui à Sala Filarmônica e dei uma palestra sobre a dança como arte da liberação. Terminei falando no direito da mulher de amar e criar os filhos como bem entendesse.

Claro que as pessoas iriam perguntar: "Mas como ficam os filhos?" Bom, eu poderia citar muitas pessoas importantes que foram criadas fora do casamento, o que não impediu que conseguissem fama e fortuna. Deixando esse tema de lado, eu pensava: como uma mulher pode casar com um homem que considera tão mesquinho que, em caso de briga, ele sequer sustentaria os filhos? Se é assim, para que casar com ele? Acho que a sinceridade e a confiança mútuas são os princípios básicos do amor. De qualquer modo, acredito que, como mulher que trabalha, se enfrento o grande sacrifício de energia e saúde para ter um filho, correndo até mesmo o risco de morrer, certamente não deveria ter o filho se, um dia, no futuro, o homem pode dizer que a criança, por lei, pertence a ele, vai tirá-la de mim e só a verei três vezes ao ano!

Uma vez, a amante de um escritor americano muito espirituoso perguntou: "O que nosso filho pensaria de nós se não fôssemos casados?" E ele respondeu: "Se nosso filho pensasse isso, não nos importaríamos com o que pensasse."

Qualquer mulher inteligente que lê o contrato matrimonial e aceita as condições merece todas as consequências.

A palestra sobre casamento causou enorme escândalo. Metade das pessoas concordou comigo, enquanto a outra metade vaiou e jogou de tudo no palco. No final, os discordantes foram embora e tive com os demais um interessante debate sobre direitos e problemas das mulheres que foram um bom prenúncio do atual Movimento Feminista.

Eu continuava morando em nosso apartamento da Victoria Strasse, enquanto Elizabeth passou a viver na escola. Minha mãe alternava os dois endereços. A partir dessa época, minha mãe, que havia enfrentado privações e infortúnios com imensa coragem, começou a achar a vida muito maçante. Talvez fosse devido à índole irlandesa, que não encarava a prosperidade tão bem quanto a adversidade. Ela passou a ficar mais instável e, às vezes, tudo a desagradava. Pela primeira vez, desde que fomos morar no exterior, ela começou a sentir falta da América, dizendo que lá tudo era muito melhor, a comida e assim por diante.

Se, querendo agradá-la, nós a levávamos ao melhor restaurante de Berlim, e perguntávamos:

— Mamãe, o que você vai pedir?

Ela respondia:

— Camarão.

Se o camarão estivesse fora de época, mamãe discorria longamente contra o país e o inferno que era um lugar que não tem camarão. Não aceitava mais nada para comer. Caso o restaurante tivesse camarão, ela também reclamava, dizendo que os camarões de São Francisco eram muito melhores.

Acho que essa alteração de comportamento devia ser pela habitual castidade na qual mamãe vivia há tantos anos, dedicando-se apenas aos filhos. Depois que nós, os filhos, encontramos atividades tao interessantes que nos obrigavam a estar sempre longe dela, mamãe concluiu que havia desperdiçado os melhores anos de sua vida conosco, sem restar nada para ela. Acho que isso acontece com muitas mães, principalmente na América. Essas alterações de humor aumentaram e ela dizia sempre que queria voltar para sua cidade natal, até que, pouco depois, voltou mesmo.

EU PENSAVA MUITO na casa em Grünewald, com suas quarenta caminhas. Como é estranho o destino, pois, se eu tivesse conhecido Craig alguns meses antes, não haveria casa nem escola. Ele me completou de tal maneira que eu não sentia necessidade de abrir uma escola. Mas esse sonho de infância se tornou uma ideia fixa.

Pouco depois, descobri, com absoluta certeza, que estava grávida. Sonhei com Ellen Terry num traje brilhante como o que usava em *Imogene*, segurando a mão de uma linda criança loura, uma menininha muito parecida com ela, e, com sua linda voz, me chamava: "Isadora, amor, amor..."

A partir desse instante, vi que eu iria sair do sombrio mundo do Nada antes do nascimento. Essa criança me traria alegria e tristeza. Alegria e tristeza! Nascimento e morte! O ritmo da dança da vida!

Todo o meu ser entoava a mensagem divina. Continuei a me apresentar nos palcos, a dar aulas na minha escola, a amar meu Endimião.

O pobre Craig ficou impaciente, agitado, infeliz, roía as unhas até a raiz, exclamando:

— Meu trabalho, meu trabalho.

Sempre, a natureza selvagem atrapalhando a arte. Mas me consolei no lindo sonho com Ellen, que tive mais duas vezes.

A primavera chegou. Eu tinha contrato para apresentações na Dinamarca, Suécia e Alemanha. Em Copenhague, o que mais me surpreendeu foi o olhar extraordinariamente inteligente e feliz das jovens andando nas ruas como rapazes, desacompanhadas e livres, com seus bonés de estudante sobre os cabelos negros. Fiquei pasma. Nunca tinha visto moças assim. E me explicaram que a Dinamarca foi o primeiro país do mundo a permitir o voto das mulheres.

Tive de aceitar essa excursão devido às desgastantes despesas da escola. Usei todas as minhas economias e fiquei sem dinheiro algum.

A plateia de Estocolmo foi muito receptiva e, após o espetáculo, as alunas da Escola de Ginástica me levaram ao hotel, pulando e correndo ao lado da minha carruagem para demonstrar o prazer que tinham em me ver. Visitei a Escola, mas não me tornei uma devota ardente. Tenho a impressão de que a ginástica sueca é para o corpo parado, imóvel, sem levar em conta o corpo vivo, em movimento. E considera os músculos um fim em si mesmo, em vez de apenas a moldura mecânica, uma fonte infinita de crescimento. O Ginásio Sueco é um sistema falso de cultura corporal porque não considera a imaginação, vê o corpo como um objeto, em vez de energia cinética vital.

Visitei as escolas e expliquei tudo isso aos alunos da forma que consegui. Mas, como eu esperava, não entenderam muito bem.

Enquanto estava em Estocolmo, convidei Strindberg, a quem muito admirava, para assistir a um espetáculo meu. Ele respondeu que não ia a lugar algum e que detestava os seres humanos. Ofereci um camarote no palco, nem assim ele aceitou.

Após uma temporada de sucesso na capital, voltamos para a Alemanha de navio. A bordo, fiquei muito doente e achei que seria melhor parar um pouco com as turnês. E eu estava precisando muito ficar só, longe do olhar das pessoas.

Em junho, após uma rápida visita à minha escola, tive um desejo muito forte de ficar à beira-mar. Fui primeiro a Haia e, de lá, a uma pequena aldeia chamada Nordwick, no litoral do mar do Norte, onde aluguei uma casinha nas dunas chamada Villa Maria.

Eu era tão inexperiente que achava que ter um bebê era um processo totalmente natural. Fui morar nessa casa, em que a cidade mais próxima ficava a 3 quilômetros, e consultei um médico local. Na minha ignorância, fiquei muito satisfeita com esse médico de aldeia, que, acho, só tratava de camponesas.

De Nordwick até a aldeia mais próxima, Kadwick, eram uns 3 quilômetros. Eu morava sozinha e todos os dias ia e voltava de Kadwick. Sempre tive esse anseio pelo mar e queria ficar só em Nordwick, na casinha branca, isolada no meio das dunas que se estendiam por quilômetros dos dois lados do belo campo. Morei na Villa Maria de junho a agosto.

Eu me correspondia muito com minha irmã Elizabeth, que tomava conta da Escola Grünewald durante minha ausência. Em julho, anotei no meu diário os princípios de ensinamento da escola e criei quinhentos exercícios para os alunos, dos mais simples aos mais complexos, um compêndio da dança.

Minha pequena sobrinha Temple, que estava na Escola Grünewald, veio passar três semanas comigo. Ela costumava dançar na praia.

Craig estava agitado, ia e vinha de casa, mas eu não estava mais sozinha. A criança se fazia cada vez mais presente. Era estranho ver meu lindo corpo de mármore se suavizar, se esticar e se deformar. É uma nefasta vingança da natureza que, quanto mais refinados os nervos, quanto mais sensível o cérebro, mais tudo isso faz sofrer. Noites insones, horas dolorosas. Há alegria também: uma infinita, ilimitada alegria ao caminhar diariamente pelas areias entre Nordwick e Kadwick tendo as grandes ondas de um lado e as dunas ondulantes do outro, na praia deserta. Quase sempre, soprava um leve zéfiro, ou uma brisa tão forte que eu tinha de lutar contra ela. De vez em quando, havia tempestades horríveis, e a Villa Maria era batida e estapeada a noite inteira como um navio no mar.

Passei a temer qualquer ajuntamento de pessoas. Elas dizem tantas bobagens. Como existe pouco respeito pela santidade da mulher grávida! Uma vez, vi uma mulher sozinha na rua, carregando uma criança dentro dela. Os passantes não a olhavam com respeito, mas sorriam com escárnio, como se aquela mulher, levando o peso de uma vida futura, fosse uma ótima piada.

Fechei as portas para visitas, exceto um bom e fiel amigo que vinha de Haia de bicicleta trazendo livros e revistas e me alegrava com suas preleções sobre a arte, a música e a literatura do momento. Na época, ele era casado com uma grande poeta, a quem se referia com muita ternura. Era um homem metódico. Vinha em dias marcados, nem mesmo uma grande tempestade o impedia de cumprir o combinado. A não ser nessas ocasiões em que ele aparecia, eu ficava sozinha com a praia, as dunas e a criança, que já parecia muito impaciente para entrar no mundo.

Quando andava à beira-mar, eu às vezes sentia um excesso de força e coragem e achava que essa criatura, a criança, seria minha e de mais ninguém. Mas, nos dias de céu cinzento, de ondas frias e bravias do mar do Norte, eu afundava em mim e me sentia um pobre animal numa enorme armadilha e tinha muita vontade de fugir, fugir. Para onde? Talvez até para dentro das ondas escuras. Eu lutava contra esse sentimento e o vencia; também não deixava que ninguém notasse, mas, mesmo assim, ele vinha sem aviso e era difícil evitá-lo. Eu achava também que as pessoas estavam se afastando de mim. Minha mãe parecia a milhares de quilômetros. Craig estava estranhamente longe, sempre imerso em sua arte, enquanto eu podia pensar cada vez menos na minha, absorta naquela temerosa e imensa tarefa que recaíra sobre mim, aquele mistério enlouquecedor, pleno de alegrias e dores.

Como as horas custavam a passar. Como passavam devagar os dias, semanas e meses! Eu alternava esperança e desespero, pensava na peregrinação que foram minha infância e minha juventude, nas andanças por países distantes, nas descobertas artísticas, tudo isso era como um nebuloso e distante prólogo que terminava assim: a fase antes do nascimento de uma criança. Proeza que qualquer camponesa poderia conseguir! Era o auge de todas as minhas ambições!

Por que minha querida mãe não estava comigo? Porque tinha o absurdo preconceito de achar que eu deveria estar casada. Mas mamãe tinha sido casada, vira que era impossível continuar e se separara do marido. Por que iria querer que eu pisasse na armadilha onde ela ficara cruelmente presa? Eu combatia o casamento com todo o vigor inteligente do meu ser. Achava e ainda acho o matrimônio uma instituição escravizante e absurda que acaba (principalmente com artistas) nos tribunais de divórcio, com leis vulgares e absurdas. Se alguém duvida disso, faça uma pequena lista de todos os artistas separados e de todos os escândalos nos jornais americanos nos últimos dez anos. Mesmo assim, acredito que o povo adora seus artistas e não pode viver sem eles.

Em agosto, veio ficar comigo, como enfermeira, uma mulher que depois se tornou uma amiga muito querida, Marie Kist. Nunca conheci uma pessoa mais paciente, mais delicada e mais simpática. Foi um grande consolo. Pois, a partir desse mês de agosto, passei a ter todo tipo de medo. Não adiantou dizer a mim mesma que todas as mulheres dão à luz. Minha avó tivera oito filhos; minha mãe, quatro. Fazia parte da vida etc. Mesmo assim, eu tinha medo. De quê? Certamente, não da morte nem da dor; era um medo do desconhecido, do ignorado.

Agosto passou. Chegou setembro. Fiquei bem pesada. A Villa Maria era dependurada nas dunas e chegava-se a ela subindo quase cem degraus. Eu pensava na dança e às vezes me arrependia muito por não estar me dedicando à minha arte. Mas, então, sentia três fortes pontapés e uma forma virando dentro de mim. Eu sorria e pensava: afinal, o que é a arte senão um tênue espelho da alegria e do milagre da vida?

Meu lindo corpo aumentava cada vez mais sob meus olhos surpresos. Meus seios, até então rijos, ficaram grandes e macios, e despencaram. Meus delicados pés andavam mais lentos, minhas coxas incharam, minha cintura doía. Onde estava meu adorável e juvenil corpo de náiade? Onde estava minha ambição? E minha fama? Às vezes, sem querer, eu me sentia frágil e mal. Esse jogo com a vida imensa era demais. Depois, pensava na criança que iria chegar e tudo isso acabava.

Horas de sofrimento e dor da espera; à noite, deitar do lado do coração é sufocante; virar para o lado direito também não é confortável; por fim, deitar é sempre ruim para a energia da criança; apertar a mão no corpo inchado para mandar um recado para a criança. Horas cruéis de terna espera na noite. Inúmeras noites foram assim. Que preço alto pagamos pela maternidade!

Um dia, tive uma surpresa muito feliz. Uma adorável amiga que fiz em Paris, chamada Kathleen, chegou dizendo que pretendia ficar comigo. Era uma pessoa magnética, cheia de vida, saúde e coragem. Mais tarde, ela se casou com o explorador capitão Scott.

Uma tarde, estávamos sentadas tomando chá quando senti como se alguém tivesse me dado um soco no meio das costas, depois uma dor forte, como se enfiassem um saca-rolha nas minhas costas para abri-la. A partir daí, começou a tortura, era como se eu, a pobre vítima, estivesse nas mãos de algum carrasco forte e cruel. Quando ia melhorando de um ataque, começava de novo. Imagine o que foi a Inquisição espanhola! Nenhuma mulher que teve um filho teria medo dela. Comparada ao parto, deve ter sido um esporte suave. Incessante, cruel, sem pena, esse terrível e invisível espírito me agarrou e, em contrações seguidas, quebrou meus ossos e tendões. Dizem que a mulher logo esquece esse sofrimento. Só posso dizer que, se fechar os olhos agora, ouço meus gritos e gemidos como algo que me fazia sair de mim mesma.

É um barbarismo inaudito, incivilizado, a mulher ainda ter de suportar essa tortura horrorosa. Devia ser amenizada. Devia parar de existir. É simplesmente absurdo que a moderna ciência não tenha transformado o parto num evento natural. É imperdoável que os médicos operem apendicite sem anestesia! Que paciência malvada ou que burrice faz as mulheres em geral suportarem esse aviltante massacre?

O horror indizível durou dois dias e duas noites. Na terceira manhã, aquele médico absurdo trouxe um enorme fórceps e, sem qualquer tipo de anestesia, fez a carnificina. A única comparação que me ocorre com o que sofri é a de ficar embaixo de um trem. Não me venham falar de Movimento Feminista ou Sufragista antes de as mulheres acabarem com essa agonia inútil e insistirem para que o parto e outras intervenções sejam indolores e suportáveis.

Que superstição maluca está por trás disso? Que desatenção criminosa ou doentia? Claro, pode-se argumentar que nem todas as mulheres sofrem tanto. Nem as índias peles-vermelhas, as camponesas ou as negras africanas. Mas, quanto mais civilizada for a mulher, pior a agonia inútil. Em nome da mulher civilizada, deviam encontrar um remédio civilizado.

Bom, não morri. Não, nem a pobre vítima retirada a tempo das rodas do trem. E você pode dizer que, ao ver o bebê, eu me senti recompensada. Sim, claro que tive uma enorme alegria; mesmo assim, tremo de indignação até hoje quando penso no que aguentei e no que muitas mulheres aguentam devido ao egoísmo e à cegueira dos homens de ciência, que permitem tamanhas atrocidades quando poderiam ser reduzidas.

Ah, o bebê! Era incrível; tinha as feições de um cupido, de olhos azuis e cabelos compridos e castanhos, que depois caíram e deram lugar a cachos dourados. Milagre dos milagres: a boca buscou meu peito, mordeu-o com gengivas desdentadas, sugou e bebeu o leite que saiu. Que mãe não comentou sobre a sensação da boca do bebê morder o seio e o leite esguichar do peito? Aquela boca cruel mordendo como a boca de um amante, e a boca do nosso amante, por sua vez, lembrando a do bebê.

Ah, mulheres, para que serve estudarmos para ser advogadas, pintoras, escultoras, se existe esse milagre? Eu agora conhecia aquele amor imenso, maior que o amor do homem. Eu estava prostrada e sangrando, dilacerada e indefesa, enquanto aquele pequeno ser chupava e gritava. Vida, vida, vida! Que me importava a arte? Eu me sentia Deus, acima de qualquer artista.

Nas primeiras semanas, eu ficava horas segurando o bebê, olhando-o dormir, às vezes surpreendendo um olhar, sentindo-me bem perto do limite, do mistério, talvez até mesmo da compreensão da vida. A alma dentro daquele corpo recém-criado que respondia ao meu olhar com olhos que pareciam tão antigos, os olhos da eternidade, me olhando com amor. Talvez o amor seja a resposta de tudo. Que palavras conseguem descrever essa alegria? Como se pode esperar que eu, que não sou escritora, consiga encontrar palavras!

Voltamos para Grünewald com o bebê e minha doce amiga Marie Kist. As alunas adoraram ver o bebê. Eu disse para Elizabeth:

— Ela é a sua aluna mais jovem.

Todos perguntavam:

— Como vai se chamar?

Craig pensou num lindo nome irlandês, Deirdre, que significa amada da Irlanda. Então, nós a chamamos Deirdre.

Aos poucos, minhas forças voltaram. Eu costumava ficar na frente da maravilhosa Amazona, nossa estátua votiva, num entendimento solidário, pois ela, também, nunca estivera tão gloriosamente pronta para retomar a luta.

XX

Éramos vizinhos de Juliette Mendelssohn, que morava numa residência palaciana com seu rico marido banqueiro. Ela se interessou muito pela minha escola, apesar de as amigas burguesas terem-na rejeitado. Um dia, convidou todos nós para dançarmos para minha venerada e adorada Eleonora Duse.

Apresentei Gordon Craig a Duse. Ela se interessou na hora pelas opiniões dele sobre teatro. Após alguns encontros, de entusiasmo mútuo, ela nos convidou para ir a Florença e queria que Craig conseguisse uma apresentação. Assim, resolveu-se que ele faria os cenários de *Rosmersholm*, de Ibsen, para Eleonora Duse. E fomos todos de trem de luxo para Florença: Duse, Craig, Marie Kist, o bebê e eu.

Na viagem, amamentei o bebê, meu leite empedrou e tive de complementar a alimentação com mamadeiras. Eu estava infinitamente feliz. As duas pessoas que eu mais adorava no mundo tinham se conhecido: Craig iria trabalhar e Duse teria um cenário à altura de seu talento.

Ao chegar a Florença, ficamos num pequeno hotel perto do Grand, onde Eleonora estava na suíte real.

Começaram as primeiras discussões, nas quais eu funcionava como intérprete de Craig, que não falava francês nem italiano, e Duse, que não sabia uma palavra de inglês. Fiquei entre esses dois imensos talentos, que desde o começo pareciam forças opostas. Eu só esperava agradar e fazer os dois felizes. Consegui isso mentindo um pouco. Espero que me perdoem algumas mentiras, pois foram por uma causa maior. Eu queria que aquela grande produção acontecesse, o que jamais ocorreria se eu contasse para Eleonora Duse o que Craig dizia e se passasse as ordens dela para Craig exatamente como ela queria.

Na primeira cena de *Rosmersholm*, creio que Ibsen descreve a sala como "mobiliada com conforto, no estilo antigo". Mas Craig preferiu fazer o interior de um grande templo egípcio, com o pé-direito bem alto subindo aos céus e paredes sumindo ao longe. Só que, ao contrário de um templo egípcio, no fundo havia uma grande janela quadrada. Ibsen descreve a janela como abrindo para uma avenida com velhas árvores levando a um pátio. Craig quis fazer o pátio com 10 metros por 12, abrindo para uma flamejante paisagem de amarelos, vermelhos e verdes que podiam estar em algum lugar do Marrocos. Aquilo não podia ser um pátio no estilo antigo.

Eleonora, parecendo um pouco desconcertada, disse:

— Acho a janela pequena, podia ser maior.

Ao que Craig trovejou em inglês:

— Diga a ela que não permitirei que nenhuma maldita mulher interfira no meu trabalho!

Discretamente, traduzi para Eleonora:

— Ele disse que aprecia a sua opinião e vai fazer tudo para agradá-la.

Virando-me para Craig, traduzi diplomaticamente as observações de Duse:

— Eleonora Duse disse que você é um grande talento e por isso não vai sugerir nada nos seus esboços, vai aceitá-los como estão.

Os diálogos às vezes duravam horas, enquanto eu amamentava o bebê. Mesmo assim, eu estava sempre pronta para fazer o importante papel de intérprete pacificadora. Eu sofria quando era hora de amamentar e tinha de transmitir aos dois artistas o que eles *não* tinham dito! Na época, eu estava meio cansada, com a saúde abalada. Aqueles desgastantes diálogos transformaram minha convalescença num sofrimento. Mas, considerando o grande evento artístico que ia ocorrer, a produção da peça, com cenários de Craig para Duse, sentia que nenhum sacrifício meu seria demais.

Craig então se isolou no teatro e começou a pintar o cenário com dezenas de enormes potes de tinta e um grande pincel, pois não encontrou um só operário italiano que entendesse o que ele falava.

Também não encontrou a lona ideal, então pegou uns panos de saco e costurou-os. Durante dias, um bando de italianas velhas ficou no palco costurando sacos. Jovens pintores italianos percorriam o palco tentando executar as ordens de Craig, que, com os compridos cabelos esvoaçando para cá e para lá, berrava, enfiava os pincéis nos potes, subia em escadas em posições perigosas. Passava o dia e quase a noite inteira no teatro. Não saía nem para comer. Se eu não levasse uma cestinha na hora do almoço, ele não comeria nada.

Craig ordenou:

— Não deixe Duse entrar no teatro. Não a deixe vir aqui. Se ela vier, pego o trem e vou embora.

Ao mesmo tempo, Duse queria muito ver como iam as coisas. Minha função era não deixá-la entrar, mas sem ofender. Costumava fazer longas caminhadas com ela nos jardins, onde as lindas estátuas e as flores requintadas a acalmavam.

Jamais me esquecerei dela andando naqueles jardins. Não parecia uma mulher deste mundo, mas alguma divindade de Petrarca ou Dante que viera parar aqui por acaso. As pessoas abriam caminho para ela e nos olhavam, respeitosas, mas cheias de curiosidade. Duse não gostava que a olhassem. Entrava em todos os atalhos e pequenas trilhas para fugir do olhar do povo. E não gostava de pobres, ao contrário de mim. Considerava quase todo mundo *uma canalha* e costumava se referir às pessoas assim.

Tudo isso, principalmente, por causa de sua natureza hipersensível. Achava que a criticavam, mas, quando tinha contato direto com as pessoas, ninguém era mais simpático e gentil do que ela.

Eu me lembrarei sempre daquelas caminhadas nos jardins, dos álamos, da bela cabeça de Eleonora Duse, pois, assim que ficávamos a sós, ela tirava o chapéu e soltava ao vento os cachos negros como corvos que começavam a embranquecer. Jamais esquecerei sua testa lindamente intelectual e seus maravilhosos olhos. Olhos tristes, porém; quando o rosto se iluminava de entusiasmo, nunca vi uma expressão mais beatífica de alegria num rosto ou em nenhuma obra de arte!

Os cenários de *Rosmersholm* continuavam sendo feitos. Toda vez que eu ia ao teatro levar o almoço ou o jantar de Craig, encontrava-o entre o ódio e a alegria absolutos. Uma hora, ele achava que o cenário seria a maior revelação para o mundo artístico. Outra hora, berrava que não conseguia nada naquele país: nem tintas, nem operários, precisava fazer tudo sozinho.

Aproximava-se a hora de Eleonora ver o cenário pronto; mantive-a longe com artifícios que inventei. No dia certo, chamei-a na hora marcada e levei-a ao teatro. Ela estava muito nervosa e eu temia que estourasse a qualquer momento, como um dia feio que se transforma numa enorme tempestade. Encontrei-a no saguão do hotel no qual ela se hospedava. Usava um grande casaco de pele marrom com boné do mesmo material, igual ao dos cossacos russos, caído de lado. De vez em quando, por sugestão de amigos simpáticos, Duse prestigiava costureiros; mesmo assim, jamais estava elegante ou chique. O vestido tinha sempre a barra mais comprida de um lado, o chapéu estava sempre amassado e, por mais caras que fossem as roupas, ela não parecia vesti-las, mas pendurá-las no corpo.

Indo para o teatro com ela, fiquei tão tensa que quase não consegui falar. Mais uma vez, com muita diplomacia, impedi que ela corresse para o palco: mandei abrirem a entrada do teatro e levei-a para um camarote. Houve uma longa espera durante a qual sofri agonias inauditas, enquanto ela perguntava:

— Minha janela vai ficar como eu quero? Onde está o cenário?

Segurei a mão dela com força, dei uns tapinhas e disse:

— Daqui a pouco, você já vai ver. Tenha calma. — Mas eu estava com muito medo pensando na janelinha que tinha ficado gigantesca.

De vez em quando, ouvia-se a voz de Craig, nervoso, às vezes tentando falar italiano e, logo em seguida, apenas xingando:

— Droga! Droga! Por que não puseram isso aqui? Por que não fazem o que mando? — E silêncio outra vez.

Finalmente, após o que pareceram horas e com Eleonora prestes a explodir, a cortina subiu lentamente.

Ah, como descrever o que surgiu aos nossos olhos surpresos e extasiados? Eu falei em templo egípcio, não? Pois os templos egípcios jamais foram tão lindos. Nem as catedrais góticas, ou os palácios atenienses. Nunca vi tanta beleza. Através de amplos espaços azuis, harmonias celestiais, linhas ascendentes e enormes alturas, a alma era conduzida até a luz de um janelão que mostrava não uma pequena avenida, mas o universo infinito. Nesses espaços azuis, estava todo o pensamento, a meditação, a tristeza terrena do homem. Fora da janela estava todo o êxtase, a alegria, o milagre da imaginação de Craig. Aquela era a sala de *Rosmersholm*? Não sei o que Ibsen pensaria. Talvez ficasse como nós estávamos: mudas, enlevadas.

Eleonora segurou minha mão. Senti um abraço. Um abraço forte. As lágrimas corriam por seu lindo rosto. Ficamos algum tempo assim, abraçadas, em silêncio. Eleonora, com admiração e alegria pela arte, e eu, pelo grande alívio de ver que ela gostara, depois de todos os meus receios. Continuamos assim. Ela então pegou minha mão e saiu correndo comigo do camarote, em largos passos pelo corredor escuro até o palco. Entrou no palco e, com aquela voz da Duse, chamou:

— Gordon Craig, venha cá!

Craig saiu da coxia parecendo tímido como um menino. Duse o abraçou e fez uma série de elogios em italiano que não consegui traduzir na mesma rapidez. As palavras jorravam dos lábios dela como água de uma fonte.

Craig não chorou de emoção como nós duas e ficou um longo tempo em silêncio, o que, nele, era sinal de muita emoção.

Duse então chamou todo o elenco, que, despreocupado, esperava atrás do palco. Ela fez um discurso apaixonado:

— O destino me fez encontrar esse grande talento, Gordon Craig. Pretendo ficar o resto da minha carreira (*sempre, sempre*, repetia ela em italiano) mostrando ao mundo o ótimo trabalho dele.

Passou então, com toda a eloquência, a descrever a moderna tendência do teatro, o cenário, a moderna concepção da vida e do trabalho do ator.

Sem soltar a mão de Craig, continuou falando, virando-se para ele, no talento dele e na ressurreição do teatro.

— Só Gordon Craig libertará a nós, pobres atores, dessa monstruosidade, desse ossário que é o teatro atual — repetiu, várias vezes.

Imagine-se minha alegria. Eu era jovem e inexperiente. Achava, ah, que, mesmo quando estão muito entusiasmadas, as pessoas falavam a sério. Imaginei Eleonora Duse colocando seu esplêndido talento a serviço da arte do meu grande Craig. Imaginei o futuro dele como um sucesso inaudito e o esplendor para a arte cênica. Não considerei, ah, como é frágil o entusiasmo de uma mulher. E Eleonora era apenas uma mulher, com todo o seu talento. Como ficou provado depois.

A estreia de *Rosmersholm* levou um imenso e ansioso público ao teatro em Florença. Quando a cortina subiu, houve um susto de admiração. Não poderia ser diferente. Até hoje, em Florença, aquela única apresentação da peça é lembrada pelos conhecedores de arte.

Com seu maravilhoso instinto, Duse usava um vestido branco de mangas largas, caídas dos lados. Ao surgir, parecia mais uma sibila de Delfos do que Rebecca West. Com o talento perfeito, ela se adaptava a qualquer texto e a cada feixe de luz. Mudava todos os gestos e movimentos. Movia-se em cena como uma grande profetisa anunciando algo importante.

Mas, quando os outros atores entraram em cena (Rosmer, por exemplo, de mãos nos bolsos), pareciam operários de palco passando ali por acaso. Foi muito doloroso. Só o ator que fazia Brendel estava maravilhosamente adequado ao maravilhoso cenário, ao declamar a velha fala: "Quando me envolvo em sonhos dourados; quando novos e embriagadores pensamentos surgem na minha cabeça e sou atingido pelo bater de suas asas que me elevam, nesses momentos, eu os transformo em poesia, ideias, imagens."

Saímos do teatro animados. Craig estava radiante. Viu o futuro, uma série de grandes trabalhos, todos para Eleonora Duse, a quem ele agora se referia com muitos elogios, tão fartos quanto antes eram as acusações. Ah, a fragilidade humana! Seria a primeira e única noite do talento de Duse apresentado no cenário de Craig. Ela estava fazendo um teatro de repertório, e cada noite mostrava uma peça diferente.

Depois que toda essa emoção passou, liguei um dia para o banco e soube que minha conta estava completamente zerada. A chegada do bebê, as necessidades da Escola Grünewald, nossa viagem a Florença, tudo isso acabara com minhas reservas financeiras. Era preciso pensar numa forma de encher os cofres, e o convite de um empresário de São Petersburgo chegou na hora: perguntava se eu já poderia voltar a dançar e oferecia um contrato de turnê pelo país.

Assim, saí de Florença deixando o bebê aos cuidados de Marie Kist e Craig aos cuidados de Eleonora, e embarquei no expresso para São Petersburgo, via Suíça e Berlim. Como se pode imaginar, foi uma viagem bem triste. Era a primeira vez que me separava do meu bebê, de Craig e de Duse; foi muito doloroso. Minha saúde também estava muito frágil e, como o bebê não estava desmamado, foi preciso retirar o leite do meu seio com uma pequena bomba. Foi uma experiência horrível, que me causou muitas lágrimas.

O trem corria cada vez mais rápido rumo ao norte até que cheguei novamente àquelas planícies nevadas e cobertas de florestas que me pareceram mais desoladas que nunca. E, como me dediquei muito a Duse e Craig, sem pensar na minha arte, estava totalmente despreparada para a provação de uma turnê. Mas a boa plateia russa me recebeu com o entusiasmo de sempre e relevou qualquer falha que possa ter ocorrido. Lembro apenas que, enquanto eu dançava, o leite vazava pela túnica e eu ficava muito constrangida. Como é difícil para a mulher ter uma profissão!

Não me lembro muito dessa turnê pela Rússia. Nem preciso dizer que meu coração me puxava com toda a força para Florença. Por isso, reduzi a turnê o máximo que pude e aceitei outra pela Holanda; assim ficaria mais perto da minha escola e daqueles que me faziam tanta falta.

Na estreia em Amsterdã, tive uma doença estranha. Acho que relacionada ao leite que eu bebia, algo que eles chamam de febre do leite; no final do espetáculo, caí no palco e tive de ser carregada para o hotel. Fiquei semanas deitada num quarto escuro envolta em sacos de gelo. Chamaram a doença de neurite, que nenhum médico tinha conseguido curar. Fiquei sem comer por algumas semanas, só me alimentava com um pouco de leite misturado a ópio e passava de um delírio a outro até dormir.

Craig veio correndo de Florença e foi muito dedicado. Ficou três ou quatro semanas e ajudou a cuidar de mim até receber um telegrama de Eleonora dizendo: "Estou encenando *Rosmersholm* em Nice. O cenário está ruim. Venha já."

Eu convalescia, então ele foi para Nice, mas, assim que vi esse telegrama, tive a horrível premonição do que iria acontecer com aqueles dois quando eu não estivesse lá para traduzir os diálogos e aparar as arestas.

Certa manhã, Craig foi ao velho cassino de Nice, que era horroroso, e descobriu que haviam dividido o cenário dele em dois, sem avisar Eleonora. Claro que, quando ele viu sua obra de arte, sua obra-prima, massacrada e amputada, o filho que ele tinha parido com tanta energia em Florença, teve um dos terríveis acessos de raiva que o acometiam de vez em quando e, o que é pior, dirigiu-se a Eleonora, que estava no palco.

— O que você fez? Acabou com o meu trabalho. Destruiu minha arte! Você, de quem eu esperava tanto! — acusou-a, furioso.

Continuou, impiedoso, até que Eleonora, que certamente não estava acostumada a ser tratada assim, ficou furiosa. Ela me contou depois:

— Eu não conhecia aquele homem. Nunca fui tratada daquele jeito. Ele tinha mais de um metro e oitenta, ficou de braços cruzados, num ódio britânico, dizendo coisas horríveis. Claro que não aguentei. Mostrei a porta e disse: "Pode sair, não quero ver você nunca mais."

Este foi o fim de seu projeto de dedicar toda a carreira ao talento de Gordon Craig.

CHEGUEI A NICE tão fraca que tive de ser carregada do trem. Era a primeira noite de Carnaval e, a caminho do hotel, a carruagem aberta foi atacada por um bando de pierrôs mascarados cujas caretas me pareceram uma dança macabra antes da morte.

Eleonora Duse também estava doente, num hotel próximo. Mandou-me muitos recados carinhosos. Enviou também seu médico, Emil Bosson, que não só cuidou de mim com dedicação, como também se tornou um dos melhores amigos pelo resto da vida. Custei a melhorar, estava cheia de dores.

Mamãe veio ficar comigo, e também minha fiel amiga Marie Kist, com o bebê, que estava ótimo: forte e cada dia mais lindo. Mudamos para o monte Boron, de onde víamos o mar de um lado e, de outro, o cimo da montanha onde Zaratustra meditou com sua serpente e sua águia. No ensolarado terraço onde morávamos, voltei, aos poucos, à vida. Porém, com mais dificuldades financeiras do que nunca e, para saldar as dívidas, retomei a turnê pela Holanda, embora ainda estivesse muito fraca e desanimada.

Eu adorava Craig, amava-o com todo o ardor de minha alma de artista, mas senti que nossa separação era inevitável. Eu tinha chegado naquele estado de arrebatamento em que não conseguia mais viver com ele nem sem ele. Viver com ele seria renunciar à minha arte, à minha personalidade, talvez até mesmo à minha vida, minha razão. Viver sem ele era estar numa contínua depressão, torturada pelo ciúme que hoje, ah, eu parecia ter bons motivos para sentir. À noite, imaginava Craig, em toda a sua beleza, nos braços de outras mulheres, até que eu não conseguia mais dormir. Imaginava Craig explicando sua arte para mulheres que o olhavam com adoração; sendo agradado por mulheres, olhando-as com aquele sorriso vencedor de Ellen Terry; interessando-se por elas, acariciando-as e pensando: "Esta mulher me agrada. Afinal, Isadora é impossível."

Tudo isso me fazia alternar crises de ódio e desespero. Não conseguia trabalhar nem dançar. Não me importava se o público gostava ou não do espetáculo.

Concluí que aquela situação tinha de acabar. Era uma escolha entre a arte de Craig ou a minha; e a minha era impossível largar; eu me consumiria e morreria de tristeza. Tinha de encontrar um remédio e pensei na sabedoria dos homeopatas. Como tudo o que desejamos muito acaba por acontecer, o remédio apareceu.

Esse remédio apareceu uma tarde: bonito, gentil, jovem, louro, muito bem-vestido. Avisou:

— Meus amigos me chamam de Pim.

Exclamei:

— Pim! Que nome charmoso! Você é artista?

— Ah, não! — repudiou ele, como se eu o acusasse de um crime.

— Então, o que você faz? Tem alguma grande ideia?

— Ah, minha cara, não. Não tenho ideia alguma –– ele disse.

— Mas tem uma meta na vida?

— Nenhuma.

— O que você faz?

— Nada.

— Tem que fazer alguma coisa.

— Bom, coleciono caixas de rapé do século XVIII. São lindas — disse ele, pensativo.

Ali estava meu remédio. Eu tinha assinado contrato para uma turnê pela Rússia, uma longa e árdua turnê, não só pelo norte e o sul do país, mas também pelo Cáucaso. E me apavorava com longas viagens sozinha.

— Quer ir comigo para a Rússia, Pim?

— Ah, eu adoraria — ele respondeu logo. — Só preciso convencer minha mãe. E há outra pessoa — Pim corou —, alguém que gosta muito de mim, que talvez não me deixe ir.

— Podemos viajar escondidos. — E assim combinamos que, após minha última apresentação em Amsterdã, um carro nos aguardaria na entrada de atores e nos levaria para o campo. Minha empregada colocaria nossa bagagem no trem expresso, onde embarcaríamos na primeira estação depois de Amsterdã.

Era uma noite muito nublada e fria, pairava uma névoa densa sobre o campo. O motorista dirigiu devagar, já que a estrada margeava um canal.

— É muito perigoso — ele preveniu, e foi bem devagar.

Mas esse perigo não era nada em comparação ao que se seguiu: de repente, Pim olhou para trás e exclamou:

— Céus, ela está nos seguindo!

Não precisei de explicação.

— Deve estar com uma pistola — avisou Pim.

— *Schnell, schneller!** — eu disse ao motorista, e ele mostrou um brilho no meio da neblina, era o canal. Bem romântico, e finalmente

---

*Rápido, mais rápido! (*N. da E.*)

ele conseguiu escapar do carro perseguidor, chegamos à estação e fomos para o hotel.

Eram duas da manhã. O velho porteiro da noite iluminou nossos rostos com a lamparina.

— *Ein zimmer** — dissemos Pim e eu, juntos.

— *Ein zimmer, nein, nein. Sind sie verheirathet?***

— Sim, sim — respondemos.

— Ah, não, não — resmungou o porteiro. — *Sie sind nicht verhei-rathet. Ich weiss. Sie sehen aus viel zu glücklich.**** — Apesar dos nossos protestos, ele nos colocou em quartos separados, cada qual numa ponta do comprido corredor, e teve um prazer malvado em passar a noite inteira sentado no meio do caminho, com a lamparina apoiada no joelho. Cada vez que Pim ou eu enfiávamos a cabeça fora da porta, ele levantava a lamparina e dizia:

— *Nein, nein: nich verheirathet... nich möglich... nein, nein.*****

De manhã, meio cansados depois dessa brincadeira de esconde-esconde, embarcamos no expresso para Petersburgo e nunca fiz uma viagem mais agradável.

Ao chegarmos a Petersburgo, fiquei pasma quando o carregador retirou dezoito baús do trem, todos marcados com as iniciais de Pim.

— Mas o que é isso? — perguntei, perplexa.

— Ah, minha bagagem. Este baú é só das gravatas; estes dois, de roupa de baixo; aqueles, dos meus ternos; o outro, de botas. Por fim, este aqui tem meus coletes debruados de pele, bem adequados para a Rússia — ele respondeu.

O Hôtel de l'Europe tinha uma enorme escada por onde Pim passava a cada hora com um terno de cor diferente e uma gravata diferente, para a surpresa de todos. Pois ele estava sempre com uma roupa extravagante e era, na verdade, o arauto da moda em Haia. O grande pintor holandês Van Vley estava fazendo um retrato dele sobre fundo de tulipas amarelas, roxas e cor-de-rosa, e Pim parecia

---

*Um quarto. (*N. da E.*)

**Um quarto, não, não. Eles são casados? (*N. da E.*)

***Vocês não são casados. Eu sei. Vocês parecem muito felizes. (*N. da E.*)

****Não, não, não são casados... com certeza não são... não, não... (*N. da E.*)

um viçoso e atraente canteiro de tulipas primaveris: os cabelos louros lembravam tulipas amarelas; os lábios, tulipas cor-de-rosa; e quando ele me abraçava, eu tinha a impressão de flutuar sobre uma plantação de tulipas na primavera holandesa.

Pim era bonito (louro, de olhos azuis), sem qualquer patrimônio intelectual. O amor dele justificava a frase de Oscar Wilde: "Melhor o prazer fugaz do que a tristeza eterna." Pim foi o prazer que durou um instante. Até então, o amor me dera romance, sublimidade e sofrimento. Pim me deu prazer, só o puro e delicioso prazer na hora em que eu mais precisava, pois sem ele eu teria mergulhado numa neurastenia sem esperança. A presença dele me deu vida nova, nova energia. Talvez pela primeira vez, senti a alegria de ser apenas e frivolamente jovem. Ele ria de tudo e não ligava para nada. Esqueci minha tristeza, vivi o instante, despreocupada e feliz. Com isso, minhas apresentações transmitiam uma vitalidade e uma alegria renovadas.

Nessa época, criei o *Momento musical*, que fez tanto sucesso com os russos que precisei bisar cinco ou seis vezes por noite. Era a dança de Pim, o "prazer do instante".

XXI

Se eu considerasse a dança apenas um solo, meu caminho teria sido bem simples. Já famosa, com apresentações em muitos países, bastava eu manter uma carreira vitoriosa. Mas, ah, eu tinha fixação na ideia de uma escola, uma grande escola, dançando a *Nona sinfonia* de Beethoven. À noite, se eu fechasse os olhos, essas figuras vinham à minha cabeça, dançando em disposição perfeita, pedindo para eu lhes dar vida: "Estamos aqui, e só você pode nos dar vida!" (*Nona sinfonia*: *Millionen Umschlingen*)*

Eu estava obcecada com o sonho da criação de Prometeu e, a um chamado meu, desceriam do céu essas figuras dançando que o mundo nunca tinha visto. Ah, sonho orgulhoso e envolvente que me levou de um desastre a outro! Por que o sonhei? Só me levou, como a luz de Tântalo, à escuridão e ao desespero. Mas, não! Aquela luz que ainda piscava no escuro podia me levar a uma visão gloriosa, finalmente realizada. Pequena e bruxuleante luz, à frente de meus passos trôpegos, ainda acredito nela, ainda a sigo para encontrar aqueles seres superiores que dançarão com harmonioso amor a grande visão da beleza que o mundo espera.

Voltei para Grünewald com esses sonhos. Fui ensinar um pequeno grupo que já aprendia dança com tamanha beleza que aumentou minha fé na perfeição de um grupo de bailarinos que seria para a visão o que as grandes sinfonias são para a audição.

---

*Nona sinfonia: Milhões de abraços. (*N. da E.*)

Ensinei-as, e uma hora elas pareciam os amantes de um friso de Pompeia; outra hora, lembravam as Graças juvenis de Donatello ou os voos de Titânia. Ensinei-as a trançar e entrelaçar, separar e unir em giros e desfiles infinitos.

A cada dia, elas ficavam mais fortes, mais flexíveis. A luz da inspiração e da música divina brilhava em suas formas e rostos juvenis. Ver aquelas crianças dançarem era tão lindo que todos os artistas e poetas ficaram admirados.

Mesmo assim, era cada vez mais difícil cobrir as despesas da escola, então pensei em levar as crianças comigo a vários países para ver se algum governo reconhecia a beleza daquela educação infantil e permitiria que eu ampliasse meu projeto.

No final de cada apresentação, eu pedia que o público me ajudasse a encontrar uma forma para dar a outros minha descoberta, que podia liberar e iluminar a vida de milhares de pessoas.

Estava cada vez mais evidente que eu não contaria com apoio para a escola na Alemanha. A esposa do Kaiser era tão puritana que, antes de visitar o ateliê de um escultor, mandou um mordomo cobrir com panos todas as esculturas de nus. Com o rígido regime prussiano, ficou impossível imaginar a Alemanha como um lugar para eu trabalhar. Pensei então na Rússia, onde eu fora recebida com tanto entusiasmo que ganhara uma fortuna. Pensei numa escola em São Petersburgo e viajei para lá novamente em janeiro de 1907, com Elizabeth e vinte pequenas discípulas. Não deu certo. O público se entusiasmou com minha proposta de renascer da verdadeira dança, mas o Balé Imperial estava tão enraizado na Rússia que não havia como mudar.

Levei minhas pequenas alunas para assistir a um ensaio das crianças da Escola de Balé. As bailarinas olharam para minhas dançarinas como canários na gaiola vendo andorinhas voar. Ainda não tinha chegado a hora de uma escola de movimentos livres na Rússia. E o balé, que era a expressão intrínseca do comportamento czarista, ainda existe, ah! A única esperança para minha escola de expressão maior e mais livre na Rússia foi graças aos esforços de Stanislavski. Ele fez todo o possível, mas não podia nos instalar em seu grande teatro como eu gostaria.

Assim, sem encontrar apoio para a escola na Alemanha nem na Rússia, resolvi tentar a Inglaterra. No verão de 1908, levei meu bando de passarinhos para Londres. Graças aos famosos empresários Joseph Schumann e Charles Frohman, dançamos por várias semanas no Teatro Duke of York. A plateia londrina considerou minha escola e a mim um divertimento simpático, mas não recebi apoio para fundar uma escola.

Tinham se passado sete anos desde que eu dançara na New Gallery. Tive a alegria de renovar minha amizade com Charles Hallé e Douglas Ainslie, o poeta. A linda e ótima Ellen Terry foi muitas vezes ao teatro. Ela adorou as crianças e levou-as uma vez ao zoológico, onde ficaram encantadas. A gentil rainha Alexandra nos deu a honra de assistir de camarote a dois espetáculos nossos; muitas damas da nobreza também nos viram, entre elas a famosa lady de Grey (mais tarde lady Ripon), que veio despretensiosamente aos camarins e me saudou com muita simpatia.

A duquesa de Manchester sugeriu que eu divulgasse minha ideia em Londres, onde podia encontrar apoio para a escola. Por isso, convidou a todos nós para sua casa de campo à margem do Tâmisa, onde dançamos novamente para a rainha Alexandra e o rei Edward. Tive, por algum tempo, esperança de uma escola na Inglaterra, mas acabei, de novo, me desapontando! Não havia um local para instalar a sede, não havia terreno para construir, nem dinheiro para realizar meu sonho do jeito que eu queria.

Como sempre, as despesas do meu pequeno bando eram enormes. Mais uma vez, minha conta bancária ficou zerada e minha escola foi obrigada a voltar para Grünewald, onde assinei contrato com Charles Frohman para uma turnê pelos Estados Unidos.

Foi muito doloroso me separar da minha escola, de Elizabeth e de Craig e, acima de tudo, interromper minha grande ligação com meu bebê Deirdre, que estava com quase 1 ano e tinha se transformado numa criança loura, de bochechas rosadas e olhos azuis.

E foi assim que, num dia de julho, eu me vi completamente só num grande navio rumo a Nova York, exatos oito anos depois de sair de lá num navio de gado. Estava famosa na Europa. Tinha criado uma arte, uma escola e dado à luz uma filha. Nada mal. Mas, quanto às finanças, não estava muito mais rica que antes.

Charles Frohman era um ótimo empresário, mas não entendeu que minha arte não era do tipo que se apresenta em teatro; minha arte só interessava a um determinado público. Ele me apresentou como atração na Broadway, no calor de agosto, com uma orquestra pequena e insuficiente que tentou executar a *Ifigênia*, de Gluck, e a *Sétima sinfonia*, de Beethoven. O resultado, como era de esperar, foi um enorme fracasso. As poucas pessoas que foram ao teatro naquelas noites tórridas, acima de 30°C, ficaram intrigadas e, principalmente, não gostaram do que viram. As críticas foram poucas e ruins. Mesmo assim, não achei que tivesse errado por voltar ao meu país.

Uma noite, no camarim, quando eu estava especialmente desanimada, ouvi uma voz linda e calorosa me cumprimentar e vi à porta um homem que não era alto, mas de bela compleição, de cabeleira castanha e encaracolada, sorriso cativante. Estendeu a mão para mim numa afetividade espontânea e disse tantas coisas lindas sobre o que minha arte provocava nele que me senti recompensada por tudo o que havia sofrido desde que fora para Nova York. Esse homem era George Grey Barnard, o grande escultor americano. Ele passou a vir todas as noites; às vezes, trazia artistas, poetas e amigos, entre os quais David Belasco, o genial produtor teatral, os pintores Robert Henri e George Bellows, Percy MacKaye, Max Eastman... Na verdade, ele trouxe todos os jovens revolucionários de Greenwich Village. Lembro-me também dos três poetas inseparáveis que moravam no mesmo prédio na Washington Square: E. A. Robinson, Ridgeley Torrence e William Vaughn Moody.

Fiquei muito animada com a amizade e a admiração de poetas e artistas, que compensaram a frieza do público nova-iorquino.

George Grey Barnard teve então a ideia de fazer uma estátua minha dançando, com o título de *América dançando*. Walt Whitman dissera: "Ouço a América cantar" e, num belo dia de outubro, como só existe no outono de Nova York, no ateliê dele em Washington Heights, ficamos numa colina admirando o campo e abrindo os braços, eu disse:

— Vejo a América dançando. — Daí a ideia de Barnard.

Eu ia para o ateliê dele todas as manhãs, levando uma cesta de almoço. Passávamos muitas horas agradáveis fazendo novos planos artísticos na América.

Lembro que o ateliê tinha um lindo busto de jovem; ele me disse que a modelo fora Evelyn Nesbit, antes de conhecer Harry K. Thaw, quando ela era uma moça simples. A beleza dela arrebatava todos os artistas.

Claro que essas conversas no ateliê, com mútuos enlevos sobre beleza, surtiram efeito. Eu estava pronta para me entregar de corpo e alma e inspirar a grande estátua *América dançando*. Mas George Grey Barnard era um desses sujeitos que levavam a pureza quase ao ponto do fanatismo. Nenhum dos meus carinhos jovens alterou a fidelidade religiosa dele. O mármore nas estátuas dele não era mais frio nem mais duro do que ele. Eu era efêmera; ele, eterno. Evidente, então, eu querer ser esculpida e imortalizada pelo talento dele, não? Cada átomo do meu ser queria tornar-se a argila mutável nas mãos daquele escultor.

Ah, George Grey Barnard, vamos envelhecer, vamos morrer, mas os momentos mágicos que passamos juntos ficarão para sempre. Eu, a dançarina; você, o mágico que podia pegar essa dança em seu reflexo fluido; você, o mestre poderoso que eterniza a faísca do instante. Ah, onde está minha obra-prima *América dançando*? Encontro o olhar da piedade humana em sua enorme estátua de Abraham Lincoln dedicada à América, com a testa ampla, o rosto sulcado pelas lágrimas correndo de piedade humana e grande martírio, e eu, a esguia e vã figura dançando diante daquele ideal de fé e virtude sobre-humanas.

Pelo menos, eu não era Salomé. Não queria a cabeça de ninguém; nunca fui Vampiro, sempre Inspiradora. Se você, João Batista, recusou meus lábios e meu amor, eu tinha a graça inteligente da Jovem América para lhe desejar boa sorte em sua peregrinação virtuosa. Boa sorte, mas não adeus, pois sua amizade foi uma das mais lindas e sagradas da minha vida. Assim, a Ocidental talvez seja mais sensata que sua irmã Oriental:

"Não quero sua cabeça numa bandeja, João Batista, mas a sua boca", pois essa é a Mulher-vampiro, não a Inspiradora. "Abrace-me! Ah, não quer? Então, adeus, pense em mim e isso talvez inspire muitas obras futuras."

A estátua *América dançando* teve ótimo começo, mas, ah, não foi adiante. Pouco depois, devido à doença súbita da esposa de Barnard, tive de parar com as sessões de pose. Eu esperava ser a obra-prima dele, mas não inspirei a obra-prima de Barnard para a América; quem inspirou foi Abraham Lincoln, cuja estátua hoje está no jardim sombreado, em frente da abadia de Westminster.

Charles Frohman concluiu que a temporada na Broadway foi desastrosa, tentou uma turnê por cidades menores, também tão mal planejada que foi um fracasso maior ainda que Nova York. Até que perdi a paciência e procurei-o. Ele estava muito descontrolado devido ao dinheiro que havia perdido.

— A América não entende a sua arte, você está muito além da mentalidade deles, jamais vão entendê-la — ele disse. — Melhor você voltar para a Europa.

Eu tinha contrato para uma turnê de seis meses, quer fizesse sucesso, quer não. Mesmo assim, por orgulho ferido, e também pela falta de esportividade dele, peguei o contrato e rasguei na frente dele, dizendo:

— Você está isento de qualquer responsabilidade.

Fiquei em Nova York, seguindo o conselho de George Barnard, que dizia orgulhar-se de mim como produto do solo americano e que ficaria muito triste se a América não apreciasse a minha arte. Aluguei um estúdio no edifício Beaux Arts, mobiliei-o com minhas cortinas azuis e tapete e passei a criar coisas novas, dançando todas as noites para poetas e artistas.

O *Sun* de domingo, 15 de novembro de 1908, descreveu uma dessas noites:

> Ela (Isadora Duncan) usa, da cintura para baixo, um lindo pedaço de bordado chinês. Os cabelos pretos e curtos estão presos num nó solto na nuca, repartido ao meio como o de uma madona, (...) o nariz é empinado, e os olhos, azul-escuros.

Muitas notícias na imprensa retratam-na como alta e estatuesca, uma vitória da arte, pois na verdade ela tem um metro e setenta e pesa 60 quilos.

Luzes laterais âmbar se acendem e, no meio do teto, brilha suavemente um disco amarelo, completando os efeitos de cor. A srta. Duncan se desculpa pela música inadequada, de piano.

"Uma dança como esta não devia ter música, a não ser, talvez, o som que Pã criou com um bambu de beira-rio, uma flauta pastoril, nada mais. As demais artes (pintura, escultura, música, poesia) deixaram a dança para trás. Ela se tornou quase uma das artes perdidas, e tentar harmonizá-la com algo tão à frente como a música é difícil e contraditório. É reviver aquela arte perdida da dança à qual dediquei minha vida."

Ela fica próxima da plateia de poetas quando começa a falar e, ao terminar, está do outro lado da sala. Não se sabe como foi parar lá, mas seu jeito despretensioso de ignorar o espaço lembra sua amiga Ellen Terry.

Ela não é mais uma cansada anfitriã triste, mas um espírito pagão, passando com naturalidade de um pedaço de mármore quebrado como se fosse a coisa mais óbvia do mundo. Uma Galatéa, talvez, que certamente dançou assim que se soltou. Ela é Dafne de cabelos soltos, fugindo dos abraços de Apolo naquela gruta de Delfos. Os cabelos dela se soltam quando essa imagem vem à mente.

Claro que ela estava cansada de ficar tantos anos naquele pedaço de mármore de Elgin para deleite de olhares meio desaprovadores por trás dos *lorgnons* britânicos. Desfilam à frente da plateia trajes usados em Tanagra, as procissões das frisas do Parthenon, a tristeza enfeitada de uma urna funerária e de uma tábula, o abandono das bacantes, que parecem observá-la, mas, na verdade, observam o panorama da natureza humana antes de existirem artifícios.

A srta. Duncan admite que sempre se esforçou para olhar o passado e encontrar aquela simplicidade perdida no labirinto de gerações.

Ela conta que, "nos tempos distantes que gostamos de chamar de pagãos, cada emoção correspondia a um movimento.

Alma, corpo, mente funcionavam em perfeita harmonia. Olhem aqueles homens e moças helênicos presos nas esculturas, em vez de talhados e cinzelados no duro mármore, quase se pode saber o que dizem ao abrirem a boca e, se não abrem, que importa, pois você sabe o que é."

Ela então para e volta a ser um espírito dançante, uma figura de âmbar que oferece vinho numa taça, joga rosas no altar de Atena, nada na crista das ondas vermelhas do mar Egeu, enquanto os poetas olham e o profeta cofia a barba profeticamente. Um deles cita, baixo, versos de *Ode sobre uma urna grega*, de John Keats:

Quem são esses que vêm para o sacrifício?

A beleza é a verdade, e verdade, beleza
Isso é tudo o que sabemos
do mundo e só o que precisamos saber.

A editora de uma revista de arte (Mary Fanton Roberts) descreve, extasiada, o que a srta. Duncan diz ser o melhor resumo de seu trabalho: "Quando Isadora Duncan dança, o espírito volta nos séculos: vai até o alvorecer do mundo, quando a grandeza da alma encontrou sua expressão na beleza do corpo, quando o movimento correspondia ao ritmo do som, quando os movimentos do corpo humano eram os mesmos do vento e do mar, o gesto de um braço feminino era como o abrir de uma pétala de rosa e seus pés pisando o chão como uma folha caindo na terra. Quando todo o ardor da religião, do amor, do patriotismo, do sacrifício ou da paixão se exprimia através da cítara, da harpa ou do tamborim. Quando homens e mulheres dançavam para seus altares domésticos e seus deuses em êxtase religioso, ou nas florestas ou à beira-mar, graças à alegria de viver que possuíam, todo impulso forte, grande ou bom da alma humana vinha do espírito para o corpo em perfeita consonância com o ritmo do universo."

George Grey Barnard me aconselhara a ficar na América; fico satisfeita por ter obedecido. Pois, um dia, chegou ao estúdio um homem que foi a ferramenta para eu receber apoio do público americano. Era Walter Damrosch: ele me viu dançar e interpretar a *Sétima sinfonia* de Beethoven no Teatro Criterion com uma orquestra pequena e ruim. Foi capaz de perceber o efeito daquela dança ao som de sua ótima orquestra e de um regente perfeito.

Os estudos de piano e teoria da composição orquestral que fiz na infância certamente ficaram no meu inconsciente. Quando paro e fecho os olhos, ouço uma orquestra inteira, tão nitidamente como se estivesse tocando na minha frente, e para cada instrumento vejo uma figura divina em movimento muito expressivo. Essa orquestra de sombras está sempre dançando na minha cabeça.

Damrosch me convidou para uma série de apresentações no Metropolitan Opera em dezembro e aceitei com alegria.

O resultado foi exatamente o que ele previra. Na estreia, Charles Frohman quis reservar um camarote e ficou muito surpreso ao saber que o teatro estava completamente lotado. Isso prova que, por maior que seja o artista, sem o local adequado, ele se desperdiça. Foi assim com Eleonora Duse na primeira turnê que fez na América, quando, devido à má administração, ela se apresentou para casas quase vazias e achou que a América jamais gostaria dela. Mas, quando voltou em 1924, foi aplaudida de Nova York a São Francisco numa só ovação simplesmente porque, nessa vez, Morris Gest teve a percepção artística para entendê-la.

Fiquei muito orgulhosa de sair em turnê com uma orquestra de oitenta componentes, sob a batuta do grande Walter Damrosch. Essa turnê foi particularmente bem-sucedida, já que a orquestra tinha boa vontade em relação ao maestro e a mim. Minha empatia por Walter Damrosch era tão grande que eu tinha a impressão de que, quando estava no meio do palco, todos os meus nervos estavam ligados na orquestra e no grande maestro.

Como descrever a alegria de dançar com essa orquestra? Ela está ali na minha frente: Walter Damrosch levanta a batuta; olho e, ao primeiro gesto dele, irrompe de dentro de mim o som conjunto de todos os instrumentos em um só. A forte reverberação entra em mim e eu me transformo ao resumir num gesto a alegria de Brunhilde despertada por Siegfried, ou a alma de Isolda buscando se realizar na morte. Volumosos, imensos, inflados como velas ao vento, os movimentos da minha dança me levam para dentro e para cima, sinto uma força poderosa em mim que ouve a música e perpassa o corpo em busca de uma saída. Às vezes, essa força se enfurece, se irrita e me sacode até o coração quase explodir de paixão e tenho a impressão de que chegou minha derradeira hora. Outras vezes, ela pesa e de repente sinto uma tal angústia que, de braços estendidos para o alto, imploro ajuda e nenhuma ajuda vem. Muitas vezes acho errado me chamarem de dançarina: sou a força magnética que transmite o poder emocional da orquestra. Minha alma lança raios de fogo que me ligam à vibrante e tremente orquestra.

Havia um flautista que tocava tão divinamente o solo dos Espíritos Felizes, em *Orfeu,* que eu ficava imóvel no palco com as lágrimas escorrendo, no enlevo de ouvi-lo, o som dos violinos e da orquestra subindo, inspirada pelo maravilhoso maestro.

Luís da Baviera costumava sentar-se sozinho para ouvir a orquestra em Bayreuth; se tivesse dançado com essa orquestra, sentiria um prazer ainda maior.

Havia muita empatia entre Damrosch e eu; cada gesto dele provocava uma vibrante reação em mim. À medida que ele aumentava o som, a vida dentro de mim subia e desaguava em gestos, cada frase musical traduzida num movimento musical, todo o meu ser vibrando em harmonia com o dele.

Às vezes, eu olhava do palco e via a ampla testa de Damrosch inclinada sobre a partitura e achava que minha dança realmente parecia com o nascimento de Atena, saindo de braços abertos da cabeça de Zeus.

Essa turnê pela América foi, talvez, a época mais feliz da minha vida, exceto pela falta que sentia de casa; quando dançava a *Sétima sinfonia,* eu imaginava minhas alunas com idade para interpretar essa dança comigo. Portanto, não era uma felicidade completa, mas a esperança de uma felicidade maior, no futuro. Talvez não exista felicidade completa, só esperança. A última nota da canção de amor de Isolda parece completa, mas significa apenas morte.

Em Washington, enfrentei uma verdadeira tempestade: alguns religiosos protestaram violentamente contra a minha dança.

Então, de repente, para a surpresa de todos, quem apareceu no camarote numa matinê, senão o presidente Roosevelt? Deu a impressão de gostar do espetáculo e aplaudiu ao final de cada parte do programa. Mais tarde, ele escreveu a um amigo:

> Que mal esses ministros veem na dança de Isadora? Ela me parece inocente como uma criança dançando no jardim, ao sol da manhã, colhendo as lindas flores de sua imaginação.

A frase de Roosevelt, que os jornais publicaram, silenciou os protestantes e ajudou nossa turnê. Na verdade, a turnê foi muito feliz e propícia, e não se podia ter um diretor mais gentil ou mais sedutor do que o colega Walter Damrosch, com o temperamento de um verdadeiro artista. Nos momentos de descanso, ele sabia apreciar uma boa ceia e tocar piano durante horas, incansável, sempre talentoso, leve e adorável.

Quando voltamos para Nova York, fiquei satisfeita ao saber que minha conta bancária estava com um ótimo saldo. Não fosse a emoção de ver meu bebê e minha escola, eu jamais iria embora da América. Mas, certa manhã, deixei o grupinho de amigos no cais (Mary e Billy Roberts, meus poetas, meus artistas) e voltei para a Europa.

XXII

Elizabeth levou vinte alunas da escola e meu bebê para me encontrarem em Paris. Imagine minha alegria, pois fazia seis meses que eu não via minha filha! Quando me viu, ela me olhou de modo muito estranho e começou a chorar. Claro que eu chorei também, era tão estranho e tão maravilhoso segurá-la nos braços novamente. Encontrei também a outra filha: minha escola. Estavam tão crescidas! Foi uma reunião maravilhosa, dançamos e cantamos a tarde inteira.

O grande artista Lugné Poe se encarregara de minhas apresentações em Paris. Foi ele quem levou a Paris Eleonora Duse, Susanne Desprès e Ibsen. Percebeu que meu trabalho precisava de determinado ambiente e reservou para mim o Gaieté Lyrique e a Colonne Orchestra, conduzida pelo próprio. Assim, tomamos Paris de assalto. Poetas como Henri Lavedan, Pierre Mille, Henri de Régnier escreveram com entusiasmo a meu respeito.

Paris sorriu.

Cada apresentação ficava lotada com a elite do mundo intelectual e artístico. Tive a impressão de estar perto de realizar meu sonho, e a escola parecia ao meu alcance.

Eu tinha alugado dois grandes apartamentos na rue Danton: morava no primeiro andar e, no segundo, ficavam todas as alunas da escola com a governanta.

Um dia, pouco antes de uma matinê, levei um susto terrível. Minha filha começou a se agitar e tossir. Pensei que fosse a temível doença crupe, tomei um táxi e corri para Paris à procura de um médico.

Finalmente, encontrei um famoso pediatra que gentilmente voltou para casa comigo e garantiu que não era nada sério, só uma tosse.

Cheguei ao teatro atrasada meia hora. O maestro Colonne tinha preenchido o tempo com música. Passei toda a apresentação tremendo de medo. Claro que eu adorava minha filha e achava que, se alguma coisa acontecesse com ela, eu morreria.

Como o amor materno é forte, egoísta e feroz! Não creio que isso seja para se admirar, seria bem mais admirável conseguir amar todas as crianças.

Deirdre, na época, corria por todo canto e dançava. Era encantadora, uma miniatura perfeita de Ellen Terry, certamente devido à minha admiração por Ellen e ao fato de eu pensar sempre nela. Quando a humanidade progredir, todas as mães serão separadas dos filhos após o parto, e as crianças ficarão num lugar seguro, rodeadas de estátuas, pinturas e música.

O evento da temporada foi o baile Brisson, para o qual foram convidados todos os artistas e pessoas de destaque em Paris. Cada qual devia ir fantasiado de personagem de uma obra. Fui de bacante de Eurípedes e encontrei Mounet-Sully de túnica grega; podia ser o próprio Dionísio. Dancei a noite toda com ele, ou, pelo menos, dancei ao redor dele, pois o grande Mounet desprezava dança moderna; circulou o boato de que nosso comportamento foi bastante escandaloso. Na verdade, foi um fato inocente, pois eu diverti esse grande artista por algumas horas, ele merecia. Foi muito estranho que eu, com minha ingenuidade americana, tenha chocado tanto Paris naquela noite!

As recentes descobertas sobre telepatia provaram que nossas ondas cerebrais percorrem os caminhos adequados e chegam ao seu destino sem que, às vezes, o emissor das ondas tenha consciência disso.

Eu estava num ponto em que seria indicado fazer uma pausa. Era impossível pagar todas as despesas da minha escola, que estava crescendo. Com o dinheiro que ganhei, eu adotei, eduquei e cuidei de quarenta crianças, das quais vinte estavam na Alemanha e vinte em Paris, e ajudava outras pessoas também. Um dia, de brincadeira, eu disse à minha irmã Elizabeth:

— Não dá para continuar! Minha conta bancária está a descoberto. Para continuar com a escola, temos de encontrar um milionário! Depois que manifestei esse desejo, fiquei fixada nele.

— Tenho de encontrar um milionário! — eu repetia cem vezes ao dia, primeiro, de brincadeira e, depois, conforme o método Coué de autossugestão, com intensidade.

Na manhã seguinte a uma apresentação de muito sucesso no Gaieté Lyrique, eu estava na frente do espelho, de penhoar. Lembro que meus cabelos estavam enrolados em papelotes para a matinê, cobertos com uma pequena touca de rendas. Minha criada entrou, trazendo um cartão de visitas no qual li um nome bastante conhecido e, de repente, soou na minha cabeça: "Eis o milionário!"

— Mande-o entrar!

Ele entrou, alto e louro, cabelos e barba cacheados. Pensei: Lohengrin. *"Wer will mein Ritter sein?"** Ele tinha uma voz sedutora, embora parecesse tímido. "Parece um menino grande disfarçado com barba", pensei.

— Você não me conhece, mas eu aplaudo sempre sua maravilhosa arte — ele disse.

Tive então um sentimento estranho, eu conhecia aquele homem. Mas de onde? Como num sonho, lembrei-me do velório do príncipe de Polignac: eu, jovem, chorando muito, sem saber como era um enterro na França, com a longa fila de parentes na lateral da igreja. Alguém me empurrou e sussurrou, em francês: "É preciso cumprimentar!" E eu, sinceramente triste com a morte do meu querido amigo, cumprimentei todos os parentes. Lembro-me de, subitamente, ter encarado um deles. Era o homem alto que estava na minha frente.

Tínhamos nos conhecido numa igreja, perto de um caixão, o que não era prenúncio de felicidade! Mesmo assim, achei que aquele era meu milionário para o qual eu havia enviado ondas mentais, o que, de todo jeito, era *kismet* (destino, em turco).

— Admiro sua arte e também sua coragem em relação à escola. Vim ajudá-la. O que posso fazer? Você gostaria, por exemplo, de ir

---

*"Onde está meu cavaleiro?" (*N. da E.*)

com essas meninas dançarinas para uma pequena casa na Riviera, à beira-mar, e lá criar novas danças? Não precisa se preocupar com as despesas. Eu pago tudo. Você fez um grande trabalho, deve estar cansada. Agora, deixe por minha conta.

Uma semana depois, meu pequeno bando estava num vagão de primeira classe a toda velocidade, rumo ao mar e ao sol. Lohengrin nos esperava na estação. Estava radiante, todo de branco. Levou-nos para uma linda casa à beira-mar, de cujos terraços nos mostrou seu iate branco.

— Chama-se *Lady Alicia*, mas talvez agora mudemos para Iris — ele disse.

As crianças, de túnicas azul-claras, dançavam sob as árvores, segurando buquês de flores de laranjeira. Lohengrin era muito simpático e gentil com as crianças, preocupado com o bem-estar de todas. Essa dedicação me fez ficar ainda mais grata, e o contato diário logo se aprofundou em algo bem mais forte. Na época, entretanto, eu o considerava apenas meu cavaleiro, a ser adorado de longe de uma forma quase espiritual.

As crianças e eu ficamos numa casa em Beaulieu, enquanto Lohengrin morava num hotel da moda, em Nice. De vez em quando, eu me convidava para jantar com ele. Lembro que fui com minha simples túnica grega e fiquei constrangida de encontrar lá uma mulher num vestido maravilhoso, colorido, coberta de diamantes e pérolas. Vi na hora que era minha inimiga. Senti muito medo, o que mais tarde se justificou.

Uma noite, com a generosidade que o caracterizava, Lohengrin convidou muita gente para um baile de carnaval no cassino. Conseguiu fantasias de pierrô para todos, feitas em diáfano cetim Liberty. Foi a primeira vez que vesti um pierrô e a primeira que fui a um baile de máscaras. Foi uma festa muito alegre, com apenas uma sombra: a dama dos diamantes compareceu (ela também recebera uma fantasia de pierrô). Quando a vi, foi uma tortura. Mas depois dancei tão loucamente com ela (o amor é bem próximo do ódio) a ponto de o mordomo tocar em nosso ombro dizendo que aquilo não era permitido.

Em meio a tanta brincadeira, de repente, me chamaram ao telefone. Alguém, ligando da casa em Beaulieu, disse que Érica, uma pequena aluna da escola, estava com crupe, com risco de morrer. Corri do telefone para a mesa em que Lohengrin ceava com seus convidados. Pedi que fosse até o telefone, rápido. Tínhamos de ligar para um médico. E foi ali, perto da cabine telefônica, no pânico mútuo por alguém importante para nós dois, que nossas defesas ruíram e nossos lábios se encontraram pela primeira vez. Porém, não perdemos um segundo. O carro de Lohengrin estava à porta e, fantasiados de pierrôs, pegamos o médico e corremos para Beaulieu. Encontramos a pequena Érica sufocando, o rosto quase preto. O médico fez o que era preciso. Esperamos o diagnóstico ao lado da cama, dois pierrôs assustados. Duas horas depois, com a madrugada surgindo na janela, o médico anunciou que a menina estava salva. As lágrimas correram por nossos rostos, desmanchando a pintura gordurosa; Lohengrin me abraçou e disse:

— Coragem, querida! Vamos voltar para nossos convidados.

No caminho de volta, no carro, ele se aproximou de mim e sussurrou:

— Querida, se fosse apenas por esta noite, por esta única lembrança, eu amaria você para sempre.

No cassino, o tempo passava tão depressa que quase ninguém notou nossa ausência.

Uma pessoa, porém, contou cada minuto. A pequena dama dos diamantes nos viu sair com olhar ciumento e, quando voltamos, pegou uma faca na mesa e foi na direção de Lohengrin. Felizmente, ele percebeu a tempo, segurou-a pelo pulso e jogou-a para cima. Depois, puxou-a para o toalete feminino como se tudo fosse uma brincadeira, uma cena de Carnaval, combinada antes. Entregou-a às empregadas do cassino dizendo apenas que ela parecia um pouco histérica e devia precisar de um copo de água! Voltou então, impávido, para o salão de baile, de muito bom humor. A partir daí, aumentou a animação da festa, cujo auge foi às cinco da manhã, quando dancei todas as emoções conflitantes e arrebatadoras da noite num tango apache com Max Dearley.

A festa terminou ao amanhecer; a dama dos diamantes voltou para seu hotel sozinha e Lohengrin ficou comigo. A generosidade dele com as crianças, a preocupação e a dor sinceras com a doença da pequena Érica, tudo isso me fez gostar dele.

Na manhã seguinte, ele sugeriu um passeio de iate, agora com novo nome. Levamos minha filhinha e, deixando a escola aos cuidados das governantas, navegamos em direção à Itália.

O DINHEIRO SEMPRE traz junto uma maldição, e quem o tem não consegue ser feliz 24 horas seguidas.

Se eu soubesse que o homem com quem eu estava tinha a psicologia de uma criança mimada, que tudo o que eu fizesse ou dissesse teria de ser para agradar, poderia ter dado certo. Mas eu era jovem e ingênua demais para saber e continuei falando sem parar, explicando minhas ideias sobre a vida, a *República* de Platão, Karl Marx e a reforma mundial, sem ter noção da destruição que estava causando. Aquele homem, que declarou me amar pela minha coragem e generosidade, foi ficando cada vez mais apavorado ao ver a revolucionária feroz que ele convidara para seu iate. Aos poucos, viu que não conseguiria juntar meus ideais à paz de espírito dele. O ápice foi a noite em que ele perguntou qual era meu poema preferido. Encantada, eu trouxe meu livro de cabeceira e li para ele *Canção da estrada aberta*, de Walt Whitman. Eu me entusiasmei, sem perceber o efeito que estava causando; ao olhar, fiquei pasma: ele estava completamente irritado.

— Que porcaria! Esse sujeito não merecia viver! — disse ele.

— Você não vê que ele previu a América Livre? — berrei.

— Dane-se o que ele previu!

De repente, vi que *ele* só enxergava a dúzia de fábricas que o havia enriquecido. Mas a mulher é um ser tão perverso que, mesmo depois dessa e de outras brigas, eu me atirava em seus braços e esquecia tudo sob a ferocidade de seus carinhos. E me consolava achando que ele logo abriria os olhos e me ajudaria a fazer aquela grande escola para os filhos do povo.

Enquanto isso, o maravilhoso iate cruzava o Mediterrâneo azul.

Lembro como se fosse ontem: o amplo convés, a mesa posta para o almoço, com talheres de prata e taças de cristal, e Deirdre, de túnica branca, dançando. Sem dúvida, eu estava apaixonada e feliz. Mesmo assim, pensava sempre nos foguistas do iate trabalhando na casa de máquinas e nos cinquenta marinheiros; no capitão e em seu imediato: um gasto enorme para dar prazer a duas pessoas. Com o passar dos dias, fiquei inquieta, achando que cada dia era uma perda de tempo. Às vezes, eu me desgostava ao comparar aquela vida luxuosa, as festas sem-fim, a entrega ao prazer, com a luta amarga que eu tinha enfrentado na juventude. Mas logo eu entregava corpo e mente à glória do amanhecer derretendo ao calor de um dia incrível. Meu Lohengrin, meu Cavaleiro do Graal tinha de chegar para compartilhar a grande ideia!

Passamos um dia em Pompeia e Lohengrin disse, romântico, que gostaria de me ver dançando no Templo de Pesto à luz da lua. Na mesma hora, contratou um pequeno conjunto napolitano para nos encontrar no templo. Porém, exatamente nesse dia, houve uma tempestade de verão e choveu sem parar. O dia todo e o seguinte, o iate não conseguiu sair do porto e, quando finalmente chegamos a Pesto, a orquestra estava encharcada e triste, sentada na escada do templo, há 24 horas nos esperando.

Lohengrin encomendou dúzias de garrafas de vinho e um cordeiro *à la* Pélicaire, que comemos à moda árabe, ou seja, com as mãos. A orquestra comeu e bebeu tanto, estava tão faminta e cansada de esperar que não conseguiu tocar. Quando começou a chuviscar de novo, embarcamos no iate e fomos para Nápoles. A orquestra fez uma corajosa tentativa de tocar no convés, mas, quando o iate começou a balançar, eles ficaram verdes e foram para as cabines.

Assim terminou a romântica ideia de dançar à luz da lua no templo de Pesto!

Lohengrin queria continuar navegando no Mediterrâneo, mas lembrei-me do contrato com meu empresário para me apresentar na Rússia e, surda a todos os rogos, e embora fosse difícil para mim, resolvi honrar o contrato. Lohengrin me levou de volta a Paris e queria me acompanhar à Rússia, mas temia ter problemas com o passaporte. Ele encheu minha cabine de flores e nos despedimos com um carinhoso adeus.

É estranho que, quando nos separamos de um ser amado, sofremos a mais terrível dor e, ao mesmo tempo, uma curiosa sensação de liberdade.

Essa turnê pela Rússia teve sucesso como as outras, mas ficou marcada por um fato que poderia ter sido trágico, mas acabou sendo cômico. Uma tarde, Craig veio me ver e, por um instante, fiquei propensa a achar que nada mais me interessava (a escola, Lohengrin, nada), só a alegria de vê-lo outra vez. Mas o traço característico da minha personalidade é a fidelidade.

Craig estava animado, compondo seu Hamlet para o teatro Stanislavski. Todas as atrizes do elenco estavam apaixonadas por ele, e os atores, encantados com a beleza, o talento e a incrível energia dele. Craig conseguia falar horas sobre a arte teatral, e eles se esforçavam para acompanhar a fantasia e a imaginação dele.

No dia seguinte, fui de trem para Kiev. Alguns dias depois, voltamos a Paris, onde L. nos encontrou.

Ele tinha um estranho e soturno apartamento na Place des Vosges. Levou-me para lá e, numa cama Luís XIV, me cobriu de carícias. Ali, pela primeira vez, vi como os nervos e as sensações podem se transformar. Eu tinha a impressão de ter nascido de um jeito novo e esfuziante.

Como Zeus, ele assumia diversas formas e eu o vi como touro, cisne e, de novo, como chuva de ouro. Graças ao amor dele, eu era levada sobre as ondas, delicadamente acariciada por asas brancas e estranhamente seduzida e aureolada numa nuvem dourada.

Aprendi também a conhecer todos os restaurantes realmente bons de Paris, onde L. era bajulado e tratado como um rei. Todos os maîtres e cozinheiros competiam para agradá-lo, o que era compreensível, pois ele distribuía gorjetas como um rei. Aprendi também a diferença entre *poulet cocotte* e *poulet simple*; as diversas espécies de hortulanas, trufas e cogumelos. Na verdade, os nervos adormecidos da minha língua e palato despertaram e aprendi a distinguir a safra de vinhos, que ano e qual o melhor *crû* para o olfato e o paladar, além de muitas coisas que ignorava.

Então, fui pela primeira vez a um costureiro de renome e rendi-me ao encanto fatal dos tecidos, cores e formas e até mesmo dos chapéus. Eu, que sempre usei uma pequena túnica de lã no inverno e de linho no verão, me entreguei ao prazer de encomendar belos vestidos e usá-los. Mas tinha uma desculpa: não se tratava de um costureiro qualquer, mas do genial Paul Poiret, capaz de vestir uma mulher e, ao mesmo tempo, criar uma obra de arte. Essa para mim foi a mudança da arte sagrada para a profana.

Todas essas satisfações tiveram consequências, e às vezes falávamos naquela doença esquisita, a neurastenia.

Lembro-me de uma estranha caminhada com L. no Bois de Boulogne, quando notei no rosto dele uma expressão distante e trágica que, com o tempo, fui aprendendo a temer. Perguntei o que era e a resposta foi:

— Estou sempre vendo a cara de minha mãe no caixão. Aonde quer que eu vá, vejo-a morta. O que adianta viver se tudo termina em morte?

Concluí que riquezas e luxo não trazem alegria! Sem dúvida, os ricos têm mais dificuldade de conseguir algo sério na vida. Há sempre aquele iate no porto convidando para navegar em mares azuis.

XXIII

Passamos esse verão no iate, na costa da Bretanha. O mar costumava estar tão bravio que eu desembarcava e acompanhava o iate pelo litoral, de carro. L. permanecia a bordo, mas, como não era muito bom marinheiro, às vezes ficava verde-escuro. Os prazeres dos ricos são assim!

Em setembro, fui a Veneza com minha filha e a babá. Fiquei algumas semanas e, um dia, fui à catedral de São Marco; sentei lá sozinha, olhando o domo azul e dourado. Subitamente, tive a impressão de ver um menino que, ao mesmo tempo, era um anjo, com grandes olhos azuis e uma auréola de cabelos louros.

Fui à praia do Lido e passei alguns dias lá, pensando, com a pequena Deirdre brincando na areia. A visão que tivera na catedral me enchia de alegria e, ao mesmo tempo, de inquietação. Eu amava, mas já tinha aprendido um pouco da inconstância e do capricho egoísta do assim chamado amor. Além do sacrifício que trazia para a minha arte (talvez fatal para a minha arte), para o meu trabalho. Senti uma enorme nostalgia da minha arte, do meu trabalho, da minha escola. Distante dos meus sonhos artísticos, a vida parecia pesada demais.

Creio que todas as vidas têm uma linha espiritual, uma curva ascendente, e tudo o que se prende nessa linha e a fortalece é a vida real, o resto é apenas casca, que se solta à medida que nossa alma vai progredindo. Essa linha espiritual é a minha arte. Minha vida teve apenas dois motivos: amor e arte. Muitas vezes, o amor destruiu a arte; outras vezes, o imperioso chamado da arte deu fim trágico ao amor. Pois os dois não entram em acordo, estão sempre em luta.

Nessa indecisão e angústia mental, fui a Milão consultar um médico amigo e contei meu problema.

— Que absurdo! — ele exclamou. — Você, uma artista única, e quer novamente privar para sempre o mundo de sua arte. Impossível. Por favor, ouça meu conselho e não cometa esse crime contra a humanidade.

Ouvi, indecisa, numa angústia de incertezas: uma hora, revoltada por meu corpo sofrer outra vez aquela deformação, o corpo que era instrumento da minha arte, torturado mais uma vez pelo chamado, a esperança, a visão daquele rosto de anjo, o rosto do meu filho.

Pedi para meu amigo me dar uma hora para decidir. O quarto do hotel era soturno e, de repente, vi uma estranha num traje do século XVIII, com olhos lindos e cruéis me encarando. Examinei-os bem, pareciam zombar de mim. "Seja lá o que você decidir", ela parecia dizer, "dá no mesmo. Olhe a minha graça, que brilhou há anos. A morte engole todos, todos. Por que sofrer e trazer mais uma vida ao mundo só para depois ser engolida pela morte?"

Os olhos dela se tornaram mais cruéis e sinistros; minha angústia, mais terrível. Escondi meus olhos dos olhos dela com as mãos. Tentei pensar, resolver. Implorei através da névoa de minhas lágrimas conturbadas, mas aquele olhar parecia não ter piedade: continuava a zombar de mim. Morte ou vida, pobre criatura, você está numa armadilha implacável.

Por fim, levantei e disse aos olhos:

— Não, você não vai me perturbar. Acredito na vida, no amor, na santidade da lei da natureza.

Foi imaginação, ou brilhou naqueles olhos duros um riso terrível, zombeteiro?

Quando meu amigo voltou, contei o que havia resolvido e que nada me faria mudar de ideia.

Voltei para Veneza, abracei Deirdre e cochichei para ela:

— Você vai ganhar um irmãozinho.

— Ah, que lindo, que lindo — riu ela, batendo palmas de alegria.

— É, vai ser lindo.

Telegrafei para L. e ele veio correndo para Veneza. Parecia encantado, muito alegre, amoroso, terno. O demônio da neurastenia pareceu sumir por algum tempo.

Eu tinha assinado um segundo contrato com Walter Damrosch e, em outubro, fui de navio para a América.

L. nunca tinha ido à América e ficou muito animado, lembrou que tinha sangue americano. Claro que reservou a maior suíte do navio, todas as noites recebíamos um cardápio especial, impresso, e viajamos como reis. Viajar com um milionário facilita as coisas e tivemos o mais espetacular apartamento no Plaza, com todo mundo fazendo reverência para lá e para cá.

Acho que existe alguma lei ou convenção nos Estados Unidos que proíbe dois amantes de viajarem juntos. O coitado do Górki e sua amante há dezessete anos foram colocados no pelourinho e suas vidas se tornaram um tormento, mas, claro, quando alguém é muito rico, essas pequenas diferenças são amenizadas.

A turnê pela América foi muito feliz, bem-sucedida e próspera, pois dinheiro chama dinheiro. Até um dia em janeiro em que uma dama muito nervosa entrou no meu camarim e exclamou:

— Minha cara srta. Duncan, da primeira fileira se vê muito bem. Você não pode continuar se apresentando assim.

E eu retruquei:

— Ah, cara sra. X, é exatamente isso o que quero que minha dança represente: o amor, a mulher, a formação, a primavera. O quadro de Botticelli, a terra frutífera, as três graças, a gravidez, a Madona, os zéfiros *grávidos* também. Tudo vicejando, prometendo vida nova. É esse o sentido da minha dança.

Ao ouvir isso, a sra. X. pareceu intrigada. Mas achamos melhor interromper a turnê e voltar para a Europa, pois meu abençoado estado estava realmente se tornando notório.

Fiquei muito contente por Augustin e a filhinha voltarem conosco. Ele se separara da esposa e eu achei que a viagem o distrairia.

— VOCÊ GOSTARIA de percorrer o Nilo num *dahabeah** durante o inverno daqui? Trocar o céu cinzento e feio pelo sol? Visitar Tebas, Dendera, tudo o que você quer conhecer há tanto tempo? O iate pode nos deixar em Alexandria, onde embarcamos num *dahabeah* com trinta marinheiros egípcios e um cozinheiro de primeira. As cabines são luxuosas, com banho...

— Ah, mas a minha escola, o trabalho...

— Sua irmã Elizabeth cuida muito bem da escola e você é muito jovem, tem tempo para o trabalho.

Assim, passamos o inverno navegando pelo Nilo, e a viagem só não foi um sonho completo devido ao mesmo monstro da neurastenia que surgia de vez em quando, como uma mão negra cobrindo o sol.

Enquanto o *dahabeah* sobe lentamente o Nilo, a alma volta mil, dois mil anos no tempo, das névoas do passado aos portais da eternidade.

Como foi tranquilo e lindo o passeio, levando dentro de mim a promessa de uma nova vida. Os templos falavam nos antigos reis do Egito entrando pelas areias douradas do deserto, pelos profundos mistérios das tumbas dos faraós. A pequena vida dentro de mim parecia imaginar vagamente essa viagem ao mundo da escuridão e da morte. Numa noite enluarada, no templo de Dendera, tive a impressão de que os olhos nos rostos da deusa Hator, a Afrodite egípcia, se reproduziam com hipnótica insistência pelo templo e olhavam meu filho por nascer.

O mais maravilhoso foi o Vale dos Mortos e, para mim, o túmulo de um pequeno príncipe que morrera antes de ser faraó ou rei. Morrera jovem e ficara, pelos séculos, o menino morto; estava ali há 6 mil anos. Se não tivesse morrido, teria 6 mil anos de idade!

O que me lembro dessa viagem ao Egito? Do amanhecer púrpura, do anoitecer escarlate, das areias douradas do deserto, dos templos Os dias ensolarados no pátio de um templo sonhando com a vida dos faraós e com o bebê que iria chegar. As camponesas andando

---

*Uma casa flutuante com velas e às vezes um motor, usada no rio Nilo. (*N. da E.*)

à margem do Nilo equilibrando jarros em suas lindas cabeças, seus volumosos corpos balançando sob as roupas pretas; a figura esguia de Deirdre dançando no convés, ou andando nas antigas ruas de Tebas. A menina olhando as estátuas danificadas dos antigos deuses.

Ao ver a Esfinge, ela disse:

— Ah, mamãe, essa boneca não é muito bonita, mas é tão imponente!

Ela estava começando a aprender palavras de quatro sílabas.

A menina na frente dos templos da eternidade, o pequeno príncipe nos túmulos dos faraós, o vale dos reis, as caravanas percorrendo o deserto, o vento formando ondas de areia pelo deserto. Para onde?

O amanhecer no Egito começava com grande intensidade às quatro da manhã. A partir daí, ficava impossível dormir, pois começava o firme e contínuo lamento do *sakieh**, retirando água do Nilo. Começava também a procissão de operários na praia, trazendo água, arando o campo, conduzindo camelos até o anoitecer, como se fossem afrescos vivos.

O *dahabeah* seguia lentamente ao ritmo dos corpos bronzeados dos marinheiros, levantando e abaixando os remos, e nós apreciando, preguiçosos espectadores.

As noites eram lindas. Tínhamos a bordo um piano Steinway e um jovem artista muito talentoso que tocava todas as noites Bach e Beethoven, cujas partituras solenes tanto combinam com o espaço e os templos do Egito.

Semanas depois, chegamos a Wadi Halfa e entramos em Nubia, onde o Nilo fica tão estreito que quase se consegue tocar as margens de ambos os lados. Os homens do grupo foram para Kartum, fiquei só com Deirdre a bordo e passei o tempo mais sossegado da minha vida, duas semanas naquele maravilhoso país onde a preocupação e os problemas parecem triviais. Nosso barco dava a impressão de balançar ao ritmo dos tempos. Para quem pode pagar, uma viagem pelo Nilo num bem equipado *dahabeah* é o melhor remédio do mundo.

---

*O mesmo que "roda persa": sistema para tirar água de rios e lagos movido por tração animal. (*N. da E.*)

O Egito é uma terra de sonho para nós e uma terra de trabalho para os pobres *felás*. Em todo caso, é a única que conheço onde o trabalho pode ser lindo. O *felá*, que se sustenta quase só de sopa de grãos e pão ázimo, tem um lindo e leve corpo e, quer esteja curvado no campo ou tirando água do Nilo, é sempre um modelo de bronze para o deleite do escultor.

VOLTAMOS PARA A FRANÇA e aportamos em Villefranche. L. alugou por temporada uma maravilhosa casa em Beaulieu, de terraços abrindo para o mar. Com sua habitual impetuosidade, ele se distraía comprando terras em Cap Ferrat, onde pretendia construir um grande castelo em estilo italiano.

Fomos de carro conhecer as torres de Avignon e os muros de Carcassona, que serviriam de modelo para o castelo que ele iria construir em Cap Ferrat e que está lá, mas, ah, como tantas outras fantasias dele, nunca foi terminado.

Na época, ele estava numa inquietação anormal. Quando não ia para Cap Ferrat comprar terras, pegava o expresso para Paris numa segunda-feira e voltava na quarta. Eu ficava calmamente no jardim à beira do mar azul, pensando na estranha diferença entre a vida e a arte e se a mulher pode ser realmente uma artista, já que a arte é um duro patrão que exige tudo, enquanto a mulher que ama abre mão de tudo. De todo jeito, lá estava eu, pela segunda vez, completamente isolada e parada na minha arte.

Em primeiro de maio, numa manhã de mar azul e sol quente, e toda a natureza explodindo em alegria, nasceu meu filho.

Ao contrário do médico camponês idiota de Nordwyck, o inteligente dr. Bosson sabia como diminuir a dor com boas doses de morfina e essa segunda experiência foi bem diferente da primeira.

Deirdre entrou no meu quarto com sua carinha simpática, inundada de uma maternidade precoce.

— Ah, que menino lindinho, mãe! Não se preocupe, eu cuido dele no meu colo.

Pensei nessa frase quando ela morreu, segurando-o em seus peque-nos braços rígidos e sem cor. Por que as pessoas imploram a Deus, que, se existe, não deve ter conhecimento de tudo isso?

Assim, mais uma vez, eu estava à beira-mar com um bebê no colo. Só que, em vez da Villa Maria, branquinha e assolada pelos ventos, era uma mansão palaciana e, à beira não do agitado e escuro mar do Norte, mas do Mediterrâneo.

XXIV

Quando voltei a Paris, L. perguntou se eu gostaria de dar uma festa para todos os amigos. Disse-me para planejar tudo e ele daria carta branca, com prazer. Tenho a impressão de que os ricos não sabem como se divertir. Se dão um jantar, não difere muito de um jantar de uma criada pobre, e sempre imaginei que festa maravilhosa se poderia fazer, com dinheiro. Foi o que planejei.

Os convidados teriam de chegar às quatro da tarde em Versalhes, cujos jardins teriam tendas com todos os tipos de petiscos, de caviar e champanhe a chá e bolos. Depois, num espaço aberto no qual seriam montadas barracas, a orquestra Colonne, sob a direção de Pierné, apresentaria uma seleção das obras de Richard Wagner. Lembro como foi lindo o *Idílio de Siegfried* à sombra das grandes árvores naquela linda tarde estival e como foi solene, ao pôr do sol, a *Marcha fúnebre de Siegfried*.

Após o concerto, um fantástico banquete levava os convidados a prazeres mais materiais, com pratos deliciosos e variados, e durou até a meia-noite, quando o local foi iluminado e, ao som de uma orquestra vienense, todos dançaram até o amanhecer.

Era assim que eu achava que um rico deveria gastar para divertir seus amigos. Toda a elite e os artistas de Paris compareceram a essa festa e adoraram.

O detalhe estranho foi que, embora eu tivesse feito tudo para agradar L., que gastou 50 mil francos (francos da pré-Guerra!), ele não compareceu.

Cerca de uma hora antes da recepção, recebi um telegrama informando que ele tivera um derrame, estava muito mal e que eu deveria receber os convidados sem ele.

Não admira que eu sentisse vontade de me tornar comunista, ao ver com tanta frequência que um rico ser feliz era como Sísifo rolando a pedra na encosta do inferno.

Naquele mesmo verão, L. enfiou na cabeça que tinha de se casar, embora eu dissesse que era contra o casamento.

— É idiota uma artista se casar e tenho de viver em turnês pelo mundo, você vai ficar nos camarotes me admirando? — perguntei.

— Se fôssemos casados, você não teria de fazer turnês — ele respondeu.

— Então, o que faríamos?

— Podíamos ficar na minha casa em Londres, ou no meu chalé no campo.

— E o que mais faríamos?

— Temos o iate.

— E o que mais faríamos?

L. sugeriu que experimentássemos ficar casados por três meses.

— Vou me surpreender se você não gostar.

Assim, naquele verão fomos para Devonshire, onde ele tinha um maravilhoso castelo, cópia de Versalhes e do Petit Trianon, com muitos quartos, banheiros e suítes à minha disposição, mais quatorze carros na garagem e um iate no cais. Mas eu não pensei no clima: no verão inglês, chove o dia inteiro, embora os ingleses não pareçam se importar. Acordam, tomam café da manhã de ovos com bacon, presunto, rins e mingau de aveia. Em seguida, vestem capas e ficam no campo úmido até o almoço, que tem diversos pratos e termina com creme Devonshire.

Do almoço às cinco da tarde, supõe-se que eles cuidem da correspondência, embora eu ache que, na verdade, eles dormem. Às cinco, descem para o chá, que consiste em vários tipos de chás, bolos e pães, manteiga e geleia. Em seguida, fingem jogar bridge até chegar a hora do evento realmente importante do dia: preparar-se para o jantar, quando usam trajes de noite: as damas, de vestido decotado, e os cavalheiros, de camisas engomadas. Atacam uma refeição de vinte pratos e, ao final, conversam de leve sobre política, ou tecem considerações sobre filosofia até a hora de dormir.

Dá para imaginar se eu poderia gostar dessa vida ou não. Após duas semanas, estava completamente desesperada.

O castelo tinha um maravilhoso salão de baile com tapeçaria Gobelin e um quadro da coroação de Napoleão, pintado por David. Consta que o pintor fez dois iguais: um, que está no Louvre, e o outro, na salão de baile da casa de L. em Devonshire.

Ao perceber meu crescente desespero, L. perguntou:

— Por que você não dança no salão de baile?

Pensei na tapeçaria Gobelin e no quadro de David.

— Como posso fazer meus movimentos despojados na frente dessas obras e num piso oleoso e encerado?

— Se o problema é esse, mande buscar suas cortinas e seu tapete — ele disse.

Mandei buscar e dependurei as cortinas sobre a tapeçaria e estendi o tapete no chão encerado.

— Preciso de um pianista.

— Mande buscar — disse Lohengrin.

Liguei para Colonne e pedi:

— Estou passando o verão na Inglaterra, preciso trabalhar, mande um pianista.

A orquestra Colonne tinha um primeiro-violino, um homem esquisito com uma cabeça muito grande que balançava em cima de um corpo malfeito. Ele também tocava piano e Colonne o mandou. Mas o homem era tão antipático que me causava uma verdadeira aversão física olhá-lo ou apertar sua mão. Eu tinha implorado para Colonne mandar outro músico, mas ele disse que o homem me adorava. Insisti que não conseguia conter a repulsa e que não o suportava. Uma noite, Colonne adoeceu e não pôde conduzir a orquestra no Gaieté Lyrique. Mandou então esse músico substituí-lo, o que me deixou muito irritada. Avisei que não conseguia dançar com ele tocando.

O músico foi ao meu camarim e, entre lágrimas, pediu·

— Isadora, eu adoro você, deixe-me dirigir a orquestra essa vez.
Olhei-o, fria.

— Não. Devo dizer que você me causa repulsa física.

Ele então chorou.

A plateia estava esperando e Lugné Poe convenceu Pierné a conduzir a orquestra.

Num dia especialmente chuvoso, recebi um telegrama de Colonne dizendo: "Segue o pianista. Chega a tal hora, dia tal."

Fui à estação e qual não foi minha surpresa ao ver o tal homem desembarcar.

— Como Colonne pôde mandar você? Sabe que o odeio.

— Peço desculpas, senhora, o caro maestro mandou que eu viesse... — gaguejou, em francês.

Quando L. soube quem era o pianista, disse:

— Pelo menos, não preciso ter ciúmes.

L. continuava com os efeitos do que ele julgava ser um derrame. Por isso, mantinha no castelo um médico e uma enfermeira com prática que insistiram muito sobre como eu deveria me comportar. Puseram-me num quarto distante, na outra ponta da casa, e disseram que eu não devia incomodar L. por nada. L. passava horas no quarto seguindo uma dieta de arroz, macarrão e água e, a cada hora, o médico media sua pressão. A horas certas, L. sentava numa espécie de gaiola trazida de Paris e recebia uma descarga elétrica de milhares de volts, ficava lá parecendo um coitado e dizendo:

— Espero que me faça bem.

Tudo isso contribuiu muito para minha inquietação e, somado à chuva incessante, talvez explique os eventos incríveis que se seguiram.

Para diminuir ou acabar com o tédio, comecei a trabalhar com X., por mais que o detestasse. Quando ele tocava piano, eu colocava um biombo em volta e dizia:

— Você é tão desagradável que não suporto vê-lo.

Havia uma condessa hospedada no castelo, velha amiga de L.

— Como você pode tratar o pobre pianista assim? — ela perguntava. Um dia, insistiu para eu convidá-lo para uma volta conosco no carro de capota, como fazíamos todos os dias após o almoço.

Relutante, convidei-o; o carro não tinha bancos extras, então tivemos de ficar os três no mesmo assento: eu no meio; a condessa à minha direita, e X. à esquerda. Como sempre, chovia a cântaros. Logo que entramos no campo, senti um tal nojo por X. que bati na vidraça que separava os dois compartimentos e mandei o motorista voltar. Ele concordou e, para me agradar, fez uma curva fechada. A estrada era cheia de buracos e, quando o carro fez a curva, caí nos braços de X. Ele me abraçou. Eu recuei, olhei para ele e, de repente, senti todo o meu ser incendiar como um monte de palha. Nunca tive algo tão violento. Ao olhar para ele, fiquei pasma. Como não percebera antes? Ele era lindo e os olhos tinham uma chama de gênio. A partir daí, vi que era um grande homem.

No caminho de volta, fiquei olhando para ele numa espécie de transe apaixonado e, ao entrarmos no saguão do castelo, ele pegou minha mão e, de olhos fixos em mim, levou-me delicadamente para trás do biombo no salão de baile. Como uma antipatia enorme podia se transformar num amor violento?

O único estimulante que L. tinha permissão de tomar era a famosa descoberta que estava sendo vendida em milhares de garrafas para estimular as fagócitas. O mordomo tinha ordem de oferecer esse estimulante aos hóspedes, com os cumprimentos de L. e, apesar de eu saber depois que a dose devia ser de apenas uma colher de chá, L. insistia que bebêssemos em taças de vinho.

A partir daquela cena no carro, tivemos uma obsessão: ficar sozinhos no conservatório, no jardim ou até em longas caminhadas pelo campo lamacento. Mas paixões violentas têm finais violentos e, um dia, X. teve de sair do castelo para sempre. Fizemos esse sacrifício para salvar a vida de um homem que, supostamente, estava à morte.

Bastante tempo depois, ao ouvir a linda música *Espelho de Jesus*, eu confirmaria que aquele homem era um gênio. E sempre tive atração fatal por gênios.

Esse fato provou a mim mesma que eu não servia para a vida doméstica, e assim, no outono, um pouco mais sensata e mais triste, embarquei de navio para a América de novo, a fim de cumprir um terceiro contrato. E, pela milésima vez, decidi que daí em diante dedicaria minha vida à arte, que, embora tenha um patrão duro, é cem vezes mais gratificante do que os seres humanos.

Nessa turnê, fiz um apelo direto para a América ajudar a abrir minha escola. Os três anos que eu passara com os ricos me convenceram de que era uma vida infeliz, enfadonha e egoísta e que a verdadeira alegria só pode ser encontrada numa manifestação universal. Naquele inverno, falei com a plateia nos camarotes do Metropolitan e os jornais deram a manchete escandalosa: *Isadora ofende os ricos*. Eu falei algo assim:

— Disseram que fui grosseira com a América. Talvez, mas isso não significa que não goste da América. Talvez prove que gosto demais. Conheci um homem apaixonado pela esposa que não conversava com ele e tratava-o mal. Todos os dias, escrevia uma carta ofensiva para ela. Quando ela perguntou por que fazia isso, ele respondeu: porque amo você loucamente.

"Um psicólogo vai explicar isso e provavelmente ocorre o mesmo entre mim e a América. Claro que amo a América. Essa escola, esses alunos, não somos todos descendentes espirituais de Walt Whitman? E a dança, a qual chamaram de *grega*. Ela saiu da América, é a dança da América do futuro. Todos esses movimentos, de onde vieram? Vieram da grande natureza da América, de Serra Nevada, do oceano Pacífico que banha o litoral da Califórnia, dos grandes espaços das Montanhas Rochosas, do vale do Yosemite, das cataratas de Niágara.

"Beethoven e Schubert eram filhos do povo. Foram *pobres* e suas grandes obras foram inspiradas na humanidade e pertencem a ela. O povo precisa de grandes peças, músicas, danças.

"Fizemos uma apresentação com entrada franca no East Side. Algumas pessoas me disseram que, se eu tocasse uma sinfonia de Schubert no East Side, ninguém se importaria. Pois fizemos uma apresentação gratuita (era um teatro sem camarotes, tão agradável) e as pessoas ficaram hipnotizadas, com lágrimas escorrendo pelo rosto, mostrando assim que se importavam. Reservas de vida, poesia e arte esperam para nascer do povo do East Side. Construam para eles um grande anfiteatro, que é a única forma democrática de teatro, onde todos têm a mesma visão do palco, sem camarotes ou balcões. Olhem aquela galeria lá em cima e respondam: vocês acham direito colocar seres humanos no teto como moscas e depois pedir que gostem de arte e de música?

"Construam um teatro simples e bonito. Não precisa pintar de dourado, nem colocar todos aqueles enfeites e adereços caros. As belas-artes vêm do espírito humano e não precisam de aparência. Nossa escola não tem figurinos nem enfeites, só a beleza que flui da alma humana e o corpo que simboliza essa beleza. Se vocês aprenderam alguma coisa com minha arte, espero que tenha sido isso. A beleza é para ser buscada e encontrada na luz dos olhos das crianças e na beleza de suas mãozinhas fazendo lindos gestos. Vocês viram as crianças de mãos dadas pelo palco, mais lindas que qualquer colar de pérolas das damas que geralmente ficam nos camarotes. As crianças são as minhas pérolas e os meus diamantes, são só o que quero. Deem beleza, liberdade e força às crianças. Deem arte às pessoas que precisam dela. A boa música não devia se restringir ao deleite de alguns educados, devia ser para as massas, ela é tão necessária quanto o ar e o pão, pois a arte é o vinho do espírito."

Nessa viagem à América, fiquei muito feliz com a amizade daquele grande artista: o talentoso David Bispham. Ele foi a todas as minhas récitas e eu às dele. Depois, ceávamos na minha suíte no Plaza e ele cantava *A estrada de Mandalay* ou *Danny Deever* e ríamos, nos abraçávamos e nos divertíamos.

Esse capítulo devia se chamar *Apologia ao amor pagão*, pois aprendi que o amor pode ser um passatempo ou um drama e me entreguei a ele com inocência pagã. Os homens pareciam tão sedentos de beleza, daquele amor que refresca e inspira, sem medo ou responsabilidade. Após uma apresentação, de túnica, com os cabelos coroados de rosas, eu me sentia linda. Por que não desfrutar dessa beleza? Estavam longe os dias de um copo de leite quente e da *Crítica da razão pura*, de Kant. Agora me parecia mais natural tomar champanhe e ter alguém sedutor ao lado dizendo que eu era linda. O divino corpo pagão, os lábios apaixonados, os braços ansiosos, o sono reparador no ombro de um amado eram alegrias que eu achava ao mesmo tempo inocentes e deliciosas. Algumas pessoas podem se escandalizar, mas eu não entendo por quê: se você tem um corpo sujeito a algumas dores (tratar dentes cariados, arrancar dentes, obturação) e todo mundo, por mais talentoso que seja, está sujeito a doença, gripe etc., então, por que não aproveitar, quando há chance, todo o prazer desse corpo? Um homem que trabalha com a cabeça o dia todo, às vezes enfrentando problemas graves e preocupação, por que não se entregar àqueles lindos braços e se consolar da dor em algumas horas de beleza e esquecimento? Espero que as pessoas às quais dei isso lembrem-se com o mesmo prazer que eu. Não tenho tempo para escrever sobre todas as horas de prazer aqui nestas memórias, como não tenho tempo para escrever sobre as lindas horas que passei em florestas e campos, na felicidade que senti com as sinfonias de Mozart ou Beethoven, ou nas horas deliciosas que me deram artistas como Isaye, Walter Rummel, Hener Skene e outros.

— Sim, deixe-me ser pagã, pagã! — eu gritava. Mas não devo ter sido mais que uma pagã puritana ou uma puritana pagã.

Jamais esquecerei o meu retorno a Paris. Tinha deixado as crianças em Versalhes com a governanta. Quando abri a porta, meu filhinho veio correndo para mim com os cachos dourados formando uma auréola em seu adorável rosto. Tinha-o deixado um bebê de berço.

Em 1908, comprei o estúdio de Gervex, em Neuilly, com uma sala de música parecida com uma capela, e fui morar lá com as crianças. Nesse estúdio, eu trabalhava o dia todo e às vezes a noite toda também, com meu fiel Hener Skene, pianista muito talentoso e de uma energia infatigável. Costumávamos começar de manhã e, como não entrava luz no estúdio, que tinha minhas cortinas azuis e era iluminado por lamparinas em arco, não tínhamos noção da passagem do tempo. Às vezes, eu perguntava a ele:

— Não está com fome? Que horas devem ser? — Olhávamos o relógio e descobríamos que eram quatro da manhã! Ficávamos tão imersos no trabalho que atingíamos o que os hindus chamam de "imobilidade de êxtase".

Eu tinha no jardim uma casa para meus filhos, a governanta e a babá, assim a música não os incomodava. Era um lindo jardim; na primavera e no verão, dançávamos com o estúdio de portas abertas.

O estúdio era usado não só para trabalhar, mas também para festas e jantares que L. adorava oferecer. O grande salão então se transformava num jardim tropical ou num palácio espanhol, e vinham todos os artistas e pessoas conhecidas de Paris.

Lembro-me de uma noite em que Cécile Sorel, Gabriele d'Annunzio e eu improvisamos uma pantomima na qual ele demonstrou grande talento histriônico.

Durante muitos anos tive preconceito contra ele devido à minha admiração por Duse: achava que ele a tratara mal e não queria encontrá-lo. Um amigo perguntou:

— Posso trazer D'Annunzio?

E eu respondi:

— Não traga, eu seria bem grosseira com ele.

Apesar do aviso, ele um dia apareceu com D'Annunzio.

Eu não o conhecia pessoalmente e, quando vi aquele ser extraordinário de luz e magnetismo, só pude exclamar, em francês:

— Bem-vindo, como você é simpático!

Em 1902, quando D'Annunzio me conheceu em Paris, resolveu me conquistar. Isso não é elogio, já que ele queria fazer amor com todas as mulheres conhecidas e amarrá-las na cintura como os índios americanos fazem com os escalpos. Mas eu resisti devido à minha admiração por Duse. Achei que seria a única mulher no mundo a resistir a D'Annunzio. Foi um impulso heroico.

Quando ele deseja uma mulher, envia todas as manhãs um pequeno poema com uma florzinha representando o poema. Todos os dias, às oito da manhã, eu recebia essa florzinha e, mesmo assim, mantive meu impulso heroico!

Na época, meu estúdio era perto do hotel Byron, e, uma noite, D'Annunzio me disse, com seu sotaque característico:

— Virei à meia-noite.

Uma amiga e eu passamos o dia inteiro arrumando o estúdio. Nós o enchemos de lírios brancos e de outras flores que se levam para um enterro. Acendemos dezenas de velas. Ao ver o estúdio, D'Annunzio ficou fascinado, o lugar parecia uma capela gótica, com todas aquelas velas acesas e flores brancas. Nós o recebemos e o levamos para um divã cheio de almofadas. Primeiro, dancei para ele. Depois, cobri-o de flores e coloquei velas a seu redor, acompanhando de leve o som da *Marcha fúnebre*, de Chopin. Apaguei as velas, deixei só as que estavam aos pés e na cabeceira dele. Ele ficou meio hipnotizado. Depois, ainda acompanhando a música, apaguei a vela aos pés dele e, quando fui para a que estava à cabeceira, ele se levantou com enorme esforço, soltou um guincho de pavor e saiu do estúdio, enquanto o pianista e eu, rindo sem parar, nos abraçamos.

A segunda vez em que resisti a D'Annunzio foi uns dois anos depois, em Versalhes. Convidei-o para jantar no hotel Trianon Palace. Fomos até lá no meu carro.

— Não quer dar uma caminhada no bosque antes do almoço?

— Ah, claro, seria ótimo.

Fomos de carro até a floresta de Marly e saímos para o bosque. D'Annunzio estava meio parado.

Andamos um pouco e eu então sugeri:

— Voltemos para almoçar.

Mas não conseguimos encontrar o carro. Tentamos ir a pé para o hotel. Andamos, andamos, andamos e não encontramos o portão! Por fim, ele começou a chorar como uma criança:

— Quero almoçar! Tenho cérebro, esse cérebro quer ser alimentado. Quando fico faminto, não consigo andar.

Consolei-o como pude e finalmente achamos o portão e voltamos para o hotel, onde D'Annunzio comeu um jantar magnífico.

A terceira vez que resisti foi anos depois, durante a guerra. Fui a Roma e fiquei no hotel Regina. Por um estranho acaso, D'Annunzio estava no quarto ao lado. Todas as noites ele ia jantar com a marquesa Casatti. Uma noite, ela me convidou, cheguei ao palácio e entrei na antecâmara. Era tudo em estilo grego e sentei à espera da marquesa quando, de repente, ouvi alguém me dizer uma frase muito grosseira, mesma linguagem muito vulgar. Olhei ao redor e vi um papagaio verde. Reparei que ele estava solto. Levantei e fui para o salão ao lado. Fiquei sentada à espera da marquesa quando de repente ouvi um rosnar (*brrr*) e vi um grande buldogue branco. Também estava solto, então passei para o salão seguinte, que tinha tapetes de urso branco e peles de urso até nas paredes. De repente, ouvi um sibilar, olhei para baixo e vi uma cobra levantada numa gaiola. Passei para o salão seguinte, coberto de peles de tigre, onde um gorila mostrava os dentes. Corri para a sala seguinte, que era de jantar, e encontrei a secretária da marquesa. Finalmente, a marquesa desceu para jantar. Estava num pijama dourado e transparente. Eu disse a ela:

— Vejo que você adora bichos.

— Ah, sim, adoro, principalmente macacos — ela disse, olhando a secretária.

Por mais estranho que pareça, depois desse aperitivo animado, o jantar foi de muita formalidade. Após o jantar, voltamos ao salão com o orangotango, e a marquesa mandou chamar uma cartomante. Ela apareceu, de chapéu comprido e pontudo e um manto de bruxa. Leu nossa sorte nas cartas.

Então, D'Annunzio chegou. (E imagina como o diabo estava vestido?)

D'Annunzio é muito supersticioso e acredita em todas as cartomantes. Essa disse a ele as coisas mais incríveis:

— Você vai voar e fazer coisas fantásticas. Vai cair e quase morrer, mas vai sobreviver e ter muita glória.

Para mim, ela disse:

— Você vai despertar o mundo para uma nova religião e descobrir grandes templos em toda parte. É muito protegida e sempre que lhe acontecer algum acidente, os anjos vão protegê-la. Vai viver muito. Vai viver para sempre.

Depois disso, voltamos para o hotel e D'Annunzio me disse:

— Toda noite, irei ao seu quarto à meia-noite. Já conquistei todas as mulheres do mundo, ainda falta conquistar Isadora.

E toda noite ele vinha à meia-noite. Pensei: "Vou ser diferente. A única mulher do mundo que resistiu a D'Annunzio."

Ele me contou maravilhas de quando era jovem, falou na arte dele.

— Isadora, não aguento mais! Me abraça, me abraça!

Eu ficava tão perturbada com o talento dele que não sabia o que fazer, então levava-o gentilmente para fora do meu quarto. Foi assim durante uns três meses, e fiquei tão ensandecida que, um dia, simplesmente corri para a estação e tomei o primeiro trem.

Ele costumava perguntar, em francês:

— Por que você não pode me amar?

— Por causa de Eleonora — eu respondia.

D'Annunzio adorava o peixe dourado que mantinha no hotel Trianon. Ficava num lindo aquário de cristal e ele costumava dar comida e conversar com o peixe, que mexia as guelras, abria e fechava a boca como se estivesse respondendo.

Um dia, quando eu estava hospedada nesse hotel, perguntei pelo peixe ao gerente e a resposta foi:

— Ah, madame, é uma triste história! D'Annunzio foi para a Itália e pediu para cuidarmos do peixe, pois gostava muito dele, dizia que era símbolo de toda a sua felicidade! Mandava telegramas perguntando: "Como vai meu querido Adolfo?" Um dia, Adolfo nadou mais devagar no aquário e parou de perguntar por D'Annunzio. Tirei-o do aquário e joguei-o pela janela. Chegou um telegrama de d'Annunzio dizendo: "Sinto que Adolfo não vai bem." Respondi: "Adolfo morreu na noite passada." D'Annunzio pediu para o peixe ser enterrado no jardim e ter uma lápide. Peguei uma sardinha, embrulhei em papel prateado e enterrei no jardim com uma cruz e uma lápide *Aqui jaz Adolfo*. Ao voltar da Itália, D'Annunzio perguntou: "Onde é o túmulo do meu Adolfo?" Mostrei o lugar, ele trouxe muitas flores e ficou bastante tempo chorando lá.

MAS HOUVE UMA FESTA com final horrível. Eu tinha arrumado o estúdio como um jardim tropical, com mesas para duas pessoas no meio de folhagens densas e plantas raras. Na época, eu já tinha conhecimento das inúmeras intrigas parisienses, então coloquei na mesma mesa casais que gostariam de ficar juntos, o que causou lágrimas em algumas esposas. Os convidados estavam todos fantasiados de persas e dançamos com uma orquestra cigana. Entre eles, estavam Henri Bataille e a famosa intérprete dele, Berthe Bady, amigos meus de longa data.

Como já disse, meu estúdio era como uma capela, com cortinas azuis dependuradas de cima de uns 50 metros. Mas havia um pequeno aposento no balcão que foi transformado pela arte de Poiret e parecia um circo. Espelhos de moldura dourada refletiam as cortinas de veludo preto; um tapete preto e um divã com almofadas orientais completavam a decoração, com janelas lacradas e estranhas portas que pareciam passagens de túmulos etruscos. Ao terminar a decoração, o próprio Poiret disse, em francês:

— É um lugar para se fazer coisas bem diferentes que nos outros lugares.

Era verdade. O pequeno aposento era lindo, atraente e, ao mesmo tempo, perigoso. Não existe algo num móvel que diferencia uma cama comportada de um divã de crime, ou poltronas respeitáveis de sofás pecaminosos? Poiret tinha razão. Aquele aposento causava uma sensação diferente e nele diziam-se coisas diferentes das que eram ditas no meu estúdio-capela.

Na noite dessa festa, o champanhe rolava, como sempre ocorria quando L. oferecia uma festa. Às duas da manhã, eu estava sentada num divã no quarto de Poiret com Henri Bataille e, embora ele sempre tivesse sido como um irmão para mim, nessa noite, influenciado pela sedução do lugar, ele falou e agiu diferente. E quem apareceu então, senão L.? Ao ver Henri Bataille e eu no divã dourado refletidos nos inúmeros espelhos, correu para o estúdio e começou a falar de mim para os convidados e disse que ia embora para nunca mais voltar.

Isso causou estupor nos convidados e fez meu estado de espírito passar de comédia para drama. Eu então disse a Skene:

— Rápido, toque a *Morte de Isolda*, senão está estragada a noite.

Tirei minha túnica bordada, vesti uma branca, Skene tocou melhor que nunca e dancei até o amanhecer.

Mas aquela noite era para ter uma continuação dramática. L. não acreditou em nossa inocência e jurou nunca mais me ver. Implorei em vão; Henri Bataille ficou muito perturbado com o fato e chegou a escrever uma carta para L. Não adiantou.

L. só concordou em me ver dentro de um carro. Seus xingamentos entraram nos meus ouvidos como o tinir de sinos diabólicos. De repente, parou de xingar, abriu a porta do carro e me atirou para fora, na noite. Andei pelas ruas sozinha durante horas, numa espécie de torpor. Homens estranhos me olhavam e faziam propostas esquisitas. De repente, o mundo parecia ter se transformado num inferno obsceno.

Dois dias depois, eu soube que L. tinha ido para o Egito.

XXV

Meu melhor amigo e maior consolo nessa época foi o músico Hener Skene. Ele era uma personalidade diferente, desprezava o sucesso e não tinha ambições pessoais. Adorava minha arte e só ficava feliz quando tocava para mim. De todas as pessoas que conheci, foi quem mais me admirou. Pianista maravilhoso, com nervos de aço, costumava tocar para mim por noites inteiras: uma noite, as *Sinfonias* de Beethoven; em outra, todo o ciclo do Anel, de *Ouro do Reno* a *Crepúsculo dos deuses*, de Wagner.

Em janeiro de 1913, fizemos uma turnê pela Rússia. Um fato estranho marcou essa viagem. Chegamos a Kiev ao amanhecer e pegamos um trenó puxado por cavalos para chegar ao hotel. Eu tinha acordado pouco antes e de repente vi nos lados da estrada, bem nítidas, duas fileiras de caixões diferentes, de crianças. Apertei o braço de Skene:

— Veja quantas crianças mortas!

Ele me tranquilizou.

— Não estou vendo nada.

— Como não?

— Não, só há neve empilhada dos lados da estrada. Que alucinação estranha! Você está cansada.

Nesse dia, para repousar e acalmar os nervos, fui a um banho russo. Os banhos consistem em quartos quentes, com prateleiras de tábua presas nas paredes. Estiquei-me numa delas, a funcionária saiu e, subitamente, o calor me atingiu e caí no chão de mármore.

A funcionária me encontrou desmaiada e tiveram de me carregar para o hotel. Chamaram um médico, que disse ter sido uma pequena concussão cerebral.

— Não deve dançar esta noite... está com febre alta...

— Detesto desapontar o público — eu disse, e insisti em ir ao teatro.

O programa era Chopin. Inesperadamente, no final do programa, pedi a Skene:

— Toque a *Marcha fúnebre*, de Chopin.

— Por quê? Você nunca a dançou — ele disse.

— Não sei, toque.

Insisti tanto que ele aceitou e dancei a marcha como quem carrega nos braços, rumo ao derradeiro descanso, um conhecido que morreu, passos lentos, hesitantes. Dancei a descida no túmulo e, por fim, o espírito saindo da carne que o aprisiona e subindo, subindo para a luz, a ressurreição.

Quando terminei e a cortina caiu, houve um curioso silêncio. Olhei para Skene: ele estava de uma palidez mortal, tremia. Segurou minhas mãos, que estavam geladas.

— Nunca mais peça para eu tocar isso — pediu. — Senti a morte, cheguei a sentir o cheiro de flores brancas de enterro, vi caixões de crianças, caixões...

Ficamos trêmulos e tristes; acho que naquela noite algum espírito nos deu a premonição do que iria acontecer.

Voltamos para Paris em abril de 1913 e Skene tocou de novo a marcha para mim no Trocadero, no final de uma longa apresentação. Após um silêncio religioso, o público emudeceu, depois aplaudiu muito. Algumas mulheres choraram e outras ficaram quase histéricas.

Talvez o passado, o presente e o futuro sejam como uma longa estrada. Em cada curva, a estrada continua, só que não podemos ver e achamos que é o futuro, mas ele já estava lá à nossa espera.

A visão do cortejo fúnebre em Kiev me fez pressentir algo ruim, que me deixou deprimida. Fui para Berlim, onde fiz algumas apresentações e novamente tive vontade de compor a dança de alguém que é, subitamente, atingido por um golpe terrível do destino e os feridos se levantando após esse golpe terrível para, talvez, uma nova esperança.

Meus filhos, que ficaram com Elizabeth durante minha turnê pela Rússia, foram me ver em Berlim. Estavam com ótima saúde e animados, dançaram, eram a expressão da alegria. Voltamos juntos para Paris, para minha ampla casa em Neuilly.

Mais uma vez eu estava em Neuilly com meus filhos. Muitas vezes, eu ficava no balcão e, sem que Deirdre percebesse, olhava-a inventar danças. Também dançava poemas que ela mesma escrevia, aquela figurinha pueril no grande estúdio azul, com a delicada voz dizendo: "Eu agora sou um passarinho, voando nas nuvens." Ou: "Agora sou uma flor olhando para um passarinho e balançando assim, assim." Ao ver sua graça e beleza, imaginei que ela, talvez, continuasse a minha escola. Era minha melhor aluna.

Patrick também começava a dançar uma música estranha que ele inventava. Não permitia que eu ensinasse nada. "Não, Patrick vai dançar a dança de Patrick", avisava, sério.

Morando em Neuilly, trabalhando no estúdio, lendo horas na biblioteca, brincando no jardim com meus filhos ou ensinando-os a dançar, eu estava bem feliz e tinha pavor de mais turnês que me separassem deles. Meus filhos ficavam cada dia mais lindos, então era mais difícil ter coragem de deixá-los. Sempre achei que um dia um grande artista reuniria o dom de criar música com o de dançar, e quando meu filhinho dançava, eu pensava que poderia ser ele quem criaria a nova dança a partir da nova música.

Eu não era ligada àquelas duas adoráveis crianças apenas pelo pungente laço de carne e sangue, mas pelo laço mais forte, quase sobre-humano, da arte. Os dois adoravam música e pediam para ficar no estúdio quando Skene tocava ou eu trabalhava. Sentavam tão quietos, com os rostos tão atentos, que às vezes eu me assustava por seres tão jovens demonstrarem tanta seriedade.

Lembro uma tarde em que o grande artista Raoul Pugno tocava Mozart. As crianças entraram na ponta dos pés e ficaram uma de cada lado do piano. Quando a música terminou, elas puseram as cabeças louras sob os braços do pianista e olharam com tamanha admiração que ele exclamou:

— De onde vieram esses anjos... anjos de Mozart?

Então, eles riram, subiram no joelho dele e esconderam as carinhas na barba dele.

Olhei aquele trio lindo com terna emoção, mal sabendo quão perto os três estavam de partir para a terra das sombras, "de onde nenhum viajante retorna".

Isso foi em março. Eu me apresentava, alternadamente, no Teatro Châtelet e no Trocadero, mas, apesar de tudo na família ir muito bem, eu sentia sempre uma estranha opressão.

Mais uma vez, dancei certa noite no Trocadero a *Marcha fúnebre,* com Skene tocando órgão. Mais uma vez, senti aquele hálito gelado e o cheiro forte de angélicas brancas e flores de enterro. Quando Deirdre, uma linda figura branca no camarote central, me viu dançando isso, chorou, como se seu coraçãozinho fosse partir, e gritou:

— Ah, por que minha mãe está tão triste?

Esse foi o primeiro leve toque do prelúdio da tragédia que acabaria para sempre com qualquer esperança de uma vida natural e feliz para mim. Acho que a pessoa parece continuar viva, mas há dores que matam. O corpo continua se arrastando pelo mundo, mas o espírito está arrasado para sempre. Já ouvi gente falar no valor dignificante da tristeza. Só posso dizer que os dias que precederam esse golpe foram os últimos de minha vida espiritual. Desde então, só tive um desejo: voar, voar para longe daquele horror, e minha vida virou apenas uma série de voos estranhos, eu parecia o triste Judeu Errante, ou o Holandês Voador, a vida se tornou um navio-fantasma num oceano-fantasma.

Por uma estranha coincidência, o fato psíquico muitas vezes se reflete em objetos concretos. Quando Poiret decorou para mim aquela exótica e misteriosa suíte da qual falei, colocou em cada porta dourada uma dupla cruz preta. No começo, achei só original e bizarro, mas aos poucos aquelas duplas cruzes pretas começaram a me afetar de forma curiosa.

Como já disse, apesar das coisas aparentemente positivas da minha vida, eu sentia sempre uma estranha opressão, uma espécie de premonição sinistra, e passei a acordar assustada à noite, com medo. Mantinha uma luz acesa, e uma noite, naquela luz tênue, vi sair da dupla cruz preta em frente à minha cama uma figura de preto que se aproximou dos pés da cama e me olhou, pesarosa. Fiquei paralisada de medo, acendi a luz e a figura sumiu. Essa curiosa alucinação (a primeira) ocorreu várias outras vezes, em intervalos de tempo.

Fiquei tão impressionada que, ao jantar na casa de minha querida amiga, a sra. Rachel Boyer, comentei com ela. Ela se assustou e, com seu bom coração de sempre, ligou na hora para o médico. E me disse:

— Você deve estar com alguma doença dos nervos.

Veio o jovem e bonito dr. René Badet e falei das visões.

— Evidentemente, a senhora está com os nervos esgotados e precisa de alguns dias no campo.

— Mas tenho contrato para apresentações em Paris — retruquei.

— Bom, vá para Versalhes, é tão perto, pode ir de carro e o ar lhe fará bem.

No dia seguinte, falei com a querida governanta das crianças, que gostou muito da ideia.

— Versalhes vai fazer bem às crianças — disse ela.

Assim, preparamos algumas valises e estávamos prestes a sair quando surgiu na porta do meu quarto e andou na minha direção uma figura esguia, de preto. Seriam meus nervos sobrecarregados, ou era a mesma figura que saía todas as noites da dupla cruz? Ela me disse:

— Vim só ver você. Tenho sonhado com você e achei que precisava vê-la.

Reconheci: era a ex-rainha de Nápoles. Dias antes, eu tinha levado Deirdre para conhecê-la e avisara à minha filhinha:

— Deirdre, vamos encontrar uma rainha.

— Ah, então tenho de usar meu vestido de festa — disse Deirdre, pois era assim que chamava o vestidinho que Poiret tinha feito para ela, todo trabalhado e bordado.

Passei algum tempo ensinando-a a fazer a reverência da corte com perfeição e ela adorou. No final, começou a chorar e disse:

— Mamãe, estou com medo de ver uma rainha de verdade.

Acho que a pobrezinha pensou que seria obrigada a entrar numa corte de verdade, como numa encenação. Mas, quando chegamos à maravilhosa casinha na entrada do Bois e ela foi apresentada à mulher esguia e estranha, de cabelos brancos presos numa coroa, tentou fazer reverência, mas, rindo, jogou-se nos nobres braços abertos. Não teve medo da rainha, que foi de uma simpatia e uma graça absolutas.

No dia em que a rainha de Nápoles apareceu em Neuilly de véu fúnebre, expliquei que estávamos de partida para Versalhes. Ela disse que gostaria muito de ir conosco, seria uma aventura. No caminho, fez um gesto carinhoso e apertou meus dois queridinhos no peito e, ao ver aquelas cabecinhas louras emolduradas pelo traje negro, senti de novo a estranha opressão que me vinha atacando nos últimos tempos.

Em Versalhes, tivemos um chá alegre com as crianças, depois acompanhei a rainha de Nápoles até seus aposentos. Não conheci ninguém mais delicado, simpático e inteligente do que a irmã da desafortunada Elizabeth.

Ao acordar na manhã seguinte no lindo jardim do hotel Trianon, todos os meus medos e premonições desapareceram. O médico tinha razão, eu precisava do campo. Ah, se o coro da tragédia grega estivesse lá! Podia cantar o verso que diz que, ao nos encaminharmos na direção contrária para evitar um dano, vamos ao encontro dele, como aconteceu com o infeliz Édipo. Se eu não tivesse ido a Versalhes para fugir da visão profética da morte que me perseguia, as crianças não teriam morrido três dias depois, naquela mesma estrada.

Lembro-me tão bem daquela tarde, pois dancei como nunca. Eu não era mais uma mulher, mas uma chama de alegria, um fogo, uma faísca, a fumaça espiralando do coração da plateia... Como despedida, após uma dúzia de bis, dancei o *Momento musical* e meu coração pareceu cantar: "Amor e vida, o maior êxtase, tudo é para dar aos que precisam dele." Tive a impressão de que Deirdre estava sentada num ombro meu e Patrick no outro, bem equilibrados, bem felizes, e eu olhava de um para outro e via seus rostos lindos com sorrisos de criança e meus pés não se cansavam de dançar.

Após essa dança, tive uma grande surpresa. Lohengrin apareceu no camarote de meus convidados; não o via desde que fora para o Egito, meses antes. Pareceu muito emocionado com minha dança naquela noite e com nosso encontro, sugeriu de ir conosco à ceia no apartamento de Augustin, no hotel Champs Elysées. Fomos e esperamos por L. com a mesa posta. Passou-se uma hora e ele não chegou, fiquei num nervosismo cruel. Apesar de saber que ele tinha ido para o Egito acompanhado, fiquei muito satisfeita de vê-lo, pois sempre gostei dele e queria mostrar-lhe que, mesmo sem a presença do pai, o filho crescera forte e bonito. Mas, quando o relógio deu três horas e ele não veio, fiquei muito desapontada e fui encontrar as crianças em Versalhes.

Após o desgaste físico da apresentação e o nervosismo da espera, eu estava exausta. Joguei-me na cama e dormi profundamente.

Acordei de manhã cedo, com as crianças entrando no quarto, como de hábito, e subindo na minha cama com gritinhos de alegria. Depois, como sempre, tomamos o café juntos.

Patrick estava mais agitado que o normal e brincava de derrubar as cadeiras; cada uma que caía, ele dava gritos de alegria.

Então, ocorreu algo diferente. Na noite anterior, alguém me enviara dois livros lindamente encadernados de Barbey d'Aurevilly. Peguei um na mesa e já ia ralhar com Patrick por fazer muito barulho quando, por acaso, abri o livro no trecho em que Níobe diz:

> *Belle, et mère d'enfants dignes de toi, tu sourirais quand on te parlait de l'Olympe. Pour te punir, les flèches des Dieux atteignirent les têtes dévouées de tes enfants, que ne protégea pas ton découvert.**

Até a babá pediu:

— Patrick, por favor, não faça tanto barulho, vai incomodar sua mãe.

Ela era uma pessoa delicada e boa, a mais paciente do mundo, e adorava as duas crianças.

— Ah, deixe, babá: imagine como seria a vida sem a barulheira deles — eu disse.

---

*Bela, e mãe de crianças dignas de ti, tu sorrias quando te falavam do Olimpo. Para te punir, as flechas dos deuses atingiram as cabeças devotadas de teus filhos, que teu seio descoberto não protegia. (*N. da E.*)

E pensei como a vida seria vazia e triste sem eles, pois, bem mais do que minha arte e mil vezes mais que o amor de um homem, eles é que tinham incluído minha vida de felicidade. Li o resto:

> *Quand il ne resta plus de poitrine à percer que la tienne, tu la tournas avidement du côté d'où venaient les coups... et tu attendis! Mais en vain, noble et malheureuse femme. L 'arc des Dieux était détendu et se jouait de toi.*
>
> *Tu attendis ainsi — toute la vie — dans un désespoir tranquille et sombrement contenu. Tu n'avais pas jeté les cris familiers aux poitrines humaines. Tu devins inerte, et l'on raconte que tu fus changée en rocher pour exprimer l'inflexibilité de ton coeur...**

Fechei o livro, com meu coração tomado de um medo repentino. Abri os braços, chamei as crianças e, quando as apertei no peito, as lágrimas brotaram, pois me lembro de cada palavra e cada gesto daquela manhã. Quantas vezes, em noites insones, repassei cada instante e pensei, desanimada, por que um aviso não me fez impedir o que ia acontecer.

Era uma manhã cinzenta e amena. As janelas estavam abertas para o jardim onde as árvores começavam a florir. Senti pela primeira vez no ano o rompante de alegria que nos invade no começo da primavera e, entre o deleite da estação e a presença de meus filhos, tão corados, lindos e alegres, senti uma tal alegria que pulei da cama e dancei com eles, os três explodindo em risos. A babá olhou, sorrindo também.

O telefone tocou. Era L., pedindo para eu levar as crianças à cidade.

— Quero vê-las. — Fazia quatro meses que não as encontrava.

Fiquei contente, pensei que seria a reconciliação que eu desejava e cochichei o passeio para Deirdre.

---

*Quando não restavam mais seios a transpassar além dos teus, tu os voltaste para o lado de onde vinham os golpes... e tu os esperavas! Mas em vão, nobre e infeliz mulher... O arco dos deuses estava desarmado e zombava de ti. Tu esperaste assim — toda a vida — em um desespero tranquilo e sombriamente contido. Nunca mais tu emitiste os gritos familiares dos seios humanos. Tu te tornaste inerte, e falam que te transformaste em rochedo para expressar a inflexibilidade de teu coração. (*N. da E.*)

— Patrick, imagine aonde vamos hoje? — ela perguntou alto.

Quantas vezes ouvi a voz infantil fazer essa pergunta!

Meus pobres, lindos e frágeis filhos, se eu soubesse o destino cruel que teriam! Aonde, aonde vocês foram naquele dia?

A babá então avisou:

— Madame, acho que vai chover, talvez seja melhor eles ficarem em casa.

Quantas vezes, como num horrendo pesadelo, tenho ouvido esse aviso e amaldiçoado minha falta de consciência. Mas achei que o encontro com L. seria bem mais simples se as crianças também estivessem presentes.

De carro, naquela última viagem de Versalhes a Paris, abraçando aqueles corpinhos, senti uma nova esperança e segurança na vida. Eu sabia que, quando L. visse Patrick, esqueceria os sentimentos que tinha contra mim e nosso amor poderia continuar, com alguma grande meta.

Antes de ir para o Egito, L. tinha comprado um bom terreno no centro de Paris, onde pretendia construir um teatro para a minha escola, que seria também um ponto de encontro para os grandes artistas do mundo. Achei que Duse teria lá o ambiente perfeito para sua arte divina e que Mounet-Sully conseguiria realizar seu velho sonho de encenar a trilogia *Édipo-rei*, *Antígona* e *Édipo em Colono*.

Pensei em tudo isso naquela viagem de carro a Paris e me senti leve, com grandes esperanças artísticas. O teatro nunca foi construído, Duse não encontrou o templo à sua altura e Mounet-Sully morreu sem fazer a trilogia de Sófocles. Por que os sonhos dos artistas quase nunca se realizam?

O encontro foi como eu esperava. L. adorou ver o filhinho e Deirdre, a quem amava muito. Tivemos um almoço bem alegre, num restaurante italiano, com muito espaguete e Chianti, e falamos no futuro do maravilhoso teatro.

— Vai se chamar Teatro de Isadora — disse L.

— Não, Teatro de Patrick, pois ele é um grande compositor, vai criar a dança para a música do futuro.

Quando o almoço terminou, L. perguntou:

— Estou tão contente, por que não vamos ao Salão dos Humoristas?

Mas eu tinha um ensaio, então L. foi com nossa jovem amiga H. de S., que estava conosco, enquanto eu ia para Neuilly com as crianças e a babá. Quando estávamos na porta, perguntei à babá:

— Você vem com as crianças e espera?

E ela respondeu:

— Não, senhora, acho melhor voltarmos. Os pequenos precisam descansar.

Beijei os dois e me despedi:

— Volto logo.

Ao sair, a pequena Deirdre encostou a boca na vidraça da janela. Abaixei-me e beijei a vidraça do outro lado. O vidro frio me deu uma impressão esquisita.

Entrei no grande estúdio. Ainda não estava na hora do ensaio. Pensei em descansar um pouco, subi para minha suíte e me deitei no sofá. Alguém me mandara flores e uma caixa de bombons. Peguei um e comi devagar, preguiçosamente, pensando: "Afinal, estou muito feliz, talvez seja até a mulher mais feliz do mundo. Tenho minha arte, sucesso, sorte, amor e, acima de tudo, meus lindos filhos."

Estava assim, comendo bombons e pensando: "L. voltou, vai ficar tudo bem", quando ouvi um grito estranho e irreal.

Virei para a porta e vi L. balançando como um bêbado. Os joelhos dele dobraram, ele caiu na minha frente e disse:

— As crianças... as crianças... morreram!

LEMBRO QUE SENTI uma estranha calma, só a garganta queimava como se eu tivesse engolido carvões em brasa. Mas eu não entendi. Falei com L. bem baixo, tentei tranquilizá-lo, disse-lhe que não podia ser verdade.

Outras pessoas chegaram, mas eu não entendia o que tinha acontecido. Entrou um homem de barba preta, disseram que era um médico.

— Não é verdade — ele disse. — Eu vou salvá-las.

Acreditei. Quis ir com ele, mas as pessoas me impediram. Agora sei que não queriam que eu soubesse que não havia esperança. Temiam que o choque me enlouquecesse, mas, na hora, fiquei em estado de exaltação. Todos choravam, menos eu. Pelo contrário, eu só queria consolá-los. Pensando nisso agora, não consigo entender aquele estranho estado de espírito. Será que estava numa clarividência, sabia que a morte não existe, que aquelas pequenas figuras frias, de cera, não eram meus filhos, apenas as roupinhas que eles usavam? Que a alma dos meus filhos estava na luz, viva para sempre?

Só duas vezes na vida a mãe grita como se estivesse fora de si: no parto e na morte. Quando segurei aquelas mãozinhas frias, que nunca mais apertariam as minhas, ouvi meus gritos, os mesmos gritos de quando meus filhos nasceram. Como podem ser os mesmos? Um é o grito da máxima alegria, e o outro, da máxima dor. Não sei como, mas sei que são iguais. O Universo não é apenas um grande grito que contém tristeza, alegria, êxtase, agonia? O Grito da Criação?

QUANTAS VEZES VAMOS de manhã na luz tênue e vacilante e, ao passar pelo cortejo negro e sinistro de um enterro cristão, estremecemos e pensamos em nossos entes queridos. Não pensamos que um dia nós é que seremos os enlutados naquele cortejo negro.

Desde pequena, tive grande antipatia por qualquer coisa ligada a igrejas ou dogmas religiosos. Os textos de Ingersoll e Darwin e a filosofia pagã aumentaram essa antipatia. Sou contra o atual contrato de matrimônio e acho a concepção moderna de um enterro horrenda, beirando o barbarismo. Como tive coragem de me recusar a casar e a batizar meus filhos, na morte deles recusei também a palhaçada que se chama enterro cristão. Só queria que aquele trágico acidente se transformasse em beleza. A infelicidade era grande demais para lágrimas. Eu não conseguia chorar. Centenas de amigos me procuraram aos prantos. Centenas de pessoas ficaram no jardim e na rua chorando, mas eu não chorei, só queria que aquelas pessoas que vieram demonstrar sua compaixão usando luto se transformassem em beleza. Não usei luto. Por que mudar de roupa? Sempre achei que a roupa de luto era absurda e desnecessária. Augustin, Elizabeth e Raymond respeitaram o meu desejo e fizeram no estúdio uma grande pilha de flores e, quando fiquei consciente, a primeira coisa que ouvi foi a orquestra Colonne tocando *Orfeu*, o lindo lamento de Gluck.

Mas como é difícil afastar em um dia os sentimentos ruins e criar beleza. Por mim, um enterro não teria sinistros homens de cartolas pretas, nem carros fúnebres, nem qualquer das palhaçadas feias e inúteis que tornam a morte um horror macabro, em vez de uma exaltação. Que maravilha a atitude de Byron ao cremar o corpo de Shelley na pira à beira-mar! Mas, em nossa civilização, só encontrei a alternativa menos bonita da cremação.

Ao me despedir dos restos dos meus filhos e de sua querida babá, eu queria tanto um gesto, uma última luz. Certamente, um dia a Inteligência Mundial vai finalmente recusar esses feios rituais da Igreja e criar uma cerimônia de adeus aos mortos que seja bela. A cremação já é um grande avanço depois do incrível costume de enterrar os corpos. Muita gente deve concordar comigo, mas claro que meu empenho foi criticado por muitos religiosos radicais, que me acharam uma mulher sem coração, terrível, por querer me despedir de meus entes queridos com harmonia, cor, luz e beleza e por querer cremá-los em vez de enterrá-los para serem devorados pelos vermes. Quanto tempo levaremos para ter um pouco de inteligência na vida, no amor... e na morte?

Cheguei à lúgubre cripta do crematório e na minha frente estavam os caixões contendo as cabeças douradas, as mãos caídas como flores murchas, os lépidos pezinhos de tudo o que eu amava e que seriam entregues às chamas e transformados para sempre num patético punhado de cinzas.

Voltei para o estúdio de Neuilly. Tinha um plano para acabar com minha vida. Como continuar, depois de perder meus filhos? As palavras das meninas da minha escola, que me rodearam dizendo "Isadora, viva para nós, não somos suas filhas?" me despertaram para a tarefa de aliviar a dor delas, crianças também, que choravam, desconsoladas, a morte de Deirdre e Patrick.

Se essa dor tivesse ocorrido bem antes, eu podia ter superado; se ocorresse bem depois, não seria tão terrível. Mas naquele momento, em que eu estava com toda a força e energia vital, fiquei totalmente arrasada. Se um grande amor me tivesse arrebatado e me levado, mas L. não atendeu ao meu chamado.

Raymond ia com a esposa, Penélope, para a Albânia, socorrer os refugiados, e me convenceu a ir também. Fui com Elizabeth e Augustin para a ilha de Corfu. Ao passarmos a noite em Milão, deram-me o mesmo quarto no qual, quatro anos antes, eu havia passado horas conflitantes, discutindo o nascimento do pequeno Patrick. Agora, ele já havia nascido, com aquele rosto de anjo do sonho que eu tivera em São Marco, e já tinha ido embora.

Olhei de novo os olhos sinistros da dama no quadro, que parecia perguntar: "Eu não disse que tudo leva à morte?" Senti um horror tão grande que saí correndo do quarto e pedi a Augustin para me levar para outro hotel.

Tomamos o barco em Brindisi e pouco depois, numa linda manhã, chegamos a Corfu. A natureza estava feliz e sorridente, mas isso não me consolou. As pessoas que estavam comigo disseram que passei semanas com o olhar parado. Não tinha noção do tempo, entrei numa terra sombria e cinzenta onde não existia vontade de viver nem de se movimentar. Quando a dor é muito grande, não há gesto nem palavra que consolem. Como a mitológica Níobe transformada em rochedo, sentei-me e ansiei pela aniquilação da morte.

L. estava em Londres. Achei que, se ao menos ele viesse me ver, eu sairia daquele coma horrível, tal qual uma morte. Talvez eu pudesse voltar à vida, em braços carinhosos.

Um dia, pedi para ninguém me incomodar. No quarto de janelas fechadas, deitei na cama e cruzei as mãos sobre o peito. Tinha chegado ao auge do desespero e repetia sem parar o telegrama que mandara para L.:

"Venha, preciso de você. Estou morrendo. Se não vier, vou junto com as crianças."

Repeti como uma espécie de ladainha, sem parar.

Ao me levantar da cama, vi que era meia-noite. Depois, dormi cheia de dor.

Na manhã seguinte, Augustin me acordou com um telegrama que recebeu: "Pelo amor de Deus, mande notícias de Isadora. Vamos já para Corfu. L."

NOS DIAS QUE SE SEGUIRAM, esperei com o primeiro raio de esperança que surgia na escuridão.

Certa manhã, L. chegou, pálido e agitado.

— Pensei que você tivesse morrido — ele disse.

Contou-me então que, na tarde em que recebera meu telegrama, eu tinha aparecido para ele na forma de um ser etéreo aos pés da cama e dissera as palavras do telegrama, que repeti tantas vezes: "Venha, venha, preciso de você. Se não vier, eu morro."

Isso provou a ligação telepática que existia entre nós e tive a esperança de que, com meu gesto espontâneo de amor, a infelicidade do passado acabasse e eu sentisse de novo aquela agitação no peito e meus filhos voltassem para me consolar. Mas não podia ser. Minha saudade enorme e minha tristeza eram demais para L. Certa manhã, ele foi embora de repente, sem avisar. Vi o navio saindo de Corfu e sabia que ele estava a bordo. Vi o navio indo embora nas águas azuis e, mais uma vez, fiquei só.

Pensei então: ou acabo com a vida já, ou descubro um jeito de viver, apesar da angústia que me devora dia e noite. Pois todas as noites, acordada ou dormindo, eu lembrava daquela terrível última manhã, e ouvia Deirdre dizer: "Adivinha aonde vamos hoje?" E a babá sugerir: "Madame, talvez seja melhor eles não saírem hoje" e minha resposta nervosa: "Tem razão. Fique com eles, boa babá, fique com eles; não os deixe sair de casa hoje."

Raymond chegou da Albânia. Estava, como sempre, muito entusiasmado.

— O país todo precisa de ajuda. As aldeias foram destruídas, as crianças morrem de fome. Como você pode ficar aqui, com sua dor egoísta? Venha ajudar a dar comida às crianças, consolar as mulheres.

O pedido surtiu efeito. Mais uma vez, vesti minha túnica grega, calcei as sandálias e fui com Raymond para a Albânia. Ele tinha o método mais original de organizar um campo de socorro para os refugiados albaneses. Primeiro, foi ao mercado em Corfu e comprou lã pura, que levou num pequeno barco alugado para Santi Quaranta, o principal porto de refugiados.

— Mas, Raymond, vai dar lã pura para os famintos comerem? — perguntei.

— Você vai ver. Se eu comprasse pão, só valeria por hoje, mas a lã é para o futuro — respondeu ele.

Desembarcamos no litoral rochoso de Santi Quaranta, onde Raymond tinha organizado um centro com a seguinte placa: "Quem quiser fiar lã receberá uma dracma por dia."

Dali a pouco, formou-se uma fila de mulheres pobres e famintas. Junto com a dracma, elas recebiam trigo-sarraceno, que o governo grego estava vendendo no porto.

A seguir, Raymond pilotou o pequeno barco de volta para Corfu, onde encomendou teares e voltou para Santi Quaranta.

— Quem quer ganhar uma dracma por dia para tecer lã formando motivos? — perguntei de novo.

Dezenas de pessoas famintas se candidataram. Raymond tirou os motivos para tecer dos desenhos de antigos vasos gregos. Em pouco tempo, ele tinha uma equipe de tecelãs às quais ele ensinou a cantar enquanto trabalhavam. Elas fizeram lindas colchas de cama, que Raymond mandou vender em Londres com cinquenta por cento de lucro. Com esse dinheiro, abriu uma padaria e vendia pão tipo francês pela metade do preço que o governo grego cobrava pelo milho. Assim, iniciou sua aldeia de refugiados.

Morávamos numa tenda à beira-mar. Todas as manhãs, ao nascer do sol, entrávamos no mar e nadávamos. De vez em quando, Raymond tinha sobra de pão e batatas, então íamos ao outro lado da colina e distribuíamos nas aldeias para quem tinha fome.

A Albânia é um lugar estranho e trágico. Lá ficava o primeiro altar dedicado a Zeus, o que faz trovejar, pois no inverno e no verão há tempestades incessantes e chuvas violentas. Apesar disso, nós vivíamos de túnicas e sandálias; cheguei à conclusão de que ser lavada pela chuva é muito mais divertido do que usar capa.

Vi muitas coisas dramáticas. Uma mãe sentada embaixo de uma árvore, com um bebê nos braços e mais três ou quatro crianças dependuradas, todas famintas e desalojadas. A casa deles tinha sido incendiada, o marido e pai fora assassinado pelos turcos, o rebanho que tinham fora roubado, e a plantação, destruída. A pobre mãe ficou lá, com os filhos. Para pessoas nessa situação, Raymond distribuía muitas sacas de batata.

Voltamos para nosso acampamento cansados, mas eu sentia uma estranha alegria. Meus filhos tinham ido embora, mas havia outras crianças, famintas e sofrendo. Não podemos viver para essas outras?

Foi em Santi Quaranta, onde não havia cabeleireiro, que cortei meus cabelos pela primeira vez e joguei-os ao mar.

Quando minha saúde e energia voltaram, não consegui mais viver entre os refugiados. Sem dúvida, há muita diferença entre a vida do artista e a do santo. Minha vida de artista despertou dentro de mim. Vi que, com meus recursos limitados, era totalmente impossível impedir a onda de miséria que eram os refugiados albaneses.

XXVI

Um dia, senti que precisava sair daquele país de muitas montanhas, grandes rochedos e tempestades. Disse a Penélope, minha cunhada:

— Acho que não aguento mais ver tanta miséria. Tenho vontade de ficar em silêncio numa mesquita iluminada por uma lamparina, vontade de sentir tapetes persas sob meus pés. Estou cansada dessas estradas. Quer vir comigo dar uma voltinha em Constantinopla?

Penélope adorou. Trocamos nossas túnicas por vestidos discretos e embarcamos para Constantinopla. De dia, eu ficava na minha cabine no convés; à noite, quando os outros passageiros dormiam, eu colocava um lenço na cabeça e saía na noite enluarada. Debruçada na amurada do navio, também olhando a lua, estava uma figura toda de branco, até as luvas de pelica eram brancas: um jovem com um livrinho preto onde parecia ler de vez em quando, depois murmurava o que parecia ser uma prece. Tinha o rosto branco e comprido, iluminado por lindos olhos negros e coroado por cabelos negros retintos.

Quando me aproximei, o estranho falou comigo.

— Ouso me dirigir a você porque minha tristeza é tão grande quanto a sua. Vou para Constantinopla consolar minha desolada mãe que há um mês soube do suicídio do meu irmão mais velho e, apenas duas semanas depois, outra tragédia, meu outro irmão também se matou. Só sobrei eu. Mas como posso consolá-la? Eu, que estou tão desesperado que acho que o melhor seria imitar o gesto de meus irmãos?

Conversamos, ele contou que era ator e o livrinho era o *Hamlet*, personagem que estava estudando. Na noite seguinte, voltamos a nos encontrar no convés como dois fantasmas infelizes, cada qual imerso em seus pensamentos e, ao mesmo tempo, encontrando algum consolo na companhia um do outro. Ficamos lá até o amanhecer.

Ao chegarmos a Constantinopla, uma mulher alta e bonita, de luto fechado, estava à espera dele e o abraçou.

Minha cunhada Penélope e eu ficamos no hotel Péra Palace e passamos os dois primeiros dias andando pela cidade, principalmente na parte antiga, de ruas estreitas. No terceiro dia, recebi uma visita inesperada. Era a mãe do meu triste amigo de bordo, a mulher que o esperava no cais. Estava muito angustiada, mostrou fotos dos lindos filhos mortos e disse:

— Foram-se, não posso trazê-los de volta, mas vim implorar a você para salvar o último, Raoul. Sinto que ele vai fazer o mesmo que os irmãos.

— O que posso fazer e como ele está? — perguntei.

— Ele foi para a pequena aldeia de San Stefano, está sozinho em casa e temo pelo pior, por causa da expressão desesperada que tinha ao sair. Ele ficou tão impressionado com você que acho que você podia fazê-lo ver o absurdo disso, ter pena de mim e voltar a viver.

— Mas por que ele está desesperado? — perguntei.

— Não sei, como não sei por que os irmãos se mataram. Eram lindos, jovens e ricos: por quê?

Sensibilizada com o pedido da mãe, prometi ir à aldeia de San Stefano e fazer o possível para Raoul refletir. O porteiro do hotel disse que a estrada era ruim, quase intransitável de carro. Então, fui ao porto e aluguei um barco. Ventava e as águas do Bósforo estavam agitadas, mas nós chegamos à pequena aldeia. Segui as instruções da mãe e encontrei a casa de Raoul. Era uma casinha branca no meio de um jardim, num lugar isolado perto do antigo cemitério. Não tinha campainha. Bati, ninguém atendeu. Experimentei abrir a porta e entrei. A sala estava vazia, subi alguns degraus, abri outra porta e encontrei Raoul num quartinho caiado de branco, inclusive portas e piso. Estava deitado num sofá branco vestido de branco como no navio, até nas imaculadas luvas brancas. Na mesinha perto do sofá, havia um lírio branco num jarro de cristal e, ao lado, um revólver.

O rapaz parecia não comer havia dias e estar num lugar distante que minha voz mal alcançava. Tentei chamar a atenção dele, falar como a mãe estava arrasada pela morte dos filhos e finalmente consegui levá-lo pela mão e empurrá-lo para dentro do pequeno barco que me aguardava, deixando o revólver na casa.

No caminho de volta, ele chorou muito e não quis ir para a casa da mãe. Então, convenci-o a ficar nos meus aposentos no hotel Péra Palace e procurei saber o motivo de tanta tristeza, pois eu achava que nem a morte dos irmãos poderia causar aquilo. Por fim, ele murmurou:

— Isso mesmo, a causa não é a morte dos meus irmãos, é Sylvio.

— Quem é? Onde ela está? — perguntei.

— Sylvio é o homem mais bonito do mundo e mora aqui em Constantinopla com a mãe — ele respondeu.

Ao saber que Sylvio era homem, fiquei muito chocada, mas, como sempre li Platão e considero *Fedro* a mais estranha canção de amor já escrita, não fiquei tão chocada quanto algumas pessoas poderiam ficar. Para mim, o amor é apenas uma chama espiritual, que não depende necessariamente do sexo.

Mas eu tinha decidido salvar a vida de Raoul e, em vez de dizer alguma coisa, apenas perguntei:

— Qual é o telefone de Sylvio?

Dali a pouco, ouvi a voz suave de Sylvio ao telefone, que pareceu vir de uma alma também suave.

— Você precisa vir já para cá — eu disse.

Ele veio, era um lindo jovem de uns 18 anos. Ganimedes devia ter aquela aparência quando deixou o poderoso Zeus perturbado.

> E quando esse sentimento continua, ele se aproxima e abraça-o, nos exercícios de ginástica e em outras ocasiões, a fonte daquele riacho, que Zeus chamou de Desejo, quando estava apaixonado por Ganimedes, invade o amante e um pouco da água entra na

alma e derrama. Como uma brisa ou um eco bate nos rochedos e volta, assim também o riacho da beleza, passando pelos olhos que são as janelas da alma, voltam para o que é lindo. Lá chegando e facilitando a passagem das asas, banhando-os e fazendo-os crescer e enchendo a alma do amado com amor. Assim, ele ama sem saber, não entende e não consegue explicar o que sente, parece ter-se contagiado de uma cegueira, pois o amante é seu espelho, vê-se refletido nele, mas não sabe.

Mitologia, Benjamin Jowett

Jantamos. Mais tarde, no balcão sobre o Bósforo, tive o prazer de ver Raoul e Sylvio numa conversa amena e pessoal; tive certeza de que, por enquanto, a vida de Raoul estava salva. Telefonei para a mãe dele e contei o sucesso do meu esforço. A pobre mulher ficou muito feliz e mal conseguiu me agradecer.

Naquela noite, quando dei boa noite aos meus amigos, vi que fora uma boa ação salvar a vida daquele lindo rapaz, mas, poucos dias depois, a mãe me procurou outra vez, preocupada.

— Raoul voltou para a casa em San Stefano. Você precisa salvá-lo outra vez.

Achei que aquilo era um abuso da minha boa vontade, mas não resisti ao pedido da pobre mãe. Dessa vez, fui de carro, pois tinha achado o barco muito difícil. Chamei então Sylvio e disse para ele me acompanhar.

— Por que essa loucura? — perguntei.

— Bom, é que eu gosto de Raoul, mas não tanto quanto ele de mim, então ele diz que prefere a morte — explicou Sylvio.

Saímos ao anoitecer e, depois de muitos buracos e sacudidelas na estrada, chegamos à mesma casa. Entramos de surpresa e, mais uma vez, levamos o triste Raoul para o hotel onde minha cunhada Penélope e eu conversamos com ele até tarde da noite, procurando um remédio para a estranha doença dele.

No dia seguinte, Penélope e eu andávamos pelas ruas antigas de Constantinopla, num trecho escuro e estreito, quando ela viu uma placa em armênio anunciando que ali havia uma quiromante.

— Vamos consultá-la — disse Penélope.

Entramos numa casa antiga, subimos a escadaria em espiral, passamos por muitos corredores velhos e sujos até um quarto nos fundos onde estava uma mulher bem idosa mexendo um caldeirão de onde vinham cheiros esquisitos. Era armênia, mas falava um pouco de grego, então Penélope traduziu: no último massacre que os turcos fizeram, a idosa viu os filhos, as filhas e os netos serem mortos. Desde então, tornara-se clarividente.

— O que você vê no meu futuro? — perguntei, através de Penélope.

A velha olhou a fumaça do caldeirão e disse algumas coisas que Penélope traduziu.

— Ela diz que você é filha do Sol e veio ao mundo para dar muita alegria a todas as pessoas. Dessa alegria, sairá uma religião e, depois de muito andar, no final de sua vida, você vai construir templos pelo mundo inteiro. Com o tempo, você vai voltar aqui também e construir um templo. Todos dedicados à beleza e à alegria, pois você é filha do Sol.

Na época, achei curiosa essa poética profecia, levando em conta a tristeza em que me encontrava.

Penélope então perguntou à mulher:

— E o meu futuro?

A mulher respondeu e notei que Penélope empalideceu e se assustou.

— O que ela disse? — perguntei.

— Algo bem inquietante: que eu tenho um carneirinho, refere-se a meu filho Menalkas. E que eu quero outro carneirinho, deve ser a filha que sempre desejei. Mas esse desejo jamais será realizado; vou receber um telegrama avisando que meu amado está muito doente e outro que ele está quase morrendo. Não terei vida longa, mas meditarei pela última vez num lugar alto, de onde se vê o mundo, e sairei desta esfera.

Penélope ficou muito preocupada. Pagou à mulher, despediu-se e segurou minha mão. Percorremos rapidamente os corredores, descemos as escadas e entramos na rua estreita até acharmos um táxi que nos levou para o hotel.

Ao chegarmos, o porteiro trouxe um telegrama. Penélope se apoiou no meu braço, quase desmaiando. Levei-a para o quarto dela e abri o telegrama, que dizia: "Menalkas muito doente, Raymond muito mal. Volte já."

A pobre Penélope ficou desesperada. Jogamos nossas coisas nos baús de viagem e perguntamos quando saía o barco para Santi Quaranta. O porteiro disse que havia um ao anoitecer. Mesmo na pressa, lembrei-me da mãe de Raoul e escrevi para ela: "Se quer salvar seu filho do perigo que o ameaça, faça-o sair já de Constantinopla. Não me pergunte por que e, se puder, leve-o ao navio que sai esta tarde, às cinco."

Não tive resposta, e só quando o navio ia embora, Raoul, mais morto do que vivo, subiu ao passadiço com uma valise. Perguntei se tinha passagem ou cabine, mas ele não havia pensado em nada disso. Os navios orientais são simpáticos e hospitaleiros e, como não havia cabine disponível, consegui com o capitão que Raoul dormisse na sala da minha suíte, pois me preocupava tanto com ele quanto uma mãe.

Ao chegarmos a Santi Quaranta, encontramos Raymond e Menalkas com febre alta. Fiz o possível para convencer meu irmão e Penélope a saírem daquela sombria Albânia e virem comigo para a Europa. Chamei o médico de bordo para insistir, mas Raymond não quis deixar os refugiados e a aldeia onde morava. Penélope, claro, não iria largá-lo. Então, tive de deixá-los naquele rochedo desolado, com apenas uma tendinha de proteção, sobre a qual soprava um perfeito furacão.

O navio seguiu para Trieste; Raoul e eu estávamos muito tristes e e e não parava de chorar. Mandei um telegrama para meu motorista nos esperar em Trieste, pois eu tinha horror do contato com passageiros no trem. Fomos para o norte, pelas montanhas da Suíça.

Paramos um pouco no lago de Genebra; éramos um casal estranho, cada um em sua tristeza e talvez por isso tenhamos gostado da companhia um do outro. Ficamos alguns dias num pequeno barco no lago e por fim arranquei de Raoul a promessa de que, pela mãe dele, jamais voltaria a pensar em suicídio.

Então, certa manhã, eu o vi partir de trem, de volta ao teatro, e nunca mais tive notícias. Soube depois que ele teve uma carreira de sucesso e causou ótima impressão como Hamlet, o que era compreensível, pois quem poderia dizer o verso *Ser ou não ser* com mais conhecimento do que o pobre Raoul? Ele era tão jovem, espero que tenha sido feliz.

Sozinha na Suíça, fui invadida por muita tristeza e melancolia. Não conseguia ficar num lugar por muito tempo e, consumida pela inquietação, viajei toda a Suíça de carro e, por fim, obedecendo a um impulso irresistível, voltei a Paris. Estava muito sozinha, pois não suportava mais nenhuma companhia. Nem meu irmão Augustin, que foi me encontrar na Suíça, conseguiu quebrar o feitiço que me possuía. Cheguei ao ponto de detestar até a voz humana e, quando alguém entrava no meu quarto, parecia estar distante e irreal. Nesse estado, cheguei uma noite à porta de minha casa em Neuilly. Estava tudo vazio, e só restava o velho que cuidava do jardim e morava na casa do porteiro.

Entrei no grande estúdio e, por um instante, as cortinas azuis me lembraram da minha arte e do meu trabalho e resolvi voltar para eles. Chamei então Hener Skene para tocar, mas aquele som conhecido só me causou ataques de choro. Foi a primeira vez que chorei de verdade. Tudo ali me fazia lembrar do tempo em que fora feliz. Tive a alucinação de ouvir a voz das crianças no jardim e um dia, quando entrei na casinha onde eles moravam e vi as roupas e os brinquedos, espalhados, desabei completamente e vi que era impossível ficar em Neuilly. Mesmo assim, esforcei-me e chamei alguns amigos para me encontrarem.

À noite, não consegui dormir: sabia que um rio passava perigosamente próximo da casa e, um dia, sem aguentar mais, peguei o carro e fui para o sul. Sozinha na estrada, a setenta ou oitenta quilômetros por hora, consegui alívio da angústia indescritível de dias e noites.

Fui para os Alpes, desci para a Itália e continuei perambulando, às vezes numa gôndola pelos canais de Veneza, pedindo ao gondoleiro para remar a noite toda; outras vezes, na antiga cidade de Rimini.

Passei uma noite em Florença, sabia que C. estava morando lá e tive muita vontade de chamá-lo, mas, sabendo que estava casado e sossegado, achei que isso só causaria problemas e me contive.

Um dia, numa pequena cidade à beira-mar, recebi um telegrama que dizia: "Isadora, sei que você está percorrendo a Itália. Peço que venha me ver, farei tudo para consolá-la." Era assinado por Eleonora Duse.

Nunca descobri como ela soube onde eu estava, mas, quando li aquele nome mágico, sabia que Eleonora era a única pessoa que eu queria ver. O telegrama fora enviado de Viareggio, do outro lado do promontório onde eu me encontrava. Na mesma hora, peguei o carro, após enviar uma resposta agradecida a Eleonora e avisar da minha chegada.

Caiu uma grande tempestade na noite em que cheguei a Viareggio. Eleonora morava numa pequena casa no campo, mas havia deixado recado no Grand Hotel pedindo para eu ir lá.

XXVII

Na manhã seguinte, fui de carro encontrar Duse, que estava morando numa casa cor-de-rosa, atrás de um vinhedo. Ela veio por um caminho cheio de parreiras, como um anjo glorioso. Abraçou-me e seus lindos olhos brilhavam de amor e ternura, deve ter sido assim quando Dante viu a divina Beatriz no Paraíso.

Fiquei morando em Viareggio e encontrava coragem nos radiosos olhos de Eleonora. Ela costumava me embalar nos braços, não só para consolar minha dor, pois parecia colocar minha tristeza no peito dela. Vi que eu não suportava as pessoas, porque todas tentavam me animar buscando o esquecimento. Já Eleonora dizia:

— Fale sobre Deirdre e Patrick.

E me fazia repetir todas as coisinhas que eles falavam e mostrar fotos deles, que ela beijava e chorava. Nunca disse: "Pare de sofrer", mas sofria comigo e, pela primeira vez desde a morte deles, senti que eu não estava sozinha. Eleonora Duse era uma grande pessoa, com um coração tão imenso que aguentava o drama do mundo; seu espírito, o mais radiante que já brilhou sobre as tristezas sombrias deste mundo. Muitas vezes, ao andarmos pela praia, eu tinha a impressão de que sua cabeça estava nas estrelas, e suas mãos alcançavam o cume das montanhas.

Ao olhar para a montanha, ela um dia me disse:

— Veja como as encostas áridas da Croce parecem sombrias e ameaçadoras comparadas com as encostas arborizadas de Ghilardone, os parreirais ensolarados e as fileiras de árvores floridas. Mas, se você olhar para cima da árida e escura Croce, vai notar um brilho de mármore branco à espera do escultor para imortalizá-lo. Ghilardone apenas supre as necessidades vitais do homem, enquanto Croce alimenta seus sonhos. A vida do artista também é assim: escura, sombria, trágica, mas fornece o mármore branco de onde saem as aspirações humanas.

Eleonora amava Shelley. No final de setembro, com as tempestades frequentes, quando um raio surgia sobre as ondas encapeladas, ela às vezes mostrava o mar e dizia:

— Veja, as cinzas de Shelley brilham, ele está ali, andando sobre as ondas.

Como eu vivia perseguida por estranhos me olhando no hotel, aluguei uma casa. Mas por que escolhi esse lugar? Era um casarão de tijolos vermelhos nos fundos de uma floresta de pinheiros, fechado por altos muros. Se por fora era triste, por dentro a tristeza desafiava qualquer descrição. Segundo a história que corria na aldeia, na casa vivera uma mulher depois de uma paixão infeliz por um alto membro da corte austríaca (alguns diziam que o próprio Francisco José). Ela teve ainda a má sina de ver o filho dessa união enlouquecer, por isso a casa tinha um quartinho no alto, de janelas gradeadas e paredes com desenhos fantásticos. A pequena abertura quadrada na porta era onde devia ser colocada a comida para o pobre jovem louco quando ficava perigoso. O telhado tinha uma grande *loggia* aberta que descortinava o mar de um lado e as montanhas de outro.

Foi uma extravagância alugar essa sombria residência, que tinha no mínimo sessenta aposentos. Acho que a floresta de pinheiros e a linda vista da *loggia* me atraíram. Perguntei a Eleonora se não gostaria de morar lá comigo, mas ela recusou cortesmente; saiu da casa de verão e foi para uma casinha branca que era próxima.

Duse tinha uma mania engraçada, quanto à correspondência: se você estava em outro país, ela enviava um longo telegrama a cada três anos; se estava perto, enviava uma palavrinha simpática quase todos os dias, às vezes três por dia. Então, nós nos encontrávamos e andávamos pela praia, e ela descrevia:

— A dança trágica caminha ao lado da musa trágica.

Caminhávamos assim um dia quando ela se virou para mim; o sol se punha no horizonte e formava um halo flamejante sobre a cabeça dela. Olhou-me durante bastante tempo, curiosamente.

— Isadora, não busque mais a felicidade. A sua testa tem a marca das pessoas muito infelizes deste mundo. O que aconteceu com você é apenas o começo. Não provoque mais o destino.

Ah, Eleonora, se eu tivesse dado atenção ao seu aviso! Mas a esperança é uma planta difícil de matar e, por mais galhos que se arranquem, sempre surgem novos brotos.

Nessa época, Duse estava magnífica, no auge da vida e da inteligência. Fazia longas caminhadas pela praia; nenhuma mulher que eu tenha conhecido fazia isso. Não usava espartilho e, na época, seu corpo era muito grande e cheio, desapontaria um aficionado da moda, mas ela tinha uma nobre grandeza. Tudo nela mostrava sua alma grande e torturada. Costumava ler para mim as tragédias gregas, ou Shakespeare, e quando eu ouvia alguns versos de Antígona, pensava no crime que era aquela maravilhosa interpretação não estar sendo feita para o mundo. Não é verdade que um amor infeliz ou outro motivo sentimental tenham causado seu longo afastamento dos palcos, no auge de sua arte. Também não foi por doença; ela apenas não dispunha dos recursos financeiros necessários para transmitir suas ideias sobre arte como desejava. É essa a verdade simples e vergonhosa. O mundo *amante da arte* deixou essa grande atriz ficar sozinha e pobre durante quinze longos anos. Quando, finalmente, Morris Gest viu isso e conseguiu uma turnê para ela na América, era tarde. Eleonora morreu nessa última turnê, pateticamente conseguindo dinheiro por sua arte, pelo qual esperou tantos anos.

ALUGUEI UM GRANDE piano para a casa e telegrafei para o fiel amigo Skene, que veio imediatamente. Eleonora gostava demais de música, e todas as manhãs ele tocava Beethoven, Chopin, Schumann e Schubert para ela. Às vezes, ela cantava numa voz baixa e intensa, sua canção preferida, *In questa tomba* (Nesta sepultura), e nos versos finais (*Ingrata, ingrata*) o tom e a expressão eram tão trágicos e acusadores que eu não podia vê-la sem chorar.

Num entardecer, levantei de repente, pedi para Skene tocar e dancei para ela o adágio da *Sonata patética*, de Beethoven. Era a primeira vez que dançava desde o 19 de abril; Duse agradeceu me abraçando e beijando.

— Isadora, o que faz aqui? Precisa voltar para sua arte, é sua única salvação.

Ela sabia que eu tinha recebido, dias antes, um convite para uma turnê pela América do Sul.

— Aceite esse contrato. Se você soubesse como a vida é curta e que pode passar por anos de tédio, apenas tédio! Fuja da tristeza e do tédio! — ela insistiu. — Fuja, fuja — repetiu, mas meu coração estava pesado demais. Podia dançar para ela, mas parecia impossível dançar para uma plateia. Todo o meu ser estava torturado, cada batida do meu coração chamava por meus filhos. Eu me consolava quando ficava com Eleonora, mas à noite, naquela casa solitária, de aposentos vazios e escuros fazendo eco, eu esperava o amanhecer. Então, levantava da cama e ia nadar na praia. Queria nadar para tão longe que não conseguisse voltar, mas meu corpo sempre voltava, tamanha é a força da vida num corpo jovem.

Numa tarde cinzenta de outono, eu andava sozinha pela praia quando, de repente, vi meus filhos Deirdre e Patrick, de mãos dadas. Chamei-os, eles continuaram rindo, sem que eu os alcançasse. Corri atrás, chamei-os, eles sumiram num borrifo de onda. Um medo terrível me invadiu. Aquela visão de meus filhos: eu estava louca? Por alguns instantes, tive a certeza de que eu dera um passo além da linha que separa a loucura da sanidade. Imaginei que iria enfrentar o asilo de loucos, uma vida de total monotonia e, desesperada, joguei-me na areia e chorei alto.

Não sei quanto tempo fiquei lá, até que senti uma mão piedosa na minha cabeça. Olhei e vi uma das belas figuras da Capela Sistina. Ele ficou ali, saído do mar, e perguntou:

— Por que está sempre chorando? Posso ajudar em alguma coisa?

Olhei para cima.

— Mais que a minha vida, você pode salvar o meu equilíbrio mental. Me dê um filho.

Naquela noite, ficamos juntos na cobertura da minha casa. O sol entrava por trás do mar, a lua inundava de luz o lado de mármore da montanha, e quando senti aqueles braços jovens e fortes me envolverem, os lábios dele nos meus, quando toda aquela paixão italiana me invadiu, vi que tinha sido salva da tristeza e da morte, trazida de volta à luz... para amar de novo.

Na manhã seguinte, quando contei tudo para Eleonora, ela não pareceu surpresa. Os artistas estão sempre num mundo de lenda e fantasia: ela achou muito natural o jovem Michelangelo sair do mar para me consolar e, embora detestasse pessoas estranhas, aceitou conhecer meu jovem Angelo. Fomos ao ateliê dele, que era escultor.

— Você acha mesmo que ele é um gênio? — Duse me perguntou, depois de ver o trabalho dele.

— Tenho certeza absoluta. Vai ser um novo Michelangelo — respondi.

A juventude é maravilhosamente elástica, acredita em tudo, e quase acreditei que meu novo amor iria vencer a tristeza. Estava cansada daquela dor horrível e incessante. Lia sempre um poema de Victor Hugo e acabei me convencendo de que "sim, eles voltarão, estão só esperando para voltar para mim". Mas, ah, essa ilusão durava pouco.

Parecia que meu amante era de uma rígida família italiana e estava noivo de uma jovem também de uma rígida família italiana. Ele não me disse, mas me escreveu numa carta de despedida. Não fiquei zangada. Achei que ele havia recuperado minha razão e me mostrara que eu não estava sozinha. A partir daí, entrei numa fase muito mística, achava que o espírito de meus filhos estava ao meu redor e eles iriam voltar para me consolar.

Com o outono se aproximando, Eleonora mudou-se para o apartamento que tinha em Florença e eu também saí da minha casa soturna. Fui para Florença, depois para Roma, onde pretendia passar o inverno. Passei o Natal lá. Foi muito triste, mas pensei: pelo menos, estou aqui, e não numa sepultura ou num asilo de loucos. Meu fiel amigo Skene continuou ao meu lado sem perguntar nada, sem questionar nada; como sempre, só me dava amizade, admiração e música.

Roma é a cidade perfeita para uma alma triste. O brilho incrível e a perfeição de Atenas teriam acentuado minha dor, mas Roma, com suas ruínas maravilhosas, seus túmulos e monumentos cheios de inspiração, testemunhos de tantas gerações mortas, foi um analgésico. Eu gostava de andar pela Via Ápia de manhã cedo, quando as carroças passavam entre longas fileiras de túmulos, trazendo vinhos de Frascati, com os carroceiros sonolentos como faunos cansados, encostados nos barris. Era como se o tempo parasse e eu fosse um fantasma perambulando pela Via há séculos, com a amplidão da Campagna e o grande arco daquele céu de Rafael. Eu levantava os braços para esse céu e dançava, uma figura trágica em meio às fileiras de túmulos.

À noite, Skene e eu íamos às muitas fontes que jorram sem parar dos pródigos mananciais nas montanhas. Eu adorava sentar junto a uma fonte e ouvir a água esguichar e ondular. Às vezes, eu chorava em silêncio, com meu delicado acompanhante segurando minhas mãos, solidário.

Um dia, fui despertada dessas andanças tristes por um longo telegrama de L. exigindo, em nome da minha arte, que eu voltasse para Paris. Graças a isso, tomei o trem. No caminho, passamos por Viareggio e eu vi o telhado da casa de tijolos vermelhos entre pinheiros. Pensei nos meses de esperança e desespero que eu havia passado lá e na minha divina amiga Eleonora, a quem estava deixando.

L. tinha reservado para mim uma maravilhosa e florida suíte no Crillon, com vista para a Place de la Concorde. Contei o que havia passado em Viareggio e do sonho místico de reencarnação das crianças: ele escondeu o rosto nas mãos e, depois do que pareceu ser uma luta interior, disse:

— Procurei você pela primeira vez em 1908, para ajudá-la, mas nosso amor nos levou à tragédia. Vamos então fundar a escola que você quer, dar um pouco de beleza para os outros neste mundo triste.

Contou que tinha comprado o grande hotel em Bellevue, com o terraço de onde se avistava Paris, os jardins descendo até o rio e aposentos para mil crianças. Dependia de mim a escola funcionar.

— Se você deixar os sentimentos pessoais de lado e viver apenas para a escola — ele acrescentou.

Aceitei, constatando quanta tristeza e tragédia a vida me dera onde só minha intenção brilhava imaculada e firme.

Na manhã seguinte, fomos a Bellevue e, a partir daí, decoradores e fornecedores se ocuparam em transformar, sob minha direção, aquele hotel simples no Templo da Dança do Futuro.

Um concurso no centro de Paris escolheu cinquenta candidatos a frequentar a escola, além dos alunos vindos da primeira escola e as governantas.

As salas de dança eram os restaurantes do antigo hotel, com minhas cortinas azuis. No centro do comprido aposento, construí uma escada até um estrado onde ficaria a plateia ou os autores que às vezes testavam suas obras lá. Eu tinha chegado à conclusão de que a monotonia e a languidez da vida numa escola comum vêm, em parte, porque os pisos são nivelados. Então, criei em vários aposentos pequenas passagens que, de um lado, subiam e, do outro, desciam. O salão de jantar foi arrumado como o Parlamento de Londres, com as cadeiras em arquibancada; os alunos mais velhos e os professores ficavam nos assentos superiores, e as crianças, nos inferiores.

Em meio a essa agitada e borbulhante vida, eu mais uma vez tive coragem de dar aulas e as crianças aprendiam com incrível rapidez. Três meses após a inauguração da escola, elas progrediram tanto que todos os artistas que vieram vê-las ficaram impressionados e admirados. Os sábados eram Dia dos Artistas e, das 11h às 13h, havia uma aula aberta para eles; a seguir, com a habitual generosidade de L., servia-se um grande almoço para artistas e crianças juntos. Como o tempo estava melhorando, a refeição era servida no jardim; depois, havia música, poesia e mais dança.

Rodin morava na colina em frente, em Meudon, e vinha nos visitar com frequência. Sentava na sala de dança e fazia esboços das meninas e das crianças dançando. Uma vez, ele me disse:

— Se eu tivesse esses modelos quando jovem! Modelos capazes de se movimentar de acordo com a natureza e a harmonia! Tive lindas modelos, é verdade, mas nenhuma capaz de entender a ciência do movimento como suas alunas.

Comprei capas coloridas para as crianças usarem ao andar e dançar no bosque; quando elas corriam, pareciam um bando de lindos passarinhos.

Eu acreditava que essa escola em Bellevue seria permanente e que eu iria passar lá o resto da minha vida, deixar lá os resultados do meu trabalho.

Em junho, fizemos um festival no Trocadero. Fiquei de camarote assistindo a meus alunos dançarem. Em determinados trechos do programa, a plateia se levantava e soltava gritos de entusiasmo e alegria. No final, aplaudiram tanto que pareciam não querer ir embora. Acho que todo esse entusiasmo pelas crianças, que não eram dançarinas experientes ou artistas, era a esperança de algum novo movimento que eu havia previsto apenas vagamente. Eram os gestos da visão de Nietzsche:

> Zaratustra, o dançarino, Zaratustra, o leve, que acenava com seus braços presos, pronto para voar, acenando para os pássaros, pronto e preparado, um abençoado espírito leve.

Esses eram os futuros dançarinos da *Nona sinfonia*, de Beethoven.

XXVIII

A vida em Bellevue começava de manhã cedo, com uma explosão de alegria. Ouviam-se os pezinhos pelos corredores e as vozes infantis cantando juntas. Quando eu descia, elas estavam na sala de dança e, ao me verem, diziam:

— Bom dia, Isadora.

Quem podia ficar triste num ambiente assim? Muitas vezes, eu procurava no meio delas dois rostinhos ausentes, ia para o meu quarto e chorava; mesmo assim, encontrava forças para ensiná-las, e a graça adorável delas me encorajava a viver.

Existiu numa colina de Roma, no ano 100 d.C., uma escola chamada Seminário de Padres Dançarinos, com alunos escolhidos nas famílias mais nobres. Além disso, a linhagem deles precisava remontar a centenas de anos, sem qualquer tipo de mácula. Os alunos aprendiam artes e filosofias, mas a disciplina mais importante era a dança. Eles se apresentavam no teatro o ano todo: primavera, verão, outono e inverno. Desciam a colina e iam para Roma, onde participavam de determinadas cerimônias e dançavam para o povo se purificar. Esses meninos dançavam com tal ardor e pureza que influenciavam e melhoravam a plateia como se fossem um remédio para almas doentes. Foi o que sonhei quando pensei na escola e achava que Bellevue, por ser próxima de Paris e numa colina como a Acrópole, podia ter para a cidade e seus artistas uma importância igual à escola de Roma.

Todas as semanas, grupos de artistas chegavam a Bellevue com seus cadernos de desenho, pois a escola já mostrava que havia inspirado milhares de esboços e muitos desenhos de figuras dançantes que existem hoje. Influenciada por minhas alunas se movimentando ao som de Beethoven e César Frank, fazendo o coro da tragédia grega, ou recitando Shakespeare, eu esperava que dessa escola saísse uma nova relação do artista com o modelo. O modelo deixaria de ser aquela pobre criatura parva posando nos ateliês, mas um ideal em movimento da maior expressão de vida.

Para aumentar essa esperança, L. pensava em construir o teatro na colina de Bellevue, plano que havia sido tragicamente interrompido. Seria um teatro de festival, ao qual o parisiense viria em grandes dias de festas e que teria também uma orquestra sinfônica.

Mais uma vez, ele chamou o arquiteto Louis Sue, e os projetos do teatro que haviam sido abandonados foram colocados na biblioteca e feitos os alicerces. Eu esperava realizar nesse teatro o sonho de juntar música, tragédia e dança nas formas mais puras. Nele, Mounet-Sully, Eleonora Duse ou Suzanne Desprès interpretariam Édipo, Antígona ou Electra, enquanto minhas alunas dançariam o coro. Eu esperava também festejar lá o centenário de Beethoven com a *Nona sinfonia* e com centenas de alunas. Imaginava que, um dia, as crianças desceriam a colina como Pã Atena, atravessariam o rio e, passando pelo Invalides, continuariam seu desfile sagrado até o Panteão, onde homenageariam grandes estadistas ou heróis.

Diariamente, eu dava muitas horas de aula e, quando ficava cansada demais, deitava num sofá e ensinava com gestos de mãos e braços. Minha capacidade de ensinar parecia próxima da perfeição. Bastava eu estender as mãos para as crianças dançarem. Não é que eu ensinasse a dançar, mas era como se abrisse um caminho por onde o espírito da dança vinha até as alunas.

Planejávamos apresentar as *Bacantes*, de Eurípedes. Meu irmão Augustin faria o papel de Dionísio, que ele sabia de cor, e leria a peça para nós, ou uma das peças de Shakespeare, ou o *Manfredo*, de Byron. D'Annunzio, que era muito entusiasmado pela escola, costumava almoçar ou cear conosco.

O pequeno grupo de alunas da primeira escola, e que agora eram meninas altas, me ajudava a ensinar as menores, e eu ficava muito emocionada ao ver como elas haviam mudado e como ensinavam com segurança e conhecimento.

Mas, em julho desse ano de 1914, o mundo sofreu uma estranha opressão. Eu sentia e as crianças também. Quando ficávamos no terraço olhando Paris, as crianças se calavam, quietas. O céu tinha enormes nuvens escuras. Um sinistra pausa pairava sobre a cidade. Eu tinha a impressão de que o bebê dentro de mim se mexia com menos força, e não tinha a mesma firmeza dos dois anteriores.

Acho que fiquei muito cansada pelo esforço de transformar tristeza e luto em uma nova vida. Quando chegou julho, L. sugeriu levar os alunos para passar as férias na casa dele em Devonshire, na Inglaterra. Então, certa manhã, vieram todos, dois a dois, se despedir de mim. Iriam passar agosto à beira-mar e voltariam em setembro. Depois que saíram, a casa pareceu estranhamente vazia e, apesar de todo o meu esforço, fiquei muito deprimida. Cansada, eu passava horas sentada no terraço olhando Paris, com a impressão cada vez maior de que algum perigo vinha do leste.

Então, certa manhã, chegou a notícia sinistra do assassinato de Calmette, que deixou Paris inteira inquieta e amedrontada. Foi trágico, prenúncio de uma tragédia ainda maior. Calmette sempre fora amigo da minha arte e da minha escola, e sua morte me chocou e entristeceu.

Fiquei inquieta e chorosa. Depois que as crianças viajaram, Bellevue parecia imensa e silenciosa, e a grande sala de dança, muito triste. Tentei conter os temores pensando que o bebê ia chegar logo, as alunas voltariam e Bellevue seria de novo um centro de vida e alegria. Mas as horas se arrastavam até o dia em que meu amigo, dr. Bosson, que estava hospedado conosco, veio, muito pálido, com a manchete do jornal anunciando o assassinato do arquiduque. Depois vieram os boatos e, em seguida, a certeza da guerra. É verdade: os acontecimentos projetam uma sombra que os anuncia. Tive então certeza de que a sombra escura que eu via sobre Bellevue havia um mês era a guerra. Enquanto eu planejava o renascimento da arte teatral, festivais de muita alegria e animação, outras forças planejavam a guerra, a morte, o desastre e, ah, o que eram minhas pequenas forças contra tudo isso?

Em primeiro de agosto, tive as primeiras dores do parto. Lá fora, espalhavam-se as notícias da mobilização. Era um dia quente, as janelas estavam abertas, e meus gritos, meu sofrimento e agonia foram acompanhados do rufar de tambores e das vozes transmitindo notícias.

Minha amiga Mary colocou um berço no quarto, enfeitado de musselina branca. Fiquei olhando o berço. Tinha certeza de que ou Deirdre ou Patrick voltaria para mim. Os tambores continuavam rufando. Mobilização, guerra, guerra. Eu pensava: há guerra? Mas meu filho tinha de nascer e foi tão difícil para ele chegar ao mundo. Um médico desconhecido ficou no lugar de meu amigo Bosson, que teve de se alistar no exército. O substituto ficava repetindo: "Coragem, senhora." Por que mandar coragem para um pobre ser assolado por uma dor tremenda? Seria bem melhor dizer: "Esqueça que você é mulher, esqueça que precisa suportar essa dor com galhardia e besteiras assim; esqueça tudo, grite, urre, berre..." Ou, melhor ainda, se ele fosse humano o bastante, me serviria um pouco de champanhe. Mas esse médico tinha seu método, que era repetir: "Coragem, senhora." Preocupada, a enfermeira avisava:

— Madame, a guerra chegou, a guerra.

E eu pensava: "Meu filho será homem, mas é jovem demais para ir à guerra."

Por fim, ouvi o grito do bebê, estava vivo. Por maiores que tivesse sido meu medo e meu pavor naquele ano horrível, tudo terminara num grande grito de alegria. Luto, tristeza e lágrimas, longa espera e dor, tudo compensado por um grande instante de alegria. Sem dúvida, se Deus existe, é um grande diretor de teatro. Todas aquelas longas horas de luto e medo se transformaram em alegria quando colocaram um lindo bebê nos meus braços.

Mas os tambores continuavam anunciando "mobilização, guerra... guerra".

"Há uma guerra? O que me importa? Meu filho está aqui, seguro, nos meus braços. Que eles façam guerra, o que me importa?", pensei.

A alegria é tão egoísta. Lá fora, pessoas andavam de um lado para outro, ouviam-se vozes, mulheres chorando, gritos, discussão sobre a mobilização, mas eu segurava meu filho e ousava, naquele desastre generalizado, me sentir gloriosamente feliz, no céu, com aquela alegria transcendental de ter outra vez um filho nos braços.

À noite, meu quarto ficou cheio de gente alegre por causa do filho que eu segurava no colo.

— Agora você vai voltar a ser feliz — diziam.

Depois, saíram um a um e eu fiquei sozinha com o bebê. Cochichei para ele:

— Qual dos dois é você: Deirdre ou Patrick? Você voltou. — De repente, a criaturinha olhou para mim, sufocou como se lutasse para respirar e soltou um longo suspiro gelado. Chamei a enfermeira, ela olhou, pegou o bebê, assustada, e saiu. Ouvi no outro quarto gritos pedindo oxigênio... água quente...

Após uma hora de espera angustiante, Augustin entrou no quarto e disse:

— Pobre Isadora... seu bebê... morreu...

Naquele momento, cheguei ao ápice de qualquer sofrimento que podia ter no mundo, pois foi como se os outros dois morressem de novo, uma repetição do primeiro sofrimento... com acréscimo.

Minha amiga Mary entrou no quarto chorando e levou o berço. Na sala ao lado, ouvi marteladas fechando o caixãozinho que foi o único berço do meu pobre filho. Pareciam martelar no meu coração as últimas notas do desespero. Fiquei lá, insegura, uma fonte tripla de lágrimas, leite e sangue.

Uma amiga veio me visitar e perguntou:

— Por que está triste? A guerra já está convocando milhares de homens, já há feridos e mortos chegando do front. — Então, foi muito natural doar Bellevue para servir de hospital.

Naqueles tempos de guerra, todos sentiam o mesmo entusiasmo. Aquela maravilhosa mensagem de desafio, o maravilhoso entusiasmo que eram quilômetros de campos destruídos e cemitérios, quem ia saber se eram certos ou errados? Certamente, agora, é inútil saber, mas como julgar? E Romain Rolland na Suíça, acima de tudo e de todos, atraindo com sua cabeça grisalha e pensativa as maldições de uns e o apoio de outros.

De qualquer modo, desde então, ficamos cheios de ira e ódio e até os artistas perguntavam: "O que é Arte? Os rapazes estão dando suas vidas, os soldados estão dando suas vidas, o que é Arte?" Se eu tivesse algum tino na época, devia ter respondido que a arte é maior que a vida e ficado no meu estúdio criando arte. Mas fiz como todo mundo e disse:

— Fiquem com todas essas camas, fiquem com a casa que foi criada para a arte e se transformou num hospital para cuidar dos feridos.

Um dia, dois carregadores de maca entraram no meu quarto e perguntaram se eu gostaria de ver o hospital. Como eu não podia andar, eles me levaram de maca pela casa. Vi que retiraram dos aposentos os baixos-relevos das bacantes, os faunos, ninfas e sátiros dançando, assim como as cortinas e tapeçarias, e substituíram por um Cristo negro e barato numa cruz dourada, fornecido por lojas católicas que fabricavam milhares dessas imagens durante a guerra. Pensei nos pobres soldados feridos ao voltarem a si e como seria mais animador estarem nos aposentos como eram antes. Por que eram obrigados a ver aquele Cristo negro esticado numa cruz dourada? Que cena triste!

Na minha maravilhosa sala de dança, tiraram as cortinas azuis e havia um sem-número de catres à espera dos feridos. Minha biblioteca, onde os poetas ficavam nas prateleiras à espera dos instruídos, transformou-se em teatro de operações, aguardando os mártires. Na fraqueza em que eu estava, tudo isso me afetou profundamente. Senti que Dionísio tinha sido completamente derrotado. Era o reino de Cristo pós-crucificação.

Poucos dias depois, ouvi os passos pesados dos carregadores de maca trazendo os feridos.

Bellevue! A minha Acrópole, que devia ter sido fonte de inspiração, uma academia para uma vida superior inspirada na filosofia, na poesia e na melhor música. A partir desse dia, a arte e a harmonia sumiram e ouviram-se ali os primeiros gritos da mãe magoada e do bebê que se assustou com os tambores da guerra. Meu templo de arte se transformou num calvário de sofrimento e, no final, num depósito de feridos sangrentos e morte. Só havia gritos de dor no lugar onde imaginei sons de música celestial.

Bernard Shaw diz que, enquanto os homens torturarem e matarem animais e comerem a carne deles, haverá guerra. Todas as pessoas sãs e pensantes devem concordar com isso. Os alunos da minha escola eram vegetarianos e cresceram fortes e bonitos seguindo uma dieta de legumes e frutas. Às vezes, durante a guerra, quando eu ouvia os gritos dos feridos, pensava nos gritos dos animais nos abatedouros e concluía que, da mesma forma que torturamos essas pobres criaturas indefesas, somos torturados pelos deuses. Quem gosta do horror que se chama guerra? Provavelmente, os carnívoros, que, depois de terem matado, sentem necessidade de matar pássaros e animais, os cervos de carne tenra, caçar raposas.

O açougueiro com seu avental cheio de sangue incita a carnificina, o assassinato. Como não? Cortar a garganta de um bezerro é algo que está próximo de cortar a garganta de nossos irmãos e irmãs. Somos sepulturas vivas dos animais mortos; então, como esperar a perfeição no mundo?

QUANDO PUDE SER removida, Mary e eu saímos de Bellevue e fomos para o litoral. Passamos pela zona de guerra e, quando eu dava meu nome, era tratada com a maior gentileza. Um sentinela de plantão disse:

— Essa é Isadora, deixe-a passar. — E achei que era a maior honra que já tinha recebido.

Fomos para Deauville, e encontramos lugar no hotel Normandie. Eu estava muito cansada e doente, mas satisfeita por encontrar aquele lugar de repouso. As semanas passavam e eu continuava num langor desanimado, tão fraca que mal conseguia andar na praia para respirar a brisa fresca do mar. Por fim, vendo que eu estava realmente mal, mandei chamar um médico no hospital.

Para surpresa minha, ele não veio, mandou uma resposta evasiva e, sem ninguém para me atender, fiquei no hotel, incapaz de fazer qualquer plano para o futuro.

Na época, o hotel era refúgio de muitos parisienses famosos. Ao lado dos nossos aposentos, estava a condessa de la Beraidière, que tinha como convidado o poeta Robert de Montesquieu, cuja voz leve, de falsete, costumávamos ouvir após o jantar, recitando seus poemas. E, em meio às constantes notícias de guerra e carnificina que chegavam, era maravilhoso ouvi-lo proclamar com êxtase a força da beleza.

Sacha Guitry também era hóspede do Normandie, e, todas as noites, no saguão, uma plateia ficava encantada com seu incomparável cabedal de histórias e casos.

Cada vez que um correspondente no front chegava com notícias da tragédia mundial, havia uma sinistra hora de confirmação.

Mas esse tipo de vida logo perdeu a graça para mim. Como eu estava doente demais para viajar, aluguei uma casa mobiliada que tinha o nome de Branco e Preto, pois tudo (tapetes, cortinas, móveis) era nessas cores. Quando aluguei, achei muito chique e, só quando fui morar lá, vi como era deprimente.

Pois lá fui eu, de Bellevue, com toda a esperança que possuía de minha escola, arte, de uma nova vida, para aquela casinha preta e branca à beira-mar: sozinha, doente, desolada. Talvez o pior de tudo fosse a doença. Mal tinha forças para andar um pouco na praia. Chegou o outono, com as tempestades de setembro. L. escreveu que eles tinham levado minha escola para Nova York, esperando encontrar lá um refúgio durante a guerra.

Um dia, mais desolada que o habitual, fui procurar o médico que se recusara a me atender. Entrei no hospital e um baixinho de barba preta pareceu levitar ao me ver; ou seria imaginação minha? Aproximei-me e disse:

— Doutor, o que tem contra mim que não vem me ver quando preciso? Não sabe que estou realmente mal e preciso de um médico?

Ele gaguejou desculpas e, ainda assustado, prometeu ir no dia seguinte.

Na manhã seguinte, começou uma tempestade de outono. Na praia, as ondas eram enormes e chovia muito. O médico chegou à casa Preto e Branco.

Eu estava lá, tentando acender uma lareira, mas a chaminé estava ruim. O médico tomou meu pulso e fez as perguntas corriqueiras. Contei da minha tristeza em Bellevue, do bebê que morrera. Ele continuou me olhando do mesmo jeito enlouquecido.

De repente, agarrou-me e me cobriu de carícias.

— Você não está doente — exclamou. — A sua alma é que está carente de amor. Só o amor pode curá-la, amor e mais amor.

Sozinha, fraca, triste, eu só podia agradecer aquele ataque de afeto apaixonado e espontâneo. Olhei bem para aquele doutor esquisito e vi amor; retribuí com toda a força dolorida da minha alma e do meu corpo feridos.

Todos os dias, depois de terminar o trabalho no hospital, ele vinha à minha casa. Contava as terríveis experiências do dia, o sofrimento dos feridos, as cirurgias geralmente inúteis, os horrores da guerra horrenda.

Às vezes, eu o acompanhava no plantão noturno, quando o enorme hospital instalado no cassino dormia e só a lamparina central ficava acesa. Aqui e ali um mártir insone virava no leito, dando suspiros e gemidos. O doutor ia de um doente a outro, com uma palavra de conforto, algo para beber, ou um anestésico dado por Deus.

Após esses dias difíceis e essas noites lamentáveis, o estranho homem precisava de amor e paixão, ao mesmo tempo intensos e ferozes; meu corpo emergiu curado daqueles abraços inflamados e de horas de prazer enlouquecido. Voltei a andar na praia.

Uma noite, perguntei a esse doutor esquisito por que ele não quis me atender quando pedi. Ele não respondeu, ficou com um olhar tão doloroso e trágico que tive medo de insistir. Mas minha curiosidade aumentou. Havia certo mistério, percebi uma ligação do meu passado com a recusa dele em responder à pergunta.

No dia primeiro de novembro, Dia dos Mortos, eu estava na janela da casa quando notei no jardim pedras brancas e pretas dispostas exatamente como duas sepulturas. Isso virou uma espécie de alucinação e, sempre que eu olhava, estremecia. Parecia presa numa teia de sofrimento e morte, sozinha em casa o dia todo, ou andando na praia, cujas areias agora estavam frias e desoladas. Chegava um trem atrás do outro em Deauville, com sua trágica carga de feridos e moribundos. O cassino, que um dia fora um lugar da moda e que na temporada anterior ecoava o som de risos e bandas de jazz, foi transformado numa enorme pousada de sofredores. Tornei-me cada vez mais vítima da melancolia, e a paixão de André tornava-se a cada noite mais sombria, em sua incrível intensidade. Muitas vezes, quando eu via aquele olhar desesperado, assolado por uma lembrança terrível, ele respondia às minhas perguntas dizendo:

— Quando você souber, vamos nos separar. Não pergunte.

Uma noite, acordei e ele estava debruçado sobre mim, olhando-me dormir. O desespero dele era grande demais, não suportei.

— Conte o que é, não aguento mais esse mistério sinistro — pedi.

Ele se afastou um pouco e ficou me olhando, de cabeça inclinada: um homem baixo e atarracado, de barba negra.

— Não se lembra de mim? — perguntou.

Olhei. A neblina se afastou. Dei um grito. Lembrei. Aquele dia horrível. O médico que viera me dar esperança. Que tentara salvar as crianças.

— Agora você sabe do meu sofrimento. Quando dorme, parece muito com sua filhinha lá. Tentei salvá-la, fiquei horas tentando passar a respiração da minha boca... minha vida ... para a pobre boquinha... dar minha vida a ela.

As palavras me causaram uma dor tão grande que chorei desconsolada pelo resto da noite, e a infelicidade dele pareceu igual à minha.

A partir dessa noite, vi que amava aquele homem com uma paixão que eu desconhecia mas, à medida que nosso amor e desejo recíproco aumentavam, a alucinação dele aumentava também até a noite em que acordei com aqueles olhos de enorme tristeza mirando-me. Vi que a obsessão dele podia levar os dois à loucura.

No dia seguinte, andei pela praia, bem longe, com o desejo nefasto de voltar para Preto e Branco, ou para o amor parecido com a morte que me absorvia. Andei tanto que a noite chegou, depois tudo escureceu e eu vi que precisava voltar. A maré estava subindo rápido e eu às vezes entrava nas ondas. Fazia muito frio, mas eu queria enfrentar as ondas e entrar no mar para acabar de uma vez com a tristeza insuportável que não me dava alívio, nem na arte, no nascimento de um outro filho, nem no amor. A cada esforço meu para fugir, encontrara apenas destruição, agonia e morte.

Quando eu estava a caminho de casa, André me viu. Estava muito preocupado, pois tinha encontrado meu chapéu, que caíra na praia sem eu perceber, e pensou que eu tinha acabado com minha dor no mar. Andou quilômetros e, ao me ver viva, chorou como uma criança. Voltamos para a casa e tentamos nos consolar, mas concluímos que a separação era inevitável, se quiséssemos manter a sanidade mental. Pois o nosso amor, com sua tremenda obsessão, só nos levaria ao hospício.

Outro fato concorreu para aumentar ainda mais minha desolação. Eu tinha mandado buscar em Bellevue um baú de roupas de inverno. Um dia, chegou um baú, mas os remetentes se enganaram e, quando abri, eram as roupas de Deirdre e Patrick. Ao ver de novo as últimas roupinhas que eles haviam usado, os casacos, sapatos e capinhas, ouvi de novo aquele grito ao vê-los mortos, um longo e estranho lamento de dor, que não reconheci como meu, mas de algum animal cruelmente morto gritando na minha garganta.

Ao voltar do trabalho, André me encontrou inconsciente, caída sobre o baú com as roupinhas apertadas nos braços. Ele me levou para o aposento ao lado e sumiu com o baú, que nunca mais vi.

XXIX

Quando a Inglaterra entrou na guerra, L. transformou seu castelo em Devonshire em hospital e, para proteger as crianças da minha escola, que eram de todas as nacionalidades, mandou-as para a América. Augustin e Elizabeth, que ficaram com a escola em Nova York, telegrafavam sempre pedindo para eu ficar com eles, até que, enfim, resolvi ir.

André me levou para o porto de Liverpool e me embarcou num grande transatlântico da Cunard rumo a Nova York.

Eu estava tão triste e cansada que só saía da cabine à noite, para ficar no convés enquanto os outros passageiros dormiam. Meus irmãos foram me receber em Nova York e ficaram pasmos ao ver como eu estava mudada e doente.

Encontrei minha escola instalada numa casa, um alegre bando de refugiados de guerra. Aluguei um enorme estúdio na Quarta Avenida com a rua 23, pendurei minhas cortinas azuis e voltamos a trabalhar.

Como eu vinha da sangrenta e heroica França, fiquei indignada com a aparente indiferença da América em relação à guerra. Uma noite, após uma apresentação no Metropolitan Opera, enrolei-me num xale vermelho e cantei a *Marselhesa*. Era um apelo para os rapazes da América se levantarem e protegerem a maior civilização do nosso tempo, a cultura que veio ao mundo através da França. Na manhã seguinte, os jornais estavam animados, e um deles publicou:

> A srta. Isadora Duncan recebeu uma impressionante ovação no final do programa, ao fazer uma apaixonada interpretação da *Marselhesa*; a plateia aplaudiu de pé por vários minutos. (...) Suas sublimes poses imitavam as figuras clássicas do Arco do Triunfo, em Paris. Ela usava uma túnica de ombro único e emocionou os espectadores numa pose com a representação das lindas figuras de Rude no famoso Arco. A plateia irrompeu em aplausos e gritos de bravo diante da viva representação da nobre arte.

Meu estúdio logo se transformou no local de encontro de todos os poetas e artistas. Meu ânimo então voltou e, ao ver que estava vazio o recém-construído Teatro Century, aluguei-o pela temporada e passei a criar o meu *Dionísio*.

Mas a forma elitista desse teatro me irritou. Para transformá-lo num teatro grego, removi todos os assentos da orquestra e substituí por um tapete azul onde o coro podia movimentar-se. Cobri os feios camarotes com grandes cortinas azuis e, com um elenco de 35 atores, uma orquestra de oitenta músicos e coro, apresentei a tragédia *Édipo* com meu irmão Augustin no papel-título e o coro formado por mim e minha escola.

A plateia era, principalmente, de moradores do East Side, que, aliás, hoje são os verdadeiros apreciadores da arte na América. A admiração do East Side me emocionou tanto que levei lá toda a escola e orquestra e fiz uma apresentação de graça no Teatro Yiddish. Se pudesse, continuaria dançando para aquelas pessoas que têm a alma feita de música e poesia. Mas, ah, essa minha grande ousadia foi uma experiência cara e me deixou totalmente falida. Pedi ajuda a alguns milionários nova-iorquinos e a única resposta que tive foi: "Mas por que você quer apresentar tragédia grega?"

Naquela época, Nova York inteira estava na loucura da dança do jazz. Homens e mulheres da melhor sociedade, jovens e velhos, passavam o tempo em enormes salões de hotéis como o Biltmore, dançando fox-trote, ouvindo os gritos e berros bárbaros da orquestra de negros. Fui convidada para uma ou duas apresentações de gala e não contive a indignação por fazerem aquilo enquanto a França estava ferida e precisando da ajuda da América. Na verdade, todo o clima do ano 1915 me desgostou e eu resolvi voltar com minha escola para a Europa.

Mas não tinha como comprar as passagens. Reservei beliches no navio Dante Alighieri, que retornava à Europa, mas não tive dinheiro para pagar. Três horas antes de o navio zarpar, eu ainda não tinha, até que entrou no meu estúdio uma jovem americana, vestida discretamente, que perguntou se íamos para a Europa naquele dia.

— Como você vê, estamos prontos, mas ainda não temos dinheiro para comprar todas as passagens — respondi, mostrando as crianças com casacos de viagem.

— De quanto você precisa? — ela perguntou.

— Cerca de dois mil dólares — respondi. Nisso, a extraordinária jovem pegou a carteira, tirou duas notas de mil dólares e as colocou sobre a mesa, dizendo:

— Fico muito satisfeita de ajudá-la nesse pequeno problema.

Olhei, encantada, para aquela pessoa que eu nunca tinha visto e que, sem pedir qualquer retribuição, pôs ao meu dispor aquela enorme quantia. Achei que ela era uma milionária desconhecida. Mas depois descobri que não. Para me oferecer aquela quantia, ela havia vendido todas as ações que possuía, um dia antes.

Com muitas outras pessoas, ela foi se despedir de nós no cais. Chamava-se Ruth e disse, como a Ruth do Antigo Testamento: "*Teu povo será meu povo; teu Deus, o meu Deus.*" Desde então, ela foi para mim como Ruth.

Como foram proibidas manifestações com a *Marselhesa* em Nova York, ficamos todos no convés, cada criança com uma bandeirinha francesa escondida na manga; eu combinei que, quando o navio apitasse e saísse do porto, abanaríamos nossas bandeiras e cantaríamos a *Marselhesa*. Foi o que fizemos com muita satisfação e para muito susto dos funcionários do porto.

Minha amiga Mary foi se despedir de mim e, na última hora, não aguentou a separação: sem bagagem nem passaporte, pulou no convés, cantou junto conosco e disse:

— Também vou.

E assim, cantando a *Marselhesa*, deixamos a rica e hedonista América de 1915 e zarpamos para a Itália com a minha escola nômade. Chegamos a Nápoles num dia muito agitado, pois o país tinha decidido entrar na guerra. Estávamos felizes de voltar e tivemos uma simpática recepção. Lembro de falar com os camponeses e operários que nos rodearam:

— Agradeçam a Deus pelo lindo país de vocês e não invejem a América. Aqui, em sua maravilhosa terra e seu céu azul, seus vinhedos e oliveiras, vocês são mais ricos que qualquer milionário americano.

Em Nápoles, discutimos qual seria o nosso próximo destino. Eu queria muito ir para a Grécia, pensava em acampar em Kopanos até a guerra terminar. Mas minhas alunas mais velhas ficaram com medo, já que tinham passaporte alemão; então, busquei abrigo na Suíça, onde poderia me apresentar.

Por isso, fomos para Zurique. A filha de um conhecido milionário americano estava hospedada no hotel Bar du Lac; achei que era uma ótima oportunidade de interessá-la em minha escola. Uma tarde, fiz as crianças dançarem para ela no gramado, eram tão lindas que, certamente, a moça ficaria interessada, mas, quando falei em ajuda, ela disse:

— É, suas alunas podem ser lindas, mas não me interessam. Só quero saber da análise da minha alma. — Ela havia estudado anos com o dr. Jung, discípulo do famoso dr. Freud, e diariamente passava horas anotando os sonhos que tivera na noite anterior.

Naquele verão, para ficar próxima das minhas alunas, hospedei-me no hotel Beau Rivage, em Ouchy, em lindos aposentos com um balcão para o lago. Peguei uma espécie de enorme barraca que tinha servido de restaurante no acampamento e, inspirada nas sempre eficientes cortinas azuis, transformei os aposentos num templo onde ensinava as crianças e dançava todas as tardes e noites.

Um dia, tivemos a alegria de receber Weingartner e a esposa; dançamos para eles a tarde e a noite toda, com música de Gluck, Mozart, Beethoven e Schubert.

De manhã, eu costumava ver do balcão um grupo de lindos rapazes em belos quimonos de seda, sentados em outro grande balcão com vista para o lago. Sorriam para mim e uma noite me convidaram para cear. Achei-os interessantes e talentosos: eram refugiados de guerra.

Algumas noites, eles me levavam num barco a motor pelo romântico lago Leman. O barco efervescia de champanhe e costumávamos aportar às quatro da manhã em Montreux, hora em que um misterioso conde italiano oferecia uma ceia. Esse homem bonito, mas muito agressivo e macabro, dormia o dia inteiro para levantar-se à noite; costumava tirar do bolso uma pequena seringa de prata e todos fingiam não ver quando injetava a agulha no braço branco e fino. Depois, o humor e alegria dele não tinham limites, mas dizia-se que ele sofria dores horríveis durante o dia.

Participar do grupo desses charmosos jovens afastava a tristeza e a solidão em que me encontrava, mas a óbvia indiferença deles aos atrativos femininos ofenderam o meu orgulho. Resolvi colocar à prova meus poderes e tive tanto sucesso que, certa noite, acompanhada apenas por um jovem amigo americano, fui embora com o líder do grupo, numa fantástica Mercedes. Foi uma noite maravilhosa. Passamos pelas praias do lago Leman e depois por Montreux. Eu dizia "Mais longe, mais longe!", até que, de manhã, estávamos em Viege. Eu continuava gritando "Mais longe, Mais longe" e aceleramos pelas neves eternas e o passo de São Gotardo.

Ri ao pensar no atraente bando de belos jovens, do qual fazia parte o meu amigo, quando descobrissem de manhã que o sultão deles tinha ido embora com uma representante do sexo oposto. Usei de todos os meus poderes de sedução e dali a pouco estávamos descendo para a Itália. Só paramos em Roma, e de lá fomos para Nápoles. Então, ao ver o mar, tive um desejo forte de ver Atenas outra vez.

Embarcamos num pequeno navio italiano e, certa manhã, subi novamente a escada de mármore do Propileu em direção ao templo da divina e sábia Atena. Lembrei muito da última vez que estive lá e fiquei envergonhada ao pensar na falta de sensatez e equilíbrio nesse ínterim e, ah, no sofrimento que a paixão me causara.

A moderna cidade estava agitada. No dia seguinte à nossa chegada, foi comunicado o afastamento do líder grego Venizelos, e acreditava-se que a família real apoiasse o Kaiser. Nessa noite, tivemos um agradável jantar, e entre meus convidados estava o secretário do rei, sr. Melas. Coloquei muitas rosas no centro da mesa e escondi um pequeno gramofone no meio delas. Havia um grupo de altos oficiais de Berlim na mesma sala que, de repente, brindou:

— *Hoch der Kaiser!**

Então, afastei as rosas, fiz o gramofone tocar a *Marselhesa* e sugeri outro brinde:

— Viva a França!

O secretário do rei ficou meio assustado, mas gostou muito, já que apoiava com fervor a causa dos países aliados.

A essa altura, havia uma multidão na praça em frente às nossas janelas abertas. Levantei uma foto de Venizelos e pedi para meu jovem amigo americano ir atrás de mim com o gramofone tocando, corajosamente, a *Marselhesa*. Fomos para o centro da praça, onde, ao som do pequeno aparelho e com a multidão cantando animada, dancei o hino nacional francês. Em seguida, dirigi-me à multidão:

— Vocês têm o grande Venizelos, que é um segundo Péricles. Por que deixam que ele enfrente problemas? Por que não o apoiam? Ele vai levar a Grécia à vitória.

Então, caminhamos juntos até a casa de Venizelos e cantamos o hino grego e o francês nas janelas dele até que soldados com baionetas dispersaram a reunião, pouco gentis.

Isso me deixou muito entusiasmada, então tomamos o navio para Nápoles e prosseguimos nossa viagem para Ouchy.

Daí até o final da guerra, fiz grandes esforços para manter minha escola, achando que a guerra terminaria e nós poderíamos voltar para Bellevue. Mas a guerra continuou e, para manter a escola na Suíça, tive de tomar emprestado dinheiro de agiotas, com juros de cinquenta por cento.

---

*Viva o Imperador! (*N. da E.*)

Por causa dessa dívida, em 1916 aceitei um contrato para a América do Sul e fui de navio para Buenos Aires.

À medida que continuo essas memórias, percebo cada vez mais a impossibilidade de escrever sobre a própria vida, ou melhor, a vida das diversas pessoas que fui. Há fatos que tive a impressão de durarem uma vida, mas ocuparam apenas algumas páginas; há também entreatos que pareceram centenas de anos de sofrimento e dor e durante os quais, por simples autodefesa para continuar vivendo, ressurgi completamente outra. Aqui, essas centenas de anos não parecem longas. Costumo me perguntar, desesperada, que leitor conseguirá vestir carne no esqueleto que mostrei? Tento escrever a verdade, mas ela foge e se esconde de mim. Como encontrá-la? Se eu fosse escritora e tivesse feito uns vinte romances da minha vida, estaria mais perto da verdade. Depois de escrever esses romances, eu teria de escrever a história da artista, que seria bem diferente das outras. Pois minha vida artística e minhas ideias sobre arte foram e ainda são completamente separadas, como um organismo à parte do que chamo meu Desejo.

Mesmo assim, cá estou, tentando escrever a verdade sobre tudo o que me aconteceu, e tenho muito medo de que fique uma enorme confusão. Mas eis que iniciei a tarefa impossível de fazer este registro da minha vida e vou até o fim, embora já ouça as chamadas mulheres direitas do mundo dizendo: "Que história mais infeliz!" Ou: "Todas as desgraças dela não passam de castigo adequado para os pecados que cometeu." Não acho que eu tenha pecado. Nietzsche diz: "A mulher é um espelho", e eu apenas refleti e reagi às pessoas e às forças que me atacaram e, como as heroínas da *Metamorfose*, de Ovídio, mudei de forma e de comportamento conforme as leis dos deuses imortais.

Augustin não tinha gostado da minha ideia de viajar sozinha para tão longe, em tempos de guerra. Assim, quando o navio fez escala em Nova York, veio ficar comigo, e essa companhia foi um grande consolo. No navio estavam também jovens boxeadores, liderados por Ted Lewis, que costumava levantar às seis da manhã para treinar, depois nadar na grande piscina de água salgada de bordo. Eu treinava com ele de manhã e dançava para eles à noite, então a viagem foi muito alegre e não pareceu nem um pouco longa. O pianista Maurice Dumesnil me acompanhou na turnê.

A Bahia foi minha primeira experiência de uma cidade semitropical e pareceu muito agradável, verde e úmida. Chovia sem parar, mas as mulheres andavam nas ruas de vestido de algodão encharcados e apertados no corpo, parecendo não se incomodar com a chuva nem com o fato de estarem molhadas ou não. Foi a primeira vez também que vi a mistura de raça negra e branca tratada com indiferença. Almoçamos num restaurante que tinha um negro acompanhado de uma moça branca e, em outra mesa, um branco com uma negra. As mulheres levavam bebês mulatos, nus, para serem batizados nas capelas.

Todos os jardins tinham hibiscos vermelhos, e a cidade da Bahia inteira estava cheia do amor promíscuo de brancos com negros. Em alguns bairros, mulheres brancas, negras e orientais se debruçavam, indolentes, nas janelas das casas de má fama e não pareciam ter os olhares furtivos ou cansados que caracterizam as prostitutas nas grandes cidades.

ALGUMAS NOITES APÓS nossa chegada a Buenos Aires, fomos a um cabaré de estudantes. Era, como sempre, um salão comprido, de teto baixo e ambiente muito enfumaçado, cheio de jovens morenos agarrados com morenas, dançando tango. Eu nunca tinha dançado esse ritmo, mas o jovem argentino que era nosso cicerone me convenceu a experimentar. Desde os primeiros tímidos passos, respondi ao ritmo envolvente e langoroso dessa dança voluptuosa, suave como uma longa carícia, embriagador como o amor sob o céu sulista, cruel e perigoso como o fascínio de uma floresta tropical. Senti tudo isso à medida que o braço daquele jovem de olhos negros me guiava com firmeza e, de vez em quando, me atirava um olhar ousado.

De repente, os estudantes me reconheceram e rodearam, explicando que comemoravam naquele dia a independência da Argentina e insistiram para eu dançar o hino nacional. Sempre gostei de agradar estudantes, por isso aceitei e, depois de ouvir a tradução do hino, enrolei-me na bandeira argentina e interpretei para eles o sofrimento da colônia escravizada e a libertação da tirania. Meu sucesso foi elétrico. Os estudantes nunca tinham visto aquele tipo de dança, gritaram, entusiasmados, e pediram que eu dançasse várias vezes, enquanto eles cantavam o hino.

Voltei para o hotel animada com o sucesso e encantada com Buenos Aires, mas, ah, a alegria foi prematura. No dia seguinte, meu agente ficou furioso ao ler nos jornais um relato sensacionalista da minha apresentação e me avisou que, pela lei, meu contrato estava suspenso. Todas as melhores famílias da capital argentina estavam cancelando suas assinaturas e iriam boicotar minhas apresentações. Assim, a noite que tinha me divertido tanto foi a ruína da turnê em Buenos Aires.

A arte dá forma e harmonia para o caos e a discórdia. Um bom romance segue artisticamente até determinado clímax, sem anticlímax. O amor termina na arte, como em Isolda, com uma nota final trágica e bela, mas a vida é cheia de anticlímax, e um caso de amor na vida real em geral termina em discórdia, bem no meio de uma frase musical, deixando uma dissonância forte e estridente. Muitas vezes, um caso de amor na vida real renasce após seu auge só para ter uma morte horrenda no túmulo de protestos financeiros e honorários de advogado.

Eu tinha iniciado a turnê esperando conseguir dinheiro para manter minha escola durante a guerra. Imagine-se minha consternação ao receber notícia da Suíça dizendo que o cabograma em que eu enviara o dinheiro tinha sido interceptado devido às restrições de guerra. A diretora do internato onde eu tinha deixado as meninas não podia mantê-las sem pagar, portanto estavam arriscadas a ser expulsas.

Com a minha impulsividade de sempre, insisti para Augustin ir imediatamente a Genebra com a quantia necessária para salvar minhas alunas, sem ver que, com isso, eu ficaria sem dinheiro para pagar o hotel. Meu irado empresário tinha ido para o Chile com uma companhia de ópera-cômica e assim fiquei largada em Buenos Aires com meu pianista Dumesnil.

A plateia de Buenos Aires foi fria, pesada, hostil. Na verdade, o único sucesso que fiz lá foi a noite no cabaré, quando dancei o Hino da Independência. Fomos obrigados a retirar nossos baús do hotel e continuar a viagem para Montevidéu. Felizmente, minhas túnicas de dança não tinham valor para os donos de hotel!

Em Montevidéu, tivemos uma plateia exatamente oposta à argentina, cheia de entusiasmo; então, pudemos prosseguir a turnê para o Rio de Janeiro. Chegamos sem dinheiro e sem bagagem, mas o diretor do Theatro Municipal foi gentil e imediatamente marcou apresentações. Encontrei uma plateia tão inteligente, tão intensa e receptiva, capaz de conseguir o melhor de qualquer artista que se apresentasse.

Lá conheci o poeta João do Rio, que era amado por todos os rapazes da cidade, pois cada jovem é por si um poeta. Quando andávamos pelas ruas, éramos acompanhados por esses jovens, que gritavam:

— Viva João do Rio! Viva Isadora!

DEIXEI DUMESNIL NO RIO, e ele fez tal sucesso lá que não quis ir embora. Voltei para Nova York, a viagem foi triste e solitária, pois eu estava preocupada com minha escola. Alguns boxeadores que tinham viajado na ida comigo voltaram no mesmo navio como marinheiros, já que não tiveram sucesso em Buenos Aires, nem ganharam dinheiro.

Entre os passageiros, estava um americano sempre bêbado, que toda noite no jantar, para constrangimento de todos, dizia ao garçom:

— Leve essa garrafa de champanhe Pommery 1911 para a mesa de Isadora Duncan.

Ao chegarmos a Nova York, ninguém me esperava no porto, já que meu cabograma não tinha sido entregue devido às dificuldades de guerra. Por sorte, liguei do navio para um grande amigo, Arnold Genthe. Ele não só é um gênio, mas também um mago. Deixou a pintura pela fotografia, porém uma fotografia estranha e mágica. Ele apontava a câmera para as pessoas e tirava as fotos, mas nunca eram fotos de quem posava, mas do que ele imaginava. Fez muitas fotos minhas que não são o meu ser físico, mas representações e situações da minha alma; uma delas é a minha própria alma.

Ele sempre foi meu melhor amigo e, quando me vi sozinha no cais, fiz uma ligação telefônica para ele. Qual não foi minha surpresa quando uma voz conhecida atendeu, que não era de Arnold. Era Lohengrin, que, por uma estranha coincidência, tinha ido visitar Genthe naquela manhã. Ao saber que eu estava sozinha no cais, sem dinheiro e sem amigos, disse na hora que iria me ajudar.

Minutos depois, ele chegou. Ao ver aquela figura alta e autoritária outra vez, tive uma curiosa sensação de segurança e apoio, e ficamos mutuamente encantados de nos vermos.

Um parêntese na narrativa: você deve ver nesta autobiografia que sempre fui fiel aos meus amantes e não teria largado nenhum, caso eles tivessem sido fiéis. Pois, da mesma maneira que um dia gostei deles, ainda gosto e gostarei sempre. Se larguei tantos homens, só posso culpar a inconstância deles e a crueldade do destino.

Assim, depois dessa viagem desastrosa, fiquei exultante de ver meu Lohengrin vir novamente me salvar. Com seu habitual jeito autoritário, ele logo liberou minha bagagem na alfândega, fomos para o estúdio de Genthe e saímos os três para jantar na Riverside Drive, num lugar com vista para o túmulo de Grant.

Ficamos bem felizes por estarmos juntos outra vez; bebemos muito champanhe e senti que minha volta a Nova York tivera um prenúncio feliz. L. estava numa fase das mais gentis e generosas. Após o jantar, ele foi correndo contratar o Metropolitan Opera e passou a tarde e a noite enviando convites a todos os artistas para uma grande apresentação de gala. E essa foi uma das mais lindas experiências de minha vida. Compareceram todos os artistas, atores e músicos de Nova York e eu tive a alegria de dançar sem a pressão da bilheteria. Claro que, como sempre fiz durante a guerra, cantei a *Marselhesa* no final e recebi uma ovação pela França e os Aliados.

Contei a L. que eu tinha mandado Augustin para Genebra e comentei a minha preocupação com a escola. Com sua extraordinária generosidade, ele mandou um cabograma com o dinheiro necessário para a escola vir para Nova York. Mas, ah, o dinheiro chegou tarde demais para uma parte das alunas. Os pais buscaram as pequenas alunas e levaram-nas para casa. Foi muito dolorosa essa dispersão da escola para a qual eu havia sacrificado anos de trabalho, mas, de certa maneira, me consolei com a chegada de Augustin e das seis alunas mais velhas.

L. continuava muito animado, generoso, fazendo tudo pelas alunas e por mim. Alugou um grande estúdio em cima do Madison Square Garden, onde trabalhávamos todas as tardes. De manhã, ele nos levava para longos passeios às margens do Hudson. E dava presentes para todos. Aliás, nesse período a vida ficou maravilhosa graças ao poder mágico do dinheiro.

Mas, à medida que o rigoroso inverno nova-iorquino seguia, minha saúde definhava. L. sugeriu que eu fizesse uma viagem a Cuba e mandou seu secretário me acompanhar.

Tenho as mais deliciosas lembranças de Cuba. O secretário de L. era um jovem poeta escocês. Minha saúde não permitia que eu fizesse apresentações, mas ficamos três semanas em Havana passeando de carro pelo litoral, desfrutando dos arredores pitorescos. Lembro-me de um fato tragicômico que ocorreu lá.

A uns dois quilômetros de Havana, havia um antigo leprosário cercado por um muro alto. Mas, como não era tão alto, de vez em quando dava para ver uma máscara de horror olhando por cima do muro. As autoridades perceberam a inconveniência de colocar essa instituição ao lado de uma elegante pousada de inverno e resolveram mudar o leprosário. Mas os leprosos não quiseram ir e se agarraram às portas, às paredes, alguns subiram no telhado e correu o boato de que outros haviam fugido para Havana e se escondido lá. A remoção desse leprosário sempre me pareceu uma peça estranha e misteriosa de Maeterlinck.

Fui à casa da herdeira de uma das mais antigas famílias da ilha, que gostava muito de macacos e gorilas. O jardim da velha residência era cheio de jaulas onde essa senhora mantinha seus bichinhos, e o local atraía todos os visitantes, que ela recebia com muita simpatia, com um macaco no ombro e um gorila pela mão. Esses eram os animais domesticados; outros não eram tão dóceis e, quando se passava pela jaula deles, eles sacudiam as grades, gritavam e faziam caretas. Perguntei se não eram perigosos e ela disse, distraída, que, afora saírem das jaulas e matarem um jardineiro de vez em quando, eles eram muito calmos. Isso me deixou muito preocupada e tive um alívio ao ir embora.

O detalhe estranho dessa história é que a mulher era muito bonita, com grandes e expressivos olhos, lida e inteligente; costumava reunir na casa as maiores expressões do mundo literário e artístico. Como então explicar o incrível apego a macacos e gorilas? Ela me contou que deixara todos os animais de herança para o Instituto Pasteur pesquisar câncer e tuberculose, o que me pareceu um modo muito pessoal de demonstrar afeto após a morte.

Lembro de outra coisa interessante em Havana. Numa noite de festa, quando todos os cabarés e bares estavam muito animados, depois do nosso habitual passeio à beira-mar e pelo campo, chegamos a um típico bar de Havana lá pelas três da manhã. Encontramos a habitual variedade de morfinômanos, cocainômanos, fumadores de ópio, alcoólatras e outros largados da vida. Ficamos numa pequena mesa no salão de teto baixo, mal-iluminado e enfumaçado, e chamou minha atenção um homem branco e cadavérico, olhar agressivo e jeito de louco. Com os dedos finos e compridos, ele tocava o teclado de um piano e, para surpresa minha, ouviram-se os *Prelúdios* de Chopin, executados com emoção e talento. Dali a pouco, aproximei-me, mas ele só conseguiu dizer umas poucas palavras sem sentido. Com isso, as pessoas me viram, mas percebi que ninguém ali sabia quem eu era. Fui tomada de uma enorme vontade de dançar para aquela estranha plateia. Enrolei-me na capa, dirigi o pianista e dancei vários *Prelúdios*. Os bêbados do pequeno bar foram se calando, continuei a dançar e eles não só prestaram atenção em mim, como também muitos choraram. O pianista também saiu do transe mórfico em que estava e tocou com inspiração.

Continuei dançando até de manhã; quando saí, todos me abraçaram, o que me deu mais orgulho do que qualquer apresentação em teatro, pois essa manifestação provava meu talento, sem a ajuda de nenhum empresário ou notícias prévias para chamar a atenção do público.

Pouco depois, meu amigo poeta e eu tomamos o navio para a Flórida e descemos em Palm Beach. De lá, telegrafei para Lohengrin, que nos encontrou no hotel Breakers.

O PIOR DE UMA GRANDE dor não é começo, quando o choque deixa a pessoa numa exacerbação dos sentidos que quase anestesia. O pior é depois, bem depois, quando os outros dizem: "Ah, ela precisa superar isso", ou: "Ela agora está bem, sobreviveu ao choque", na hora em que a pessoa está, por exemplo, num animado jantar e a dor é como uma mão gelada apertando o coração, ou apertando a garganta dela com a outra garra que queima; gelo e fogo, inferno e desespero, dominam tudo. Levantando a taça de champanhe, a pessoa se esforça para diminuir esse desespero com qualquer coisa, possível ou impossível, que a faça esquecer.

Era assim que eu estava. Os amigos diziam: "Ela esqueceu, superou", enquanto uma criança pequena entrava de repente ali, chamando "mamãe", e apunhalava meu coração, torcia todo o meu ser com tamanha angústia que o cérebro só podia clamar por Lete, pelo esquecimento, qualquer que fosse. Eu queria criar nova vida, nova arte, desse sofrimento tremendo. Ah, como invejo a resignação das freiras que rezam com lábios pálidos, murmurando preces a noite inteira ao lado do caixão de pessoas que desconhecem. Esse temperamento é invejado pelo artista que se revolta e grita: "Vou amar, amar, criar alegria, alegria." Que inferno!

L. levou para Palm Beach o poeta americano Percy McKaye. Um dia, estávamos os três sentados na varanda, quando L. desenhou o projeto de uma escola segundo minhas ideias e comunicou que havia comprado o Madison Square Garden porque julgou ser a planta adequada para a escola.

Fiquei animada com o projeto, mas não queria iniciar algo tão grande no meio da guerra. Isso acabou irritando L. de tal maneira que, com a mesma impulsividade com que havia comprado o Garden, cancelou a compra quando voltamos para Nova York.

No ano anterior, Percy McKaye escreveu um lindo poema após ver as crianças dançando.

Uma bomba caiu sobre a Notre Dame:
Os alemães incendiaram mais uma cidade belga;
A leste, os russos rechaçam e a Inglaterra receia.

Fechei os olhos e deixei o escrito de lado.
Recife cinza, capim ralo e flor exangue de luz
Junto a mares de azul pálido:
Que riso de criança-duende,
Doce como as patas das abelhas de outubro,
Penetra na praia esmaecida com velho e alegre deleite?
Que duendes são esses,
Em aventais azuis-cinzentos como o mar e o recife,
Que dançam na borda prateada da escuridão?
Cada um fará uma prece propícia,
Com os braços reluzindo para o sol?
Veja: eles agora estão parando
Como pássaros de volta ao ninho:
Desembaraçados e sérios
Rodeiam a cadeira da dona da casa
Para os cumprimentos da hora de dormir:
— Spokoini Notchi! Gute Nacht!
— Bonsoir! Bonsoir! Good night!
Que vidas vindas de tão longe são essas
Unidas numa Sagrada Família artística?
Sonhos que um dia Cristo e Platão tiveram:
Como suas sombras felizes se afastam com graça!
Meu Deus! Tudo parecia tão simples
Até que mais uma vez
Diante dos meus olhos o sinal vermelho tremeu:

Matou dez mil soldados inimigos.
Depois, risos! Risos que vêm do mar antigo
Para cantar ao crepúsculo: Atenas! Galileia!
E vozes de duendes, vindas da luz extinta, a dizer
— Spokoini Notchi! Gute Nacht!
— Bonsoir! Bonsoir! Boa noite!

XXX

No começo de 1917, eu estava me apresentando no Metropolitan Opera House. Como muita gente, na época eu achava que a esperança de liberdade, recuperação e civilização dependia de os Aliados ganharem a guerra. Assim, no final de cada espetáculo, eu dançava a *Marselhesa* com a plateia de pé. Isso não impediu que eu fizesse espetáculos com música de Richard Wagner e penso que todas as pessoas inteligentes concordam que o boicote aos artistas alemães durante a guerra foi injusto e estúpido.

No dia em que foi anunciada a Revolução Russa, os amantes da liberdade tiveram uma alegria cheia de esperança e nessa noite dancei a *Marselhesa* com o verdadeiro espírito revolucionário com que foi criada. A seguir, mostrei minha interpretação da *Marcha eslava*, com o hino ao Czar e o escravo oprimido sob o chicote.

Essa antítese, ou dissonância gestual, com a música, causou um pouco de agitação na plateia.

É estranho que, em toda a minha carreira artística, o que mais me atraiu foram esses gestos de desespero e revolta. De túnica vermelha, dancei muitas vezes a revolução e o chamado às armas dos oprimidos.

Na noite da Revolução Russa, dancei com imensa alegria. Meu coração explodia com a libertação de todos os que sofreram, foram torturados ou morreram para defender a humanidade. Não é de estranhar que L., assistindo às minhas apresentações todas as noites de seu camarote, tenha ficado perturbado e se perguntado se aquela escola de graça e beleza que ele patrocinava não poderia tornar-se perigosa e acabar com seus milhões de dólares. Mas meu impulso artístico era forte demais, e eu não conseguia reprimi-lo mesmo que fosse para agradar alguém amado.

L. ofereceu uma festa para mim no Sherry's. Começou com um jantar, seguido de baile e uma ceia requintada. Nesse evento, ele me presenteou com um maravilhoso colar de diamantes. Jamais gostei de joias, ou as usei, mas ele parecia tão feliz que eu o deixei colocar o colar no meu pescoço. De manhã, após galões de champanhe terem revigorado os convidados e minha cabeça estar meio leve com os prazeres do momento e a embriaguez do vinho, tive a infeliz ideia de ensinar a um belo jovem o tango apache como vi em Buenos Aires. De repente, alguém segurou meu braço com garras de ferro, era L. explodindo de raiva.

Foi a única vez que usei esse colar azarento, pois, pouco depois, em outro ataque de raiva, L. sumiu. Fui largada com uma conta de hotel altíssima e todas as despesas da minha escola. Pedi ajuda a ele, em vão, então levei o famoso colar de diamantes ao penhor e nunca mais o resgatei.

Assim, fiquei em Nova York sem dinheiro e no final da temporada, quando era praticamente impossível conseguir trabalho. Por sorte, eu tinha um casaco de arminho e uma linda esmeralda que L. comprara do filho de um marajá que perdera tudo num cassino de Monte Carlo. Diziam que a esmeralda era da estátua de um famoso deus. Vendi o casaco para uma soprano famosa, a esmeralda para outra soprano famosa e aluguei uma casa em Long Beach durante o verão. Coloquei minhas alunas lá enquanto aguardava o outono, quando poderia ganhar dinheiro novamente.

Com minha habitual imprevidência, já que estava com dinheiro para a casa, o carro e nossas despesas diárias, não pensei muito no futuro. Seria mais sensato, claro, usar a renda obtida com o casaco e a joia em ações e títulos sólidos, mas obviamente isso não me passou pela cabeça. Passamos um agradável verão em Long Beach, divertindo muitos artistas, como sempre. Entre os convidados que ficaram conosco várias semanas, estava o genial músico Isaye, que deu alegria à nossa pequena casa com o som de seu lindo violino, de manhã e à noite. Não tínhamos estúdio, mas dançávamos na praia e fizemos uma festa especial para Isaye, que ficou encantado como um menino.

Como se pode imaginar, após as delícias desse verão, voltamos para Nova York e minhas finanças estavam zeradas, após dois meses sem fazer nada. Aceitei então um contrato de apresentação na Califórnia.

Durante essa turnê, vi que estava próxima da minha cidade natal. Pouco antes de chegar, li nos jornais que Rodin tinha morrido. Pensar que nunca mais veria meu grande amigo me fez chorar tanto que, ao ver os repórteres aguardando na estação de Oakland para me entrevistar, cobri o rosto com um véu de renda preta para não verem meus olhos inchados. No dia seguinte, os jornais disseram que eu tinha fingido um ar de mistério.

Fazia 22 anos que eu tinha saído de São Francisco para a grande aventura, e pode-se imaginar minha emoção ao voltar à minha cidade natal, que mudara completamente após ser atingida pelo terremoto e o incêndio de 1906. Assim, era tudo novo para mim e eu mal conseguia reconhecer a cidade.

A plateia no Teatro Colúmbia era seleta e rica, e foi muito gentil e receptiva, assim como os críticos, mas não gostei, pois eu queria dançar para um grande público. Mas, quando falei no teatro grego, eles não aceitaram. Não sei o motivo da recusa, se foi estratégia do meu agente ou alguma má vontade.

Reencontrei mamãe em São Francisco; não a via há alguns anos, já que, por uma inexplicável saudade de casa, ela não queria morar na Europa. Estava muito idosa e aflita; um dia, almoçando na Cliff House e nos vendo refletidas num espelho, fui obrigada a comparar meu rosto triste e o jeito cansado de mamãe com os dois espíritos aventureiros que saíram quase 22 anos antes, cheios de esperanças de fama e fortuna. Essas esperanças se realizaram, mas por que com um resultado tão trágico? Talvez seja esse o resultado natural da vida neste mundo tão desagradável, onde as próprias condições são hostis ao homem. Conheci muitos grandes artistas e pessoas inteligentes e de sucesso, mas nunca alguém que pudesse ser considerado feliz, embora alguns não se incomodassem com isso. Por trás da máscara, com um pouco de clarividência, pode-se ver a mesma inquietude e sofrimento. Talvez a felicidade não exista. Existem apenas momentos felizes.

Tais momentos eu senti em São Francisco, ao encontrar minha alma-gêmea musical, o pianista Harold Bauer. Para surpresa e alegria minhas, ele disse que eu era mais musicista do que dançarina e que aprendera com minha arte o sentido de frases inescrutáveis de Bach, Chopin e Beethoven. Passamos semanas maravilhosas, com uma perfeita interação artística, pois, da mesma maneira que ele disse que eu desvendara os segredos da arte para ele, ele me mostrou interpretações que eu não imaginara.

Harold teve uma vida discreta e intelectual, muito acima da média. Ao contrário de muitos músicos, ele não se limitava à música, mas tinha noção de todas as artes e um vasto conhecimento de poesia e alta filosofia. Quando dois amantes da arte se encontram, ficam numa espécie de embriaguez. Passamos dias bastante embriagados sem beber, sentindo em cada nervo uma trêmula esperança, e quando nossos olhos se encontraram nessa esperança, tivemos um prazer tão forte que gritamos como se sentíssemos uma dor.

— Já percebeu essa frase musical de Chopin?

— Sim, desse jeito mesmo, um pouco mais. Vou criar para você o movimento dessa frase.

— Ah, que deleite! Vou tocar para você.

— Ah, que deleite, que grande alegria!

Nossas conversas eram assim, sempre avançando para um conhecimento maior da música que adorávamos.

Fizemos uma apresentação no Teatro Columbia em São Francisco, evento que considero dos mais felizes da minha carreira. O encontro com Harold Bauer me deixou novamente naquele maravilhoso ambiente de claridade e alegria que só ocorre na presença de uma alma tão iluminada. Eu esperava que isso continuasse e que descobríssemos uma nova forma de expressão musical. Mas, ah, não levei em conta a situação. Nossa colaboração terminou numa separação forçada e dramática.

Quando estava em São Francisco, fiz amizade com um conhecido escritor e crítico musical, Redfern Mason. Após um dos concertos de Bauer, quando estávamos ceando, ele perguntou o que poderia fazer para me agradar na cidade. Eu o fiz prometer que iria atender a um pedido meu, não importava qual fosse. Ele aceitou, eu peguei um lápis e escrevi um longo elogio ao concerto de Bauer citando o soneto de Shakespeare que começa dizendo:

> És tu a própria música quando
> Desse instrumento tiras melodia,
> Teu gesto doce nelas encontrando
> O som que os meus ouvidos encanta;
> E invejo as cordas que ágeis reverberam
> De tuas mãos beijando a íntima face (...)

e termina assim:

> Se à corda astuta matas o desejo
> Deixe-lhe os toques, dá-me o lábio e o beijo.

Redfern ficou muito constrangido, mas teve de mostrar espírito esportivo, e quando á crítica foi publicada no dia seguinte com o nome dele, todos os colegas zombaram cruelmente por aquela nova e súbita paixão por Bauer. Meu gentil amigo suportou a zombaria com estoicismo e, quando Bauer foi embora da cidade, ele foi meu melhor companheiro e apoio.

Apesar do entusiasmo das seletas plateias que lotaram o Teatro Colúmbia, fiquei desesperada com o desinteresse de minha cidade natal por minha futura escola. Lá havia inúmeros imitadores e várias escolas que copiaram a minha, que os habitantes pareciam apreciar muito, achando até que a parte mais rígida da minha arte podia causar algum problema. Meus imitadores ficaram puro mel e açúcar, difundindo a parte do meu trabalho que eles gostavam de chamar de "harmoniosa e linda", mas omitindo a parte mais austera; omitindo, na verdade, a origem e o verdadeiro sentido.

Num instante de amor profético pela América, Walt Whitman escreveu *Ouço a América cantar.* Imagino que a canção vigorosa que ele ouviu venha do movimento do Pacífico, das planícies, das vozes do grande coral formado por crianças, jovens, homens e mulheres cantando a democracia.

Quando li esse poema de Whitman, também tive uma visão da América dançando, algo parecido com a canção que Walt ouviu a América cantar. Essa música teria um ritmo tão portentoso quanto a alegria, o balanço ou as curvas das Montanhas Rochosas. Não teria nada da cadência sensual do jazz; seria como a vibração da alma americana ascendendo através do trabalho para uma vida harmoniosa. Essa dança que eu imaginava também tão tinha nada do fox-trote ou do charleston, ela estava mais no pulo da criança para cima, nas conquistas futuras, numa nova e grande visão da vida que expressaria a América.

Às vezes, sorrio com certa ironia quando as pessoas chamam minha dança de grega, pois considero que ela teve origem nas histórias que minha avó irlandesa nos contava, de atravessar as planícies com meu avô em 1849, numa carroça coberta (ela, com 18 anos; ele, com 21). E que o filho deles nasceu nessa carroça quando houve uma famosa luta com os peles-vermelhas em que os índios foram derrotados. Meu avô enfiou a cara na porta da carroça, ainda com o rifle soltando fumaça, para ver o filho recém-nascido.

Ao chegarem a São Francisco, meu avô construiu uma das primeiras casas de madeira, lembro-me de ir lá quando pequena e minha avó lembrava da terra dela, cantava e dançava as músicas irlandesas. Acho que essas danças tinham o espírito heroico dos pioneiros e da luta contra os peles-vermelhas e, talvez, alguns gestos dos índios e um pouco do Yankee Doodle*, de quando meu avô, o coronel Thomas Gray, voltou da Guerra Civil. Essa avó mostrava tudo isso na dança

---

*Canção patriótica tradicional dos Estados Unidos. (*N. da T.*)

irlandesa e eu aprendi com ela, transformei-a num desejo meu de América jovem e, por fim, minha grande realização espiritual na vida nos versos de Walt Whitman. Essa é a origem da chamada dança grega com a qual invadi o mundo.

Essa foi a origem, a raiz. Mas depois, ao ir para a Europa, tive três grandes mestres europeus, os três grandes precursores da dança do nosso século: Beethoven, Nietzsche e Wagner. Beethoven criou a dança num ritmo forte; Wagner, numa forma escultural; e Nietzsche, no espírito. Ele foi o primeiro filósofo dançarino.

Sempre penso quem será o compositor americano que vai ouvir cantar a América de Walt Whitman e compor a verdadeira música para os americanos dançarem, que não terá ritmo de jazz, nem nenhum ritmo da cintura para baixo, mas a partir do plexo solar, lar temporal da alma subindo para a bandeira americana, do grande céu que cobre aquela parte do Pacífico, passando pelas planícies, Serra Nevada, Montanhas Rochosas até o Atlântico. Espero que você, jovem compositor americano, crie a música para a dança que expresse a América de Walt Whitman e de Abraham Lincoln.

Acho terrível alguém acreditar que o jazz expressa a América. O jazz expressa o selvagem primitivo. A música da América deveria ser diferente. Ainda está para ser escrita. Nenhum compositor conseguiu captar o ritmo da América, que é forte demais para os ouvidos da maioria das pessoas. Mas um dia ele vai eclodir das grandes extensões de terra, chover dos vastos céus, e a América será mostrada em alguma música titânica que transformará seu caos em harmonia e rapazes e moças de pernas compridas dançarão essa música, e não as convulsões do charleston que lembram macacos, mas um surpreendente movimento de ascensão, que se eleve acima das pirâmides do Egito, acima do Parthenon na Grécia, uma expressão de beleza e força como nenhuma civilização já viu.

E essa dança não terá nada da afetação oca do balé, nem os requebros sensuais dos negros. Será limpa. Vejo a América dançando com um pé apoiado no ponto mais alto das Rochosas, os braços esticados do Atlântico ao Pacífico, a bela cabeça virada para o alto, a testa brilhando como a coroa de um milhão de estrelas.

É muito grotesco que as escolas americanas incentivem a chamada cultura do corpo, da ginástica sueca e do balé. O verdadeiro americano jamais será um bailarino. As pernas são compridas demais, o corpo é solto demais, e o espírito, livre demais, para essa escola de graça afetada e passos na ponta dos pés. É sabido que nossos grandes bailarinos foram mulheres de pequena estatura. Uma mulher alta e magra jamais poderia dançar balé. O tipo físico que mais representa a América jamais poderia dançar balé. Nem com muita imaginação pode-se pensar na mulher da estátua da Liberdade dançando balé. Então por que aceitar essa escola na América?

Henry Ford disse que gostaria que todas as crianças da Cidade Ford soubessem dançar. Ele não gosta da dança moderna e sugere que dancem a antiquada valsa, a mazurca, o minueto. Mas a antiquada valsa e a mazurca expressam o sentimentalismo doentio e o romantismo que nossos jovens deixaram para trás; o minueto expressa uma servidão pegajosa de cortesãos do tempo de Luís XIV e das saias de crinolina. O que esses movimentos têm a ver com a juventude livre da América? O sr. Ford não sabe que os movimentos são tão eloquentes quanto as palavras?

Por que nossas crianças têm de dobrar o joelho na dança enfadonha e servil do minueto, ou contorcer-se nos giros de falso sentimentalismo da valsa? Melhor deixar que deem largos passos, saltem e girem de cabeça erguida e braços bem abertos para representar a linguagem de nossos pioneiros, a força de nossos heróis, a justiça, a delicadeza, a pureza de nossos estadistas e todo o amor inspirador e a ternura de nossas mães. Quando as crianças americanas dançarem assim, serão pessoas maravilhosas, merecedoras de integrarem a Maior Democracia do Mundo.

Essa será a América dançando.

XXXI

Há dias em que minha vida parece uma lenda dourada cravejada de pedras preciosas, um campo florido, uma manhã radiosa com horas plenas de amor e felicidade, quando não encontro palavras para expressar meu enlevo e minha alegria de viver; quando a ideia da minha escola parece uma faísca de gênio ou quando acredito que, embora não concretizada, minha escola é um sucesso, quando minha arte é uma ressurreição. Da mesma maneira, há outros dias em que, ao relembrar, fico cheia de um grande desgosto e vazio. O passado parece uma série de catástrofes, e o futuro, uma calamidade saída do cérebro de um louco.

O que é verdade sobre uma vida e quem pode saber? O próprio Deus ficaria intrigado. Em meio a essa angústia e deleite, essa sujeira e essa pureza luminosas, esse corpo cheio de fogo infernal e esse mesmo corpo cheio de heroísmo e beleza: onde está a verdade? Sabe Deus, ou sabe o demônio, mas creio que os dois ficam intrigados.

Assim, em alguns dias criativos, minha cabeça parece um vitral onde vejo coisas lindas e incríveis, as mais belas formas e cores. Em outros dias, apenas olho por janelas cinzentas e feias e vejo a cinzenta pilha de lixo chamada vida.

Se ao menos pudéssemos entrar em nós mesmos e, como um mergulhador, trazer à tona pérolas preciosas, vindas das ostras fechadas no silêncio das profundezas do nosso inconsciente!

Após a longa luta para manter minha escola, sozinha, triste e desanimada, eu só queria voltar para Paris, onde poderia ganhar um pouco de dinheiro em minha propriedade. Mary então voltou da Europa e me ligou de Baltimore. Comentei sobre minha desolação e ela disse:

— Meu grande amigo Gordon Selfridge viaja amanhã. Se eu pedir, ele certamente consegue uma passagem para você vir.

Eu estava tão desgastada com a minha luta e a dureza da estada na América que aceitei a ideia com alegria, e na manhã seguinte embarquei de navio em Nova York. Ao chegar a Londres, não tinha dinheiro para ir a Paris, então me hospedei na Duke Street e telegrafei para diversos amigos em Paris. Mas não tive resposta, talvez devido à guerra. Passei algumas semanas nessa pensão horrível e soturna completamente perdida. Sozinha e doente, sem um centavo, com a escola destruída e a guerra parecendo sem fim, eu costumava sentar ao lado da janela no quarto escuro e assistir aos ataques aéreos noturnos, desejando que uma bomba caísse em cima de mim para acabar com meus problemas. O suicídio é uma ideia bastante atraente. Pensei muito nisso, mas alguma coisa sempre me impedia. Certamente, se as farmácias vendessem comprimidos de suicídio com a mesma facilidade com que vendem preservativos, acho que a *intelligentsia* do mundo sumiria da noite para o dia, numa agonia conquistada.

Desesperada, passei um cabograma para L., mas não tive resposta. Um empresário tinha conseguido algumas apresentações para minhas alunas que queriam fazer carreira na América. Mais tarde, elas fizeram turnê e se apresentaram como Isabela Duncan Dançarinas, mas não ganhei nada com isso e fiquei numa situação difícil. Até que, por acaso, encontrei um simpático funcionário da embaixada da França que me levou para Paris. Lá, fiquei num aposento no Palais d'Orsay e procurei os agiotas para conseguir dinheiro.

Diariamente, às cinco da manhã, os habitantes de Paris eram despertados pelos tiros do canhão Big Bertha, um começo adequado para o dia sinistro, que prosseguia com notícias horríveis do front. Morte, sangue, carnificina enchiam as horas terríveis e à noite ouvíamos a sirene avisando dos ataques aéreos.

Uma lembrança alegre dessa época foi encontrar o famoso ás de guerra, o piloto Garros, na casa de um amigo. Ele tocou Chopin, eu dancei e ele me levou para casa a pé, de Passy até o Quai d'Orsay. Houve um ataque aéreo, ficamos assistindo e dancei para ele na Place de la Concorde; Garros sentado na beira da fonte me aplaudindo, com seus melancólicos olhos negros iluminados pelo fogo das bombas que explodiam ali perto. Nessa noite ele me disse que só queria morrer. Pouco depois, o Anjo dos Heróis levou-o da vida que ele não apreciava.

Os dias se passaram numa terrível monotonia. Eu teria sido uma enfermeira muito dedicada, mas achei inútil ser um peso supérfluo, já que havia uma fila de candidatas. Pensei então em voltar à minha arte, embora estivesse com o coração tão pesado que meus pés podiam não aguentar.

Wagner tem uma canção que adoro, *O anjo*, que fala num espírito que está profundamente triste e desolado quando surge um anjo de luz. Nesses dias sombrios, um anjo assim surgiu para mim: um amigo trouxe o pianista Walter Rummel para me conhecer.

Quando ele entrou, achei que era uma foto do jovem Liszt saindo da moldura: tão alto, esguio, com um cacho ruivo caindo na testa alta e olhos que pareciam poços transparentes de luz. Tocou piano para mim. Chamei-o de meu Arcanjo. Trabalhamos no saguão do teatro que Réjane tinha gentilmente colocado à minha disposição, e, com estrondos do canhão Big Bertha e em meio às notícias da guerra, ele tocou *Pensamentos de Deus na floresta*, de Lizst, onde São Francisco conversa com os passarinhos. Criei novas coreografias a partir do que ele tocava, que possuía oração, suavidade e luz, e, mais uma vez, meu espírito renasceu, atraído pelas melodias celestiais que surgiam ao toque dos dedos dele. Foi o começo do mais santificado e etéreo amor da minha vida.

Ninguém jamais tocou Liszt como o meu Arcanjo, porque ele tinha imaginação. Por trás da partitura, ele conhecia o verdadeiro significado de loucura — e loucura falada diariamente com os anjos.

Ele era só gentileza e suavidade; mesmo assim, inflamado de paixão. Tocava com total arrebatamento e ficava consumido de emoção, a alma rebelde. Não se entregava à paixão com o ardor espontâneo dos jovens; pelo contrário, sua entrega era tão clara quanto o sentimento irresistível que o possuía. Era como um santo dançando num braseiro de carvões acesos. Amar um homem assim é tão perigoso quanto difícil. O desprezo do amor pode facilmente se tornar ódio contra o agressor.

É estranho e terrível se aproximar de um ser pelo invólucro da carne e encontrar uma alma e, nesse invólucro de carne, encontrar prazer, sensação, ilusão. Ah, acima de tudo, ilusão que os homens chamam de felicidade; através do invólucro da carne, através da aparência, ilusão que os homens chamam de amor.

O leitor deve estar lembrado que essas memórias cobrem muitos anos e que a cada vez que um novo amor surgiu sob a forma de anjo, demônio, ou de um simples homem, eu achava que era quem eu tanto esperava, aquele amor seria a última ressurreição da minha vida. Mas o amor sempre dá essa impressão. Cada amor na minha vida daria um romance, todos com final triste. Esperei sempre, o que acabaria bem e duraria para sempre como acontece nos filmes, tão otimistas!

O milagre do amor são os diversos temas e teclados em que ele pode ser tocado, e o amor por um homem comparado ao amor por outro pode ser tão diferente quanto a música de Beethoven comparada à de Puccini. O instrumento tocado por esses melodiosos executantes é a mulher. E acho que a mulher que só teve um homem é como alguém que só conheceu um compositor.

O verão ia passando e procuramos um lugar calmo no sul da França. No porto de St. Jean, em Cap Ferrat, num hotel quase deserto, instalamos nosso estúdio na garagem vazia, e por dias e noites inteiros ele tocou uma música celestial e eu dancei.

Que tempo feliz, alegrada pelo meu Arcanjo, à beira-mar, vivendo apenas de música. Era como o sonho dos católicos de ir para o céu após a morte. Como a vida é pendular: quanto mais profundo o sofrimento, maior o êxtase; a cada vez que mergulhamos na tristeza, subimos mais alto na alegria.

De vez em quando, saíamos de nosso refúgio para fazer uma boa ação com os desafortunados, ou dar um concerto para os feridos de guerra, mas, na maior parte do tempo, estávamos sós. Com música e amor, com amor e música, minha alma desfrutava dos pináculos da felicidade.

Numa casa próxima, moravam um respeitável padre e a irmã, sra. Giraldy. Ele tinha sido um monge branco na África do Sul. Eram nossos únicos amigos e eu costumava dançar para eles inspirada na sagrada música de Liszt. Quando o verão terminou, encontramos um estúdio em Nice e, ao ser proclamado o armistício, voltamos para Paris.

A guerra tinha terminado. Vimos os soldados vitoriosos passarem pelo Arco do Triunfo e gritamos: "O mundo está salvo." Por enquanto, éramos todos poetas mas, ah, quando o poeta acordou para buscar pão e queijo para sua amada, o mundo também despertou para suas necessidades.

O Arcanjo me pegou pela mão e fomos para Bellevue. A casa estava em ruínas e nos perguntamos: por que não reconstruí-la? Passamos meses procurando, em vão, dinheiro para essa tarefa impossível.

Por fim, vimos que era realmente impossível e aceitamos a oferta razoável de compra pelo governo francês, que achou o casarão ótimo para instalar uma fábrica de gases asfixiantes no ano seguinte. Após ver o meu teatro de Dionísio transformado em hospital de feridos, eu estava destinada a abandoná-lo para ser uma fábrica de armas de guerra. A perda de Bellevue foi uma lástima, tinha uma vista tão linda.

Quando a venda foi finalmente concretizada e o dinheiro depositado no banco, comprei uma casa na rue de la Pompe, onde havia funcionado a Sala Beethoven, e lá instalei meu estúdio.

Meu Arcanjo tinha uma doce noção de compaixão. Parecia sentir toda a tristeza que pesava no meu coração e que muitas vezes me causava noites de insônia e choro. Nessas horas, ele olhava para mim com tal compaixão e olhos luminosos que confortava meu espírito.

No estúdio, nossas duas artes viravam uma e, sob a influência dele, minha dança ficava etérea. Arcanjo me mostrou o sentido espiritual da obra de Franz Liszt, e com a música dele compusemos um recital inteiro. Na silenciosa sala de música da Sala Beethoven, iniciei também os estudos de algumas cenas de movimento e luz que eu queria tirar de *Parsifal*.

Lá, passamos horas abençoadas, nossas almas unidas dominadas por uma força misteriosa. Muitas vezes, quando eu dançava e ele tocava, eu levantava os braços e minha alma saía do corpo num voo dos raios prateados do Graal. Parecia que havíamos criado uma entidade espiritual separada de nós e, quando o som e os gestos subiam para o infinito, vinha uma resposta do alto.

Acho que, da energia psíquica desse momento musical, quando nossos espíritos estavam tão sintonizados na sagrada força do amor, ficamos à beira de outro mundo. A plateia sentia a força dessa energia unida, e muitas vezes havia uma curiosa psicose como nunca vi. Se meu Arcanjo e eu tivéssemos prosseguido com esses estudos, tenho certeza que chegaríamos à criação espontânea de movimentos de tal força espiritual a ponto de trazer uma nova revelação para o ser humano. Que lástima que um sentimento terreno tenha acabado com essa conquista sagrada da mais profunda beleza. Pois, exatamente como diz a lenda, a insatisfação sem fim abre a porta para a fada má que traz todos os tipos de problemas. Assim, em vez de ficar satisfeita com a felicidade que tinha encontrado, senti o velho desejo de refazer a escola e mandei um cabograma para minhas alunas na América.

Quando elas chegaram, juntei alguns amigos fiéis e disse a eles:

— Vamos a Atenas ver a Acrópole, pois ainda podemos encontrar uma escola na Grécia.

Como os motivos de uma pessoa podem ser mal interpretados! Um jornalista do *The New Yorker* comentou essa viagem (1927), dizendo "a extravagância dela não tem limites. Deu uma festa de vários dias e, saindo de Veneza, foi para Atenas".

Viva eu! Minhas alunas chegaram, jovens, bonitas e com sucesso. Meu Arcanjo cuidou delas e se apaixonou por uma.

Como contar essa viagem que, para mim, foi um calvário do amor? Notei pela primeira vez o amor deles no hotel Excelsior, no Lido, onde passamos algumas semanas, e tive certeza no navio a caminho da Grécia. Mas a certeza me arrasou para sempre ao ver a Acrópole à luz da lua. Foram essas as estações do calvário do amor.

Ao chegarmos a Atenas, tudo parecia propício para a escola. Graças à gentileza de Venizelos, o Zappeion foi colocado à minha disposição. Fizemos lá nosso estúdio, onde eu trabalhava todas as manhãs com minhas alunas, querendo fazer uma dança que estivesse à altura da Acrópole. Eu queria ensaiar mil crianças para os grandes festivais dionisíacos no estádio.

Íamos todos os dias à Acrópole, lembrei da primeira vez em que estive lá, em 1904, e foi muito emocionante ver os corpos jovens de minhas alunas realizando pelo menos parte do sonho que tive dezesseis anos antes. Tudo parecia indicar que a guerra tinha terminado e eu poderia fazer minha tão sonhada escola em Atenas.

Minhas alunas chegaram da América com certas afetações e maneirismos que me desgostaram, mas perderam tudo isso sob o glorioso céu de Atenas e a inspiração da magnífica paisagem de montanhas, mar e grande arte.

O pintor Edward Steichen, que fazia parte do nosso grupo, tirou belas fotos na Acrópole e no teatro de Dionísio; elas dão uma leve ideia do que eu esperava havia tanto tempo criar na Grécia.

Encontramos Kopanos em ruínas, tinha se tornado moradia de pastores e seus rebanhos de cabritos-monteses. Sem me intimidar, resolvi limpar tudo e reconstruir a casa; a obra começou imediatamente. O lixo acumulado em anos foi retirado e um jovem arquiteto se encarregou de colocar portas, janelas e telhado. Estendemos um tapete para dança na sala de estar de pé-direito alto e trouxemos um piano de cauda. Todas as tardes, com a maravilhosa vista do sol se pondo atrás da Acrópole e jogando suaves raios rubro-dourados no mar, meu Arcanjo tocava música linda e inspiradora: Bach, Beethoven, Wagner, Liszt. No frescor das tardes, fazíamos coroas com os jasmins brancos que os meninos atenienses vendiam nas ruas e íamos jantar à beira-mar, em Faleron.

No meio desse bando de donzelas coroadas de flores, meu Arcanjo parecia Parsifal no jardim de Kundry. Mas notei um novo brilho nos olhos dele, um brilho mais ligado à terra que ao céu. Eu acreditava que nosso amor fosse tão forte em sua firmeza espiritual e intelectual que demorei um pouco para ver a realidade: as luminosas asas do Arcanjo tinham se transformado em braços ardentes que podiam conter o corpo de uma ninfa. De nada adiantou toda a minha experiência e foi um choque terrível. A partir de então, senti grande dor e inquietação por ser obrigada a ver o amor crescente deles que, para horror meu, às vezes despertava dentro de mim um demônio disposto a matar.

Num entardecer, quando meu Arcanjo, que estava cada vez mais parecido com um ser humano, tinha acabado de tocar a grande marcha do *Götterdämmerung**, e as últimas notas morriam no ar parecendo se desmanchar nos raios vermelhos, num eco de Himeto, e iluminar o mar, vi os dois se olhando num mesmo ardor, sob o anoitecer escarlate.

Tive um acesso de ódio tão forte que me assustou. Virei as costas e fui embora, passei a noite perambulando pelas colinas perto de Himeto, muito desesperada. Eu já conhecia aquele monstro de olhos verdes que causa os piores sofrimentos, mas nunca com tal intensidade como naquele instante. Eu amava e odiava os dois ao mesmo tempo, o que me causou muita empatia pelos desafortunados que, sofrendo torturas inimagináveis do ciúme, matam quem amam.

Para evitar chegar a tal calamidade, peguei um pequeno grupo de alunas e meu amigo Edward Steichen e percorremos a linda estrada que passa pela antiga Tebas e Chalcis, onde vi as areias douradas e imaginei as donzelas em Euboea dançando em homenagem ao malfadado casamento de Ifigênia.

Mas, naquele momento, nem todas as glórias helênicas poderiam afastar o demônio que me dominava, trazendo à cabeça a imagem dos dois que ficaram em Atenas, agarrando minhas entranhas e destruindo meu cérebro como ácido. Na volta, meu sofrimento se completou ao ver, no balcão que havia sob as janelas de nosso quarto, os dois radiantes de juventude e energia.

---

*O Crepúsculo dos Deuses. (N. da E.)

Hoje, não consigo entender essa obsessão, mas, na época, fiquei tomada e era tão impossível me livrar dela quanto de uma febre escarlate ou uma varíola. Mesmo assim, eu dava aula para minhas alunas todos os dias e continuava planejando a escola em Atenas, o que parecia possível. O ministro Venizelos foi muito receptivo aos meus projetos e os atenienses se entusiasmaram.

Um dia, fomos convidados para uma grande homenagem a ele e ao jovem rei, no estádio. Cinquenta mil pessoas participaram, além dos membros da Igreja Grega e, quando o jovem rei e Venizelos entraram no estádio, receberam uma enorme ovação. Assisti ao desfile dos patriarcas com suas túnicas de brocado, rígidas por causa dos bordados de ouro que luziam ao sol.

Quando entrei no estádio com meu *paplum* ligeiramente drapeado, seguida de um grupo de figuras que pareciam saídas de Tanagra, o simpático Constantino Melas se aproximou e me entregou uma coroa de louros, dizendo:

— Você, Isadora, nos trouxe de volta a beleza imortal de Fídias e o apogeu da Grécia.

— Ah, ajude-me a criar mil maravilhosos dançarinos nesse estádio para que o mundo todo venha vê-los aqui, com deleite e encanto — repliquei.

Depois que falei isso, notei que o Arcanjo segurava com ardor a mão de sua preferida e, pela primeira vez, me senti apaziguada. Que importam mesquinharias comparadas ao meu grande plano, pensei, e sorri para eles com amor e perdão. Mas naquela noite, quando vi a silhueta dos dois juntos com a lua ao fundo, fui novamente vítima do sentimento mesquinho e humano de forma tão devastadora que perambulei sozinha e pensei em saltar como Safo e pular da colina do Parthenon.

Não há palavras para descrever o sentimento torturante que me consumiu; a beleza suave que me rodeava só aumentou a minha infelicidade. Não parecia haver saída. Será que a complicação de uma paixão mortal nos faz esquecer os projetos imortais de uma grande colaboração artística? Eu também não podia tirar minha aluna da escola onde ela estudava, e a possibilidade de testemunhar o amor deles diariamente e não demonstrar a minha dor também parecia impossível. Era, na verdade, um impasse. Restava a possibilidade de buscar a espiritualidade acima de tudo isso, mas, apesar da minha tristeza, o exercício da dança, os longos passeios pelas colinas, a natação diária na praia me deram um apetite e uma emoção fortes e terrenos, difíceis de controlar.

Assim, prossegui e, ao mesmo tempo que eu queria ensinar a minhas alunas beleza, calma, filosofia e harmonia, por dentro enfrentava o tormento mais arrasador. Não sabia aonde aquilo poderia me levar.

A única solução que me restava era assumir uma armadura de alegria e tentar afogar minhas mágoas nos encorpados vinhos gregos todas as noites, quando ceávamos à beira-mar. Certamente, deveria existir uma forma mais nobre de enfrentar a situação, mas eu não estava em condições de encontrá-la. De todo jeito, estas são apenas minhas pobres experiências humanas e tento colocá-las no papel aqui. Se são valiosas ou não, talvez sirvam de orientação para outros sobre como *não* fazer as coisas. Sem dúvida, todo mundo procura evitar o desastre e o sofrimento.

Essa situação insuportável terminou com um estranho golpe do destino, algo tão pequeno como a mordida de um malvado macaquinho, o macaquinho cuja mordida causou a morte do jovem rei.

O rei passou alguns dias pairando entre a vida e a morte, até o triste anúncio de sua morte, que causou tal revolução, que foi preciso mais uma vez a saída do governo de Venizelos e seu grupo e, por acaso, a nossa também. Pois foi ele quem nos convidara para ir à Grécia, e também nos sentimos vítimas da situação política. Assim, perdi todo o dinheiro gasto na reconstrução de Kopanos e a instalação do estúdio. Fomos obrigados a abandonar o sonho da escola em Atenas e embarcar de volta para Paris, via Roma.

Que lembrança estranha e torturante é essa última visita a Atenas, em 1920, a volta a Paris e, de novo, a separação e a despedida do meu Arcanjo com minha aluna, que também me deixou para sempre. Eu me achava mártir de tudo isso, mas ela parecia achar exatamente o contrário e me culpou amargamente por meus sentimentos e minha intolerância.

Quando, por fim, me vi sozinha naquela casa na rue de la Pompe, com sua Sala Beethoven toda arrumada para a música do meu Arcanjo, meu desespero não teve tamanho. Eu não aguentava mais ver a casa onde fora tão feliz; na verdade, tinha vontade de voar dali e do mundo, pois, na época, achava que o mundo e o amor para mim estavam acabados. Quantas vezes na vida pensa-se isso! Porém, se pudéssemos enxergar, veríamos que do outro lado da montanha existe um vale de flores e felicidade à nossa espera. Discordo de tantas mulheres que acreditam que, após os quarenta, uma vida digna deve excluir o ato do amor. Ah, que engano!

Como é misterioso sentir a energia do corpo na estranha viagem pela Terra. O tímido, magricelo, corpo da menina que eu fui, a transformação na amazona dura; a seguir, a bacante com coroa de folhas de parreira ébria de vinho, entregando-se, suave, ao ataque do sátiro. Vivo no meu corpo como um espírito numa nuvem, uma nuvem de fogo e reação.

Que bobagem cantar apenas o amor e a primavera. As cores do outono são mais fantásticas, mais variadas e as alegrias outonais são mil vezes mais fortes, terríveis e lindas. Tenho pena daquelas pobres mulheres cujas descoradas e limitadas crenças impedem que elas recebam o generoso presente do amor outonal. Minha pobre mãe era assim, e a esse preconceito absurdo deveu o envelhecimento e a doença do corpo, numa época em que ele deveria estar mais maravilhoso, e a ruína parcial de uma mente que tinha sido magnífica. Eu fui um dia a vítima tímida, depois a bacante agressiva, mas hoje me aproximo do meu amante como o mar sobre um nadador ousado, envolvendo-o, rodeando-o, cercando-o de ondas de sombra e fogo.

NA PRIMAVERA DE 1921, recebi o seguinte telegrama do governo soviético:

> Só o governo russo consegue compreender você. Venha, vamos fazer a sua escola.

De onde veio essa mensagem? Do inferno? Não, mas do lugar mais perto dele. O lugar que na Europa se considerava o inferno: o governo soviético em Moscou. Olhando minha casa vazia, sem o meu Arcanjo, sem esperança, sem amor, respondi:

Sim, vou à Rússia ensinar suas crianças, com a única condição de me fornecerem um estúdio e as condições para trabalhar.

A resposta foi sim; então, um dia me vi num navio no Tâmisa saindo de Londres para Reval e, depois, Moscou.

Antes de deixar Londres, fui a uma adivinha que previu que eu ia fazer uma longa viagem. Ia passar por muitas experiências, enfrentar problemas, casar...

Ao ouvir a palavra casar, eu a interrompi com uma risada. Eu, que sempre fora contra o casamento? Jamais me casaria. A adivinha disse:

— Espere e verá.

A caminho da Rússia, eu estava solta como uma alma após a morte, a caminho de outra esfera. Pensei estar deixando todos os estilos de vida europeia para sempre. Eu achava que o Estado ideal, tal como sonhado por Platão, Karl Marx e Lênin, havia sido criado na Terra, por algum milagre. Com toda a energia do meu ser, desapontado com as tentativas de realizar qualquer dos meus projetos artísticos na Europa, eu estava pronta para entrar no terreno ideal do comunismo.

Não levei vestidos, imaginava passar o resto da vida de blusa de flanela vermelha no meio de camaradas também vestidos com simplicidade e cheios de amor fraterno.

À medida que o navio seguia rumo ao norte, olhei para trás com raiva e pena de todas as instituições e costumes da Europa burguesa que eu estava deixando. Para ser uma camarada entre camaradas, para realizar um grande projeto de trabalho com aquela geração. Adeus, portanto, à desigualdade, à injustiça e à brutalidade do Velho Mundo, que impossibilitaram a realização da minha escola.

Quando o navio finalmente chegou ao porto de destino, meu coração deu um grande pulo de alegria. Rumo ao maravilhoso Mundo Novo que foi criado! Rumo ao mundo dos camaradas. O sonho que foi pensado por Buda, o sonho que ecoou nas palavras de Cristo, o sonho que foi a esperança maior dos grandes artistas, o sonho que Lênin conseguiu, por mágica, realizar. Eu estava entrando nesse sonho de que meu trabalho e minha vida pudessem fazer parte de sua gloriosa promessa.

Adeus, Velho Mundo! Eu iria saudar um Novo Mundo.

DATAS IMPORTANTES NA VIDA DE ISADORA DUNCAN

1878, maio. Nasce em São Francisco, "com ascendente em Vênus", como ela costumava dizer.

1899 Muda-se para Chicago com a mãe, o irmão Raymond e a irmã Elizabeth. Lá, ela dança, consegue uma entrevista com Augustin Daly e, assim, a primeira oportunidade em Nova York.

1900 A família Duncan muda-se para Londres, onde Isadora dança para a sociedade local e encontra pessoas importantes, inclusive o príncipe de Gales.

1904 Isadora conhece em Berlim o cenógrafo Gordon Craig, de quem se torna amante.

1905 Nasce Deirdre, sua filha com Craig.

1910 Paris Singer, o milionário das máquinas de costura, corteja-a e tornam-se amantes.

1910 Nasce Patrick, seu filho com Singer.

1913 Deirdre e Patrick morrem tragicamente afogados no Sena com a governanta.

1922 Isadora vai à Rússia e, em maio, casa-se com o poeta russo Essenin.

1924 Divorcia-se de Essenin.

1925 Essenin suicida-se na Rússia.

1927, 14 de setembro. No sul da França, escreve suas memórias. Morre num acidente de automóvel.

Este livro foi impresso nas oficinas da
Distribuidora Record de Serviços de Imprensa S.A.
Rua Argentina, 171 – Rio de Janeiro, RJ
para a Editora José Olympio Ltda.
em julho de 2012

★

80º aniversário desta Casa de livros, fundada em 29.11.1931